华容年鉴

2023

HUARONG
NIANJIAN

华容区人民政府 主管
《华容年鉴》编纂委员会 编

长江出版社
CHANGJIANG PRESS

图书在版编目（CIP）数据

华容年鉴．2023 / 《华容年鉴》编纂委员会编．
—武汉 ：长江出版社，2023.12
ISBN 978-7-5492-9182-3
Ⅰ．①华… Ⅱ．①华… Ⅲ．①区（城市）- 鄂州 -
2023 - 年鉴 Ⅳ．① Z526.34

中国国家版本馆 CIP 数据核字（2024）第 015465 号

华容年鉴．2023
HUARONGNIANJIAN.2023
《华容年鉴》编纂委员会 编

责任编辑： 李栋栋
装帧设计： 王聪
出版发行： 长江出版社
地　　址： 武汉市江岸区解放大道 1863 号
邮　　编： 430010
网　　址： http://www.cjpress.com.cn
电　　话： 027-82926557（总编室）
027-82926806（市场营销部）
经　　销： 各地新华书店
印　　刷： 武汉市首壹印务有限公司
规　　格： 880mm × 1230mm
开　　本： 16
印　　张： 12.25
彩　　页： 16
拉　　页： 1
字　　数： 305 千字
版　　次： 2023 年 12 月第 1 版
印　　次： 2023 年 12 月第 1 次
书　　号： ISBN 978-7-5492-9182-3
定　　价： 128.00 元

《华容年鉴》编纂委员会

《华容年鉴》编辑部

编辑说明

一、《华容年鉴》由华容区人民政府主管，《华容年鉴》编纂委员会编写。《华容年鉴》（2023）收载2022年度华容区国民经济和社会发展的基本情况，比较全面反映了华容区情。

二、《华容年鉴》以马克思列宁主义、毛泽东思想、邓小平理论、“三个代表”重要思想、科学发展观、习近平新时代中国特色社会主义思想为指导，认真贯彻落实党的十九大和学习宣传贯彻党的二十大精神，服务华容区改革开放、经济建设、社会发展和党的建设，具有较高的权威性和参考价值。

三、年鉴采用条目体分类编纂，以部类为单元，依行业和隶属关系设类目，按一事一条的原则设置条目。

四、本卷年鉴设特载、区情概览、大事记、中国共产党华容区委员会、华容区人民代表大会、华容区人民政府、中国人民政治协商会议华容区委员会、纪检监察、军事、法治、群团组织、开放引进、经济综合管理、农业农村、城乡建设、财政税务审计、教育卫生、文化体育旅游融媒体、社会生活、生态文明建设、区辖乡镇、统计资料、文件辑录、后记，共24个部类。

五、本年鉴统计资料部类中，数据资料来源于华容区统计局、国家统计局华容调查队年度统计资料。此外，各撰稿单位也提供了相关的统计资料。由于统计口径不一，本年鉴正文中的数据有的可能与统计资料部类中的数据不一致，凡涉及华容地区国民经济和社会发展的全局性数据，以统计资料部类中的数据为准。

2022年3月28日，华容区智能制造产业园10个高“含新量”“含金量”企业集中签约35亿元，图为签约现场一角

2022年6月24日，鄂州市2022年二季度重大项目集中开工华容区分会场仪式在鄂州市新型综合交通运输（枢纽经济）示范区举行

2022 年 6 月 27 日，市委书记孙兵（右二）赴段店镇武圣村基层联系点走访

2022 年 9 月 15 日，市委副书记、市长陈平（左三）赴华容区督查中央生态环保督察整改暨河湖巡查工作

2022 年 3 月 14 日，副市长、区委书记彭波（左一）赴红莲湖旅游度假区海口湖港调研河湖长制工作

2022 年 6 月 1 日，区委副书记、区长龚骏（前排左一）接待来访群众

2022年2月12日，召开华容—葛店互融互帮互促联席会，明确葛华区域“一体化”发展战略

2022年1月24日，华容区与武汉纺织大学签订联合实验室共建合作协议

华容区“市场准营承诺即入制”改革示范经验在全省交流推广。图为“市场准入”联办窗口

武汉新港高速公路（新洲至华容）双柳长江大桥开工建设

彤诺电子鄂州有限公司入选“湖北省十大最具成长性文化企业”

湖北交投致远新材料科技有限公司沥青产品问鼎华中地区“第一把”交椅

段店杏福园成功创建国家级4A景区，“十一”期间日均接待游客5000人次

蒲团乡（稻米）入选全国“一村一品”示范镇

华容北部生态功能区江边万亩油菜花海一角

省农科院 3100 亩科研示范华容基地

临江乡新港村“共同缔造”显成效

段店镇中湾村打造“三国”特色美丽乡村

华容主城区楚藩大道风貌提升展新颜

红莲湖旅游度假区辉煌大道全线贯通运行

2022 年 1 月 1 日，华容区市民文化中心综合体建成开放

“汉绣”走进华容镇芦花村

华容区文化馆雕花剪纸“非遗”展示

升级改造后的革命先驱刘伯垂纪念馆（园）

鄂州市华容区行政区划图

内部用图

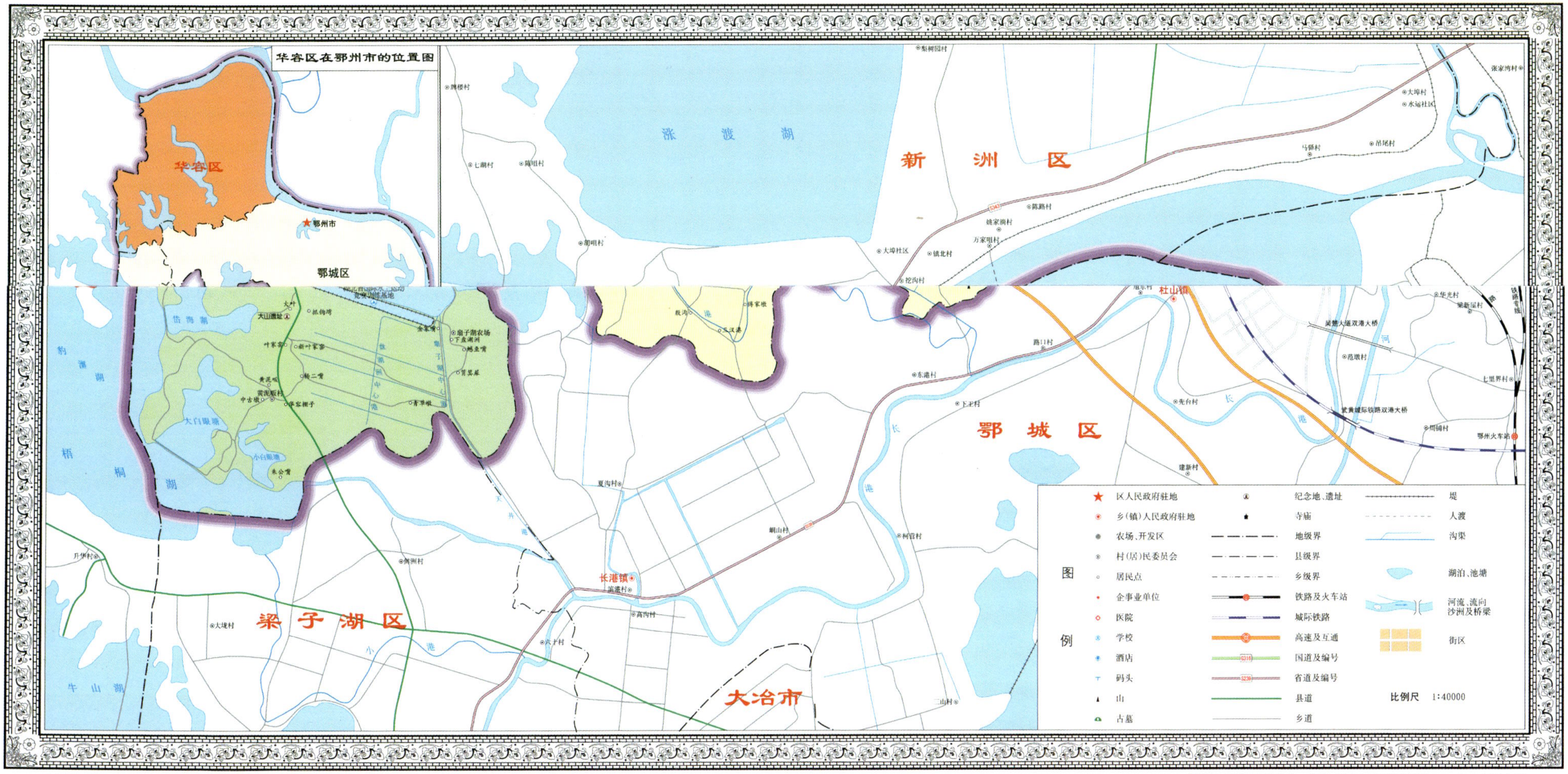

审图号：鄂州市S(2018)003号

鄂州市华容区民政局　湖北省国土测绘院编制　二〇一八年六月

目　录

特　载

区情概览

大事记

中国共产党华容区委员会

中国人民政治协商会议华容区委员会

纪检监察

军　事

法　　治

群团组织

开放引进

经济综合管理

农业农村

城乡建设

财务·税务·审计

教育·卫生

文化·体育·旅游·融媒体

社会生活

生态文明建设

踔厉奋发　勇毅前行
为加快建设现代化滨江临港产业生态新城而团结奋斗

——在中国共产党华容区第九次代表大会第二次全体会议上的报告

（2022 年 12 月 27 日）

彭　波

同志们：

现在，我代表中国共产党华容区第九届委员会向大会作报告，请予审议。

中国共产党华容区第九次代表大会第二次全体会议，是在全区上下深入学习贯彻党的二十大精神、全面建设社会主义现代化国家、向第二个百年奋斗目标进军的关键时刻召开的一次十分重要的大会。

大会的主题是：高举中国特色社会主义伟大旗帜，以习近平新时代中国特色社会主义思想为指导，深入学习贯彻党的二十大精神，踔厉奋发，勇毅前行，为加快建设现代化滨江临港产业生态新城而团结奋斗。

一、2022 年工作回顾暨 2023 年主要目标任务

2022 年，在市委坚强领导下，面对疫情冲击、持续旱情和经济下行等压力，区委认真学习贯彻党的二十大和省第十二次党代会、市第八次党代会精神，按照区第九次党代会工作部署，坚持稳中求进工作总基调，落实疫情要防住、经济要稳住、发展要安全的要求，迎难而上，合力共为，较好完成了全年各项目标任务。全区经济社会持续保持良好的发展态势，全面从严治党向纵深推进。

2022 年 12 月 27 日，华容区第九次党代会第二次全体会议隆重召开

——疫情防控精准有力。牢牢把握三个“坚定不移”，坚持第九版防控方案，认真落实优化完善疫情防控措施，确保不动摇、不走样。压实“四方”责任，做实“四早”举措，建立扁平化常态化指挥体系，快速有效处置“8・29”“11・25”等多起输入突发疫情。统筹疫情防控和经济社会发展，出台助企纾困解难系列措施，全力保障经济社会秩序安全稳定。

——经济发展提质增效。全年签约银联数据中心、联投未来荟等亿元以上项目 22 个，新开工彤诺电子二期等亿元以上项目 24 个。鄂东煤产品交易国际贸易中心揭牌投运，华宇昌泰、枫树纺织科技园等 6 个项目竣工投产。三江港一类水运口岸通过省级预验收。鄂州鸿泰钢铁有限公司入选 2022 湖北民营企业 100 强。彤诺电子入选全省十大最具成长性文化企业名单。

——武鄂同城化加速推进。未来三路、高新六路、辉煌大道等连通武汉的重点道路全线贯通，双柳长江大桥及连接线开工建设，206 路公交开通营运。与省长投联合设立 1 亿元武鄂同城化科创产业投资基金。华中数字产业创新基地、光谷东数字经济产业园加快建设。145 项同城高频公共服务事项“跨域通办”。

——改革创新迸发活力。“市场准营承诺即入制”改革典型经验全省复制推广，幼小衔接创新经验在全省交流，初中教联体改革获省级试点。积极推进惠企政策“免申即享”。武汉华中数控鄂州有限公司荣获全省科技型中小企业创新奖，恒福节能等 5 家企业上榜全省专精特新“小巨人”企业名单。枫树线业纺织智能制造创新平台、华中数字产业创新基地一期列入全省 2022 年度服务业“五个一百工程”建设计划。

——乡村振兴成效显著。巩固拓展脱贫攻坚成果同乡村振兴有效衔接，持续完善防返贫动态监测和精准帮扶机制。国家数字乡村试点“1131”体系基本成型，试点（一期）入选全省十大优秀应用案例。党建引领乡村治理促乡村振兴不断深化，上半年全市“整市提升・城乡融合”示范创建活动名列第一。耕地“非农化”“非粮化”整治成效明显。蒲团乡（稻米）入选第十二批全国“一村一品”示范村镇。

——城乡面貌日新月异。三江大道、文昌大道三期、316 国道改造和华蒲路穿涵工程等建成通车。持续实施老旧小区改造工程，启动保障性安居工程及青云小区还建小区项目建设。积极推进“擦亮小城镇”行动，楚藩大道改造暨景观风貌提升、段店立新街改造等项目广受好评。完成主城区雨污分流，城乡垃圾和污水实现全收集全处理全覆盖。引进上市公司提升城镇保洁服务能力，文明典范城市创建持续深化。

——生态环境明显改善。中央环保督察反馈问题整改全面完成。全面落实河湖长制、林长制，持续加大湖泊森林保护力度。流域治理全面推进，启动南迹湖、红莲湖水生态修复二程，高质量完成长江华容堤段问题整改。严厉打击长江流域非法捕捞。持续开展“散乱污”企业、非法码头整治行动。建立大气污染联防联控机制，扬尘综合治理、秸秆禁烧成效显著，空气质量持续改善。

——民生事业持续发展。持续加大民生领域投入，建成区市民文化中心、区公共卫生临床中心，区老年大学、博物馆、文化馆、非遗馆对外开放。教育、卫生、文化、食药安全和公共服务等社会事业取得长足进步。改造升级彭楚藩烈士祠、刘伯垂纪念馆。完成特困供养人员机构改革，区福利中心二期投入使用。初步实现15分钟人社便民服务圈。

——民主法治不断完善。坚持发展全过程人民民主，持续深化人大及其常委会依法监督，充分发挥人民政协专门协商机构作用。统战工作规范化建设成效明显，基层统战组织建设不断夯实，爱国统一战线不断发展壮大。坚持党管武装，国防动员、民兵工作取得新进展。发挥群团和社会组织作用，区残联、区红十字会和区侨联圆满换届。全面加强基层社会治理，深入开展"一下三民"实践活动，积极推进美好环境与幸福生活共同缔造活动试点建设。段店镇百席村入选全国村级议事协商创新实验试点单位。安全工作常抓不懈，平安华容、法治华容建设持续深化。信访多元化解机制不断完善。

——党的建设全面加强。深入落实新时代党的建设总要求，强化全面从严治党主体责任。切实加强换届后领导班子建设，着力提升基层党组织和党员干部政治素质和业务能力。坚持党管宣传、党管意识形态、党管媒体。贯彻落实中央八项规定及其实施细则精神，深化作风建设"三问三治三提升"行动，扎实推进清廉华容建设。始终坚持严的主基调，严肃查处一批违纪违法案件，一体推进不敢腐、不能腐、不想腐。

以上成绩的取得，根本在于以习近平同志为核心的党中央领航定向，离不开省委、市委的坚强领导，凝聚着全区各级党组织、各民主党派、群团组织、社会各界和广大党员干部群众的心血和汗水。在此，我谨代表区委，向所有参与、关心和支持华容经济社会发展的同志们、朋友们，表示衷心的感谢和崇高的敬意！

2023年，是全面贯彻落实党的二十大精神的开局之年，是实施"十四五"规划承上启下的关键之年。全区工作的指导思想是：以习近平新时代中国特色社会主义思想为指导，全面贯彻落实党的二十大精神，坚持党对一切工作的领导，坚持稳中求进工作总基调，立足新发展阶段，贯彻新发展理念，服务和融入构建新发展格局，统筹发展和安全，打造武鄂同城化发展"加速器"，加快建设现代化滨江临港产业生态新城，为全市加快建成"两区一枢纽"、全省努力建设全国构建新发展格局先行区、全面建设社会主义现代化国家展现华容作为，贡献华容力量。全区主要工作目标是：各项主要经济指标高于全市平均水平，城乡居民收入与经济增长同步，经济社会均衡发展，民生保障体系不断健全，党的建设全面提升。

副市长、区委书记彭波在华容区第九次党代会第二次全体会议上作报告

实现上述目标任务，我们要锐意进取、攻坚克难，撸起袖子加油干、风雨无阻向前行，全力做好年度各项工作。

——着力推进协同发展，努力提升城乡品质。主动参与武汉都市圈发展规划、武汉城市圈空间规划和武汉新城规划编制，加快推进武鄂同城化、葛华一体化发展。按照"产城融合"发展理念，对标武汉东湖高新区，着力构建以城带乡、以乡促城、城乡融合发展新局面。

——着力建设美丽乡村，努力守护绿水青山。坚持生态优先，走绿色发展之路。以强县工程为牵引，全面推进乡村振兴。持续开展污水处理、村庄清洁、垃圾无害化处理、“厕所革命”、绿化亮化美化等人居环境提升专项行动，扎实推进美丽乡村建设。

——着力增进民生福祉，努力厚植幸福根基。坚持人民至上，全力推进教育、卫生、文化、健康、公共服务和社会保障等民生社会事业再上新台阶。加强基层防疫能力建设，深入推进公共卫生服务能力和服务体系建设。

——着力夯实人民民主，努力强化法治保障。坚持党的领导、人民当家作主、依法治国有机统一，坚持发展全过程人民民主，充分体现人民意志、保障人民权益、激发人民创造活力。围绕保障和促进社会公平正义，全面推进严格执法、公正司法、全民守法。

——着力从严管党治党，努力推进伟大工程。坚持“两个确立”，做到“两个维护”。坚持思想建党和制度治党同向发力，以党的政治建设统领党的建设各项工作。发扬斗争精神，以严的基调强化正风肃纪，持续深化纠治“四风”，坚决打赢反腐败斗争攻坚战持久战。

二、认真学习宣传贯彻党的二十大精神，加快建设现代化滨江临港产业生态新城

学习宣传贯彻党的二十大精神，是当前和今后一个时期的首要政治任务，要坚定不移把党的二十大提出的目标任务落地落实落细。

（一）把认真学习宣传贯彻党的二十大精神作为首要政治任务

全区各级党组织和广大党员干部群众要深入学习党的二十大精神，学出信仰、学出忠诚、学出担当，学用结合、知行合一。

深入学习领会党的二十大精神精髓要义。要把着力点聚焦到习近平总书记是党中央的核心、全党的核心，习近平新时代中国特色社会主义思想是党必须长期坚持的指导思想上；聚焦到党的十九大以来的重大成就和新时代10年的伟大变革上；聚焦到把握好马克思主义中国化时代化最新成果的世界观和方法论，坚持好、运用好贯穿其中的立场观点方法上；聚焦到中国式现代化在理论和实践的创新突破上；聚焦到贯彻落实党的二十大作出的重大决策部署上；聚焦到以习近平同志为核心的新一届中央领导集体是深受全党全国各族人民拥护和信赖的领导集体上；聚焦到习近平总书记是全党拥护、人民爱戴、当之无愧的党的领袖上；聚焦到一丝不苟贯彻落实习近平总书记关于湖北工作的重要讲话和指示批示精神上。要把华容人民智慧和力量凝聚到实现党的二十大确定的各项目标任务上来，切实提高认真学习贯彻落实党的二十大精神的思想自觉、政治自觉、行动自觉，奋进新征程、展示新作为、贡献新力量。

深刻把握“两个确立”，坚决做到“两个维护”。“两个确立”是党在新时代取得的重大政治成果，是推动党和国家事业取得历史性成就、发生历史性变革的决定性因素，对新时代党和国家事业发展、推进中华民族伟大复兴历史进程具有决定性意义，是党应对一切不确定性的最大确定性、最大底气、最大保证。要旗帜鲜明讲政治，全面贯彻习近平新时代中国特色社会主义思想，深刻领悟“两个确立”的决定性意义，坚定不移把做到“两个维护”贯穿工作的全过程各方面，不断提高政治判断力、政治领悟力、政治执行力，始终在政治立场、政治方向、政治原则、政治道路上同以习近平同志为核心的党中央保持高度一致，一切工作从政治上考量、在大局下行事，确保习近平总书记重要指示批示精神和党中央决策部署在华容落地落实。

坚定不移推动党中央决策部署在华容落地生

根。把深入学习宣传贯彻党的二十大精神，与贯彻落实习近平总书记关于湖北工作的重要讲话和指示批示精神结合起来，与贯彻落实省第十二次党代会、市第八次党代会和区第九次党代会精神结合起来，坚定不移推动党中央决策部署和省委、市委工作要求在华容落地生根。要锚定打造武鄂同城化发展“加速器”定位，知重而担，知责而行，以斗争精神奋力加快建设现代化滨江临港产业生态新城，不断开创华容高质量发展新境界。

（二）抢抓机遇期，助推武鄂同城化发展迈上新台阶

积极抢抓武汉都市圈特别是高水平规划建设武汉新城的重大战略机遇，推进武汉都市圈协同发展示范区建设成势见效。

强化区域规划引领。加快修订完善葛华一体化、光谷东数字经济产业园产业发展规划和城乡融合高质量发展规划，争取在武汉新城建设中拥有更多发展空间。修订完善村庄建设发展规划，实现“一张蓝图管全域，一张蓝图干到底”。严格落实环梁子湖区域规划建设管理管控机制。

建强综合交通体系。加快推进红莲湖高新七路、未来二路等路网建设；推进武阳高速、双柳长江大桥及连接线、武黄高速改扩建等工程建设；争取更多武汉地铁及公交线路向华容延伸，推进武鄂公交一卡通落地，加快承接打造武汉城市圈“1小时通勤圈”。积极推动国家一类水运口岸验收运营，加快三江港与花湖机场、武汉长江航运中心、阳逻港深度对接融合，实现“水、陆、空”三港联动，积极打造武鄂黄黄国际综合交通枢纽核心带。

加速科技创新赋能。高标准建设光谷科创大走廊华容功能区，协同建好“两带两组团”，参建鄂州（武汉）离岸创新中心。大力实施高新技术企业、科技型中小企业倍增计划，努力打造科技企业和人才集聚洼地。加强与省联投公司资本合作，谋划成立10亿元的光谷东数字经济产业基金。

加快补链强链扩链。加速布局新兴业态，加快传统产业升级提质，积极推进产业绿色化改造，突破性发展现代服务业。主动对接武汉“965”产业集群，培育打造“123”特色产业发展格局。建立与光谷常态化联系对接机制，完善利益共享机制，逐步消除政策差异。高标准建设光谷东数字经济产业园，启动南部片区以及武汉新城会展中心建设。

深化武鄂民生互融。加快完善政务服务标准化建设，推动更多事项“跨域通办”。全面加强教育、卫生、农业产业等领域“跨域协作”，推动就业服务“跨域同招”、旅游景点“跨域同赏”、生态保护“跨域同治”。深化“资源同享、环境同治、矛盾同调、旅游同线、党建同心”建设，共谋共促共谱武鄂同城化、葛华一体化发展新篇章。

（三）强化创业创新，加快经济高质量发展步入新阶段

发展是党执政兴国的第一要务。要坚持质量第一、效益优先，以新发展理念，着力构建现代化经济体系。

夯实实体经济根基。深入实施数字经济引领工程，加快推进银联数据中心等重点项目建设，做好大数据和云计算、新型显示、5G通信等产业布局，培育“线上消费”“直播带货”等新业态，加快消费回补和潜力释放。加强与武汉高科和市昌达公司合作，高标准建设高端先进智能制造产业园。全面启动第五次全国经济普查。

实施产业提升工程。深化科技强区建设，加快推进“双创”平台与产业带融合发展。围绕“产业链”打造“创新链”，扎实推进“百企百亿技改”“企业上云”工程。大力实施中小企业成长工程，积极培育“隐形冠军”“专精特新”“独

角兽”企业。围绕传统产业转型升级，着力打造绿色建材、低碳冶金、高端制线、医用软管等产业园区。完善项目全过程全链条闭环管理，推动华中数字产业创新基地、红莲湖智能制造产业园、三江港枢纽集疏运基地等重点项目建设。

强化人才支撑保障。坚持教育优先发展、人才引领驱动，实施新时代人才强区战略，培育“新华容人”“华容工匠”，锻造推动全区高质量发展新引擎。加强与在汉高校、科研院所对接，不断深化“产学研”“校企地”合作，共建重点实验室、院士工作站和技术研发中心，推进武汉爱邦研究中心、华中数控高端智能装备产业园、湖北航空技术学校培训基地等项目建设，全力支持省农科院、盛丰渔业发展种子农业。加大技术人才引进和培育力度，建立和完善各领域、行业人才库，制定出台系列人才服务保障措施。

持续深化改革开放。始终把改革开放作为立区之本、强区之基、发展之源。深化“乡财区管”、区城投公司改革，发挥市场在资源配置中的决定性作用，更好发挥政府作用。拓展公共资源交易平台功能，突出“腾笼换鸟”“空间换地”，多措并举破解要素制约，强化市场监管，维护公平公正。坚持做强招商引资和项目建设“一号工程”，积极抢占产业链上下游优势细分赛道，以商招商、专班招商、精准招商。

营造一流营商环境。持续推动扩权赋能强区改革，不断增强县域经济发展软实力。坚持将“高效办成一件事”作为突破口、着力点，推进“放管服”改革，巩固拓展创新改革成果，高标准打造营商环境“质效年”华容6.0版，持续争创全省营商环境改革先行区。严格规范涉企执法司法行为，加大政府失信行为治理力度。弘扬“店小二”精神，扎实推进“双千”工作，健全政企沟通机制，着力构建“亲”“清”新型政商关系。

（四）坚持以人为本，巩固拓展基层治理现代化新格局

坚持人民主体地位，加强党的集中统一领导，充分体现人民意志、保障人民权益、激发人民创造活力。

加强民主政治建设。坚定不移走中国特色社会主义政治发展道路，积极发展社会主义民主政治，深入推进全过程人民民主。坚持党的领导、人民当家作主、依法治国有机统一。加强人民当家作主制度保障，坚持和完善人民代表大会制度，充分发挥人大代表作用。发挥人民政协作为协商民主重要渠道和专门机构作用，把协商民主贯穿政治协商、民主监督、参政议政全过程。巩固和发展爱国统一战线，贯彻党的民族政策和宗教工作基本方针，做好党外知识分子和新的社会阶层人士工作。加强村（社区）基层民主政治建设。

全面推进依法治区。坚定不移走中国特色社会主义法治道路，维护宪法权威。加强法治政府建设，推进行政决策科学化、民主化、法治化，扎实推进依法行政。严格公正司法，推行审判、检务、警务公开，强化司法监督制约，提高司法公信力，维护社会公平正义。落实党内规范性文件和行政规范性文件备案审查制度，确保政令统一、合法合规。认真落实领导班子和领导干部述法制度，努力使尊法学法守法用法在全社会蔚然成风。加快法治社会建设，深入推进“八五”普法，建成覆盖城乡的现代公共法律服务体系，不断提升社会治理法治化水平。

提高基层治理水平。坚持和发展新时代“枫桥经验”，完善书记大接访、领导干部下访制度，深入开展“一下三民”实践活动，持续深化美好环境与幸福生活共同缔造，强化网格化管理，发展壮大群防群治力量，及时将矛盾纠纷化解在基层、化解在萌芽状态。完善信息化立体化社会治安防控体系，持续深化“天网”“雪亮”工程、

乡镇综治中心和“1+3+N”平安驿站建设。支持法院、检察院和公安机关依法办案，推进政法队伍教育整顿、扫黑除恶斗争常态化，做强政法基层组织，积极搭建多元解纷平台，不断提升“一感一度一率一评价”，建设更高水平的平安华容。

（五）夯实绿色基底，不断开创涵养美好环境新局面

牢固树立和践行绿水青山就是金山银山的理念，站在人与自然和谐共生的高度谋划发展，加快推进美丽华容建设。

深入推进环境污染防治。积极发展绿色低碳产业，推动能源清洁低碳高效利用。持续深入打好蓝天、碧水、净土保卫战。扎实开展大气污染、扬尘综合治理，持续推进大气环境质量改善。巩固中小河流及小微水体综合治理、“散乱污”企业“清零行动”成果，认真落实河湖长制、林长制，切实强化执法监管。持续推进土壤污染防治，加强农业面源污染治理。

加速修复保护生态环境。坚持共抓大保护、不搞大开发，落实长江高水平保护十大攻坚提升行动，压实长江流域和重点水域禁捕、退捕责任。巩固沿江堆存固体废物规范化处置和沿湖环境整治成果。持续推进南迹湖、红莲湖等湖泊水生态治理与修复。持续深化自然资源长效管护机制和领导干部自然资源资产离任审计制度，不断完善生态文明制度体系，强化环境保护制度执行力。健全生态保护考核制度，严格落实“谁污染、谁治理”责任制和领导问责制。深入推进生态环境保护督察反馈问题整改。

全面构筑美好幸福城乡。全面开展县城品质提升三年行动，深化农村人居环境整治，大力推进“擦亮小城镇”行动。持续推进污水处理、村庄清洁行动、垃圾无害化处理、厕所革命、美丽乡村创建等专项行动，加快补齐农村基础设施短板。始终践行“五共”理念，精心抓好试点建设，以共同缔造推动共同发展。

（六）统筹协调发展，积极探索乡村全面振兴新途径

坚持农业农村优先发展，坚持城乡融合发展，扎实推动乡村产业、人才、文化、生态和组织振兴。

突出城乡特色发展。深入实施强县工程，持续推进华容魅力首善县域中心、庙岭科技文旅融合创新示范镇、段店国家级田园综合体和宜居宜游示范镇、临江多式联运特色镇、蒲团江南现代化农业特色镇建设，建设城乡深入融合全域发展新华容，在全省县域经济考核排名中争先进位。积极推进华容数字乡村二期建设，着力构建共建共享、互联互通的城乡信息化融合发展新格局。

培育壮大特色农业。全面提升农业综合生产能力，加大农田水利基础设施建设，深化农村承包地“三权分置”改革，巩固耕地非农化、非粮化整治成果，实施好农业生产“三品一标”提升行动。鼓励发展“一镇一特”生态特色农业产业，持续打造华容北部生态绿色发展引领区、沿江特色水果生产示范带、蒲团樊寺线现代渔业示范带。积极推进省级台湾农民创业实验园升级国家级。发展壮大华容省级农产品加工园，加快蒲团种业小镇建设。深化区乡供销体系建设。

繁荣社会主义文化。用好华容红色资源，深入开展社会主义核心价值观宣传教育。深入推进移风易俗，大力倡导破除大操大办、厚葬薄养、人情攀比等陈规陋习，引导社会文明新风尚。加大优秀乡村文化服务供给，做实“文化惠民”工程。发挥新时代文明实践中心（所、站）、市民文化中心、乡村体育文化场馆等阵地作用，常态化开展群众性文体活动。推进志愿服务常态化长效化，做实做强“华容大姐”品牌。加快推进文化旅游产业、传统文化事业发展，强化非物质文化遗产

传承保护，推进杏福园 AAAA 级景区建设，积极打造文化产业精品。

全面推进乡村振兴。加强体制、机制、政策等有效衔接，巩固拓展脱贫攻坚成果，加快实现向全面推进乡村振兴平稳过渡。强化党建引领乡村治理，完善制度保障，推动乡村振兴人才队伍提能增效。健全动态监测和精准帮扶机制，建强防返贫智慧体系。加强资金资产资源项目监管，筑牢产业振兴基石。聚焦巡察督查各类反馈问题整改，持续落实教育、医疗、金融和就业等帮扶措施，牢牢守住不发生规模性返贫底线。

（七）健全保障体系，实现增进民生福祉取得新成效

江山就是人民，人民就是江山。坚持在发展中保障和改善民生，鼓励共同奋斗，不断实现人民对美好生活的向往。

强化社会服务保障。落实全民参保计划，健全失地农民、退捕渔民社会保障机制，支持重点群体就业创业，健全就业医疗等公共服务体系。不断完善退役军人服务保障机制，巩固发展军政军民团结，营造尊崇军人氛围。积极应对人口老龄化，发展养老事业和养老产业。全面落实三孩及配套政策，有序推动普惠托育服务项目建设。健全“救急救难”工作机制，大力发展慈善事业，加大对残疾人、孤寡老人、重病患者等困难群体救助，做好关爱留守儿童工作，把党和政府的关怀和温暖送到群众的心坎上。

办好人民满意教育。坚持立德树人，巩固义务教育均衡发展成果，大力推进学前教育公益普惠、义务教育优质均衡、高中教育提质提效。深化与湖北幼师、湖北二师校地合作，推进武鄂教育协作。进一步优化中小学校资源配置，加快完成庙岭中学迁建和胡林中学、小港小学改扩建。深入推进“智慧校园”“清廉校园”“平安校园”建设。实施教育质量提升行动，开展区域教联体建设。加强师德师风建设，做好义务教育“双减”工作，全面提升课后服务和课堂教学质效，着力打造全省教育优质均衡发展示范区。

加强公共卫生建设。进一步优化公共卫生应急处置机制，健全公共卫生应急物资保障体系，不断提高应对突发公共卫生事件能力。推进医药卫生体制改革，深化健康华容建设。完善区公共卫生临床中心、乡村卫生院室功能，加快改扩建区人民医院，纵深推进医共体建设，全面提升医疗卫生服务能力。落实“一村一名大学生村医”计划，持续深化家庭医生签约和慢病随访等服务，加快实现提供全生命周期的健康服务。

加快补齐城乡短板。统筹推进城乡基础设施建设，积极推进新型城镇化。持续深化全国文明典范城市创建。加快金明大道延伸、文昌大道延伸等主干道建设。启动和加快推进庙岭、段店、蒲团客运站建设，不断优化区内公交环线设置。持续实施危桥改造行动。积极策划申报华容区体育中心项目。加快启动主城区城市更新，推进老旧小区改造、保障性安居工程及青云小区还建小区建设。强化租购并举，持续推动房地产市场平稳健康发展。深化电子政务系统建设，加快 5G 通信网络建设。

严守安全发展底线。坚决贯彻总体国家安全观，健全完善国家安全风险研判、防控协同、防范化解机制，全力维护国家政权安全、制度安全、意识形态安全和社会大局稳定。加强流域综合治理。坚持三个“坚定不移”，优化完善疫情防控措施，严格落实安全生产责任制，全面提升消防和防灾减灾救灾应急处置能力，统筹做好粮食、食品药品、道路交通等安全工作，切实维护人民群众生命健康和财产安全。加强保密机要工作。持续做好经济、金融、政府债务等各类风险防范、化解、处置工作，确保不发生区域性系统性风险。

三、坚定不移全面从严治党，深入推进新时代党的建设新的伟大工程

全面建设社会主义现代化国家、全面推进中华民族伟大复兴，关键在党。要落实新时代党的建设总要求，健全完善全面从严治党体系，全面推进党的自我净化、自我完善、自我革新、自我提高，为新时代华容各项事业高质量发展提供坚强保障。

一是坚持和加强党的全面领导。充分发挥党总揽全局、协调各方的领导核心作用，提高党把方向、谋大局、定政策、促改革能力。加强和改进新时代人大、政协工作，支持区政府、监委、法院、检察院依法履职。坚持和完善大统战工作格局，加强各党派团体、各族各界人士的大团结大联合，充分发挥工会、共青团、妇联、工商联、侨联、红十字会等群团和社会组织的桥梁纽带作用，持续深化群团改革。坚持党管武装，加快国防动员体制改革落地生效，强化国防教育，促进军民融合良性发展。

二是坚持和加强党的思想建设。坚持用习近平新时代中国特色社会主义思想统一思想、统一意志、统一行动，坚持理论武装同常态化长效化开展党史学习教育相结合，不断深化和拓展“两学一做”学习教育、“不忘初心、牢记使命”主题教育成果，引导党员干部学史明理、学史增信、学史崇德、学史力行，传承红色基因，赓续红色血脉。牢牢掌握意识形态工作领导权，加强意识形态领域风险动向排查梳理和监测预警，不断夯实壮大主流舆论阵地。

三是坚持和加强党的自我革命。全面推进政治监督具体化、精准化、常态化，加强对领导班子和“一把手”的政治监督，健全述责述廉、谈心谈话、廉政档案动态更新等工作机制。加强对各级党组织贯彻执行党的政治生活制度情况监督检查，严明政治纪律和政治规矩，及时发现和着力解决“七个有之”问题。扎实开展政治生态分析研判，持续净化地方和部门政治生态。全面贯彻中央巡视工作方针，逐步推动区管党组织和村级党组织巡察全覆盖，强化巡察成果、审计监督和社会监督结果运用。

四是坚持和加强干部队伍建设。以强化干部教育为抓手，组织实施政治素质能力“熔炉工程”。坚持新时代好干部标准，持续推进“新时代年轻干部成长工程”，进一步优化干部队伍结构。坚持严管和厚爱相结合，完善从严管理监督干部制度体系，加强对干部全方位管理，做实做细日常监督。健全干部担当作为的激励和保护机制，落实“三个区分开来”，深入开展澄清正名和查处诬告陷害行动，提振干部队伍干事创业精气神。加快乡土人才培养，不断强化基层党组织后备力量。

五是坚持和加强基层组织建设。坚持党的一切工作到支部的鲜明导向，持续加强党支部标准化规范化建设，切实增强党组织政治功能和组织功能。扎实做好“整市提升・城乡融合”试点创建拉练活动，全面推行农村党员“先锋指数”评价管理，推进软弱涣散村党组织整顿转化工作，健全社区“大党委”运行机制，加快推进物业行业党支部建设，把基层党组织建设成为有效实现党的领导的坚强战斗堡垒。全面提高机关党建质量，推进社会组织党的建设，不断完善党建管理工作体制。高质量抓好党员发展管理工作，常态化开展农村发展党员排查整顿工作，加强和改进党员特别是流动党员教育管理。

六是坚持和加强党性党风建设。大力弘扬党的光荣传统和优良作风，抓住“关键少数”以上率下，自觉坚持求真务实、真抓实干。锲而不舍落实中央八项规定精神，坚决查处享乐主义、奢靡之风，深化查纠形式主义、官僚主义，破除特

权思想和特权行为。深入整治群众身边的不正之风和腐败问题，推进作风建设常态化长效化。全面加强党的纪律建设，对违反党纪问题，发现一起坚决查处一起。持续加强党性锻炼，不断提高全区党员干部党性觉悟，增强拒腐防变能力。

七是坚持和加强反腐败斗争。坚持不敢腐、不能腐、不想腐一体推进，惩治震慑、制定约束、提高觉悟一体发力。聚焦权力集中、资金密集、资源富集领域腐败问题整治，坚决查处政治问题和经济问题交织的腐败，坚决惩治新型腐败和隐性腐败。持续巩固政法队伍教育整顿成果，着力惩治农村基层“蝇贪”。坚持标本兼治，不断强化各级党组织教育管理和监督职能。深化以案为鉴、以案促改、以案促治，开展同级同类警示教育，加强年轻干部教育管理监督。扎实开展党性教育、政德教育和家风教育，奋力推进“好正实优”清廉华容建设。

同志们，继往开来新时代，接续奋斗新征程。让我们更加紧密地团结在以习近平同志为核心的党中央周围，只争朝夕、真抓实干，踔厉奋发、勇毅前行，为打造武鄂同城化发展“加速器”、加快建设现代化滨江临港产业生态新城，奋力谱写中国式现代化华容高质量发展新篇章而团结奋斗！

附：名词解释

三个“坚定不移”：坚定不移坚持人民至上、生命至上，坚定不移落实“外防输入、内防反弹”总策略，坚定不移贯彻“动态清零”总方针。

四方：属地、部门、单位、个人。

四早：早发现、早报告、早隔离、早治疗。

市场准营承诺即入制：在“一业一证”改革基础上，加大“减材料、减环节、减时限”力度，通过流程再造、系统升级，构建“信用审批、先入后核、审管联动”的极速审批新模式，全面推进准入准营便利化改革。

免申即享：惠企惠民政策无需申请，直接享受。

放管服：简政放权、放管结合、优化服务。

五个一百工程：推进100个服务业重大项目建设，扶持100家服务业重点企业，打造100个服务业重点品牌，培养100名现代服务业领军人才，创建100个现代服务业发展示范区。

1131：“1”是1个数字底座，“1”是1个数字乡村运行中心，“3”是乡村数字防贫、乡村数字经济、乡村数字治理3个智慧场景应用，“1”是1个惠民服务体系。

“散乱污”企业：不符合产业布局规划，未办理规划、土地、环保等审批手续，且未安装污染治理设施或设施不完善的企业单位。

一下三民：下基层察民情解民忧暖民心。

三问三治三提升：“三问”，即对照党性原则问初心、对照时代要求问担当、对照市委部署问作为；“三治”，即着力整治缺乏精气神问题、重点整治不担当不作为问题、专项整治乱作为假作为问题；“三提升”，即提升精神区位、提升能力本领、提升工作效能。

两区一枢纽：“两区”是指建设武汉城市圈同城化核心区、争创全国城乡融合发展示范区，“一枢纽”是指打造国际航空货运枢纽。

两个确立：确立习近平同志党中央的核心、全党的核心地位，确立习近平新时代中国特色社会主义思想的指导地位。

两个维护：坚决维护习近平总书记党中央的核心、全党的核心地位，坚决维护党中央权威和集中统一领导。

双千：千名干部进千企。

四风：形式主义、官僚主义、享乐主义和奢靡之风。

两带两组团：“两带”即葛店—华容（三

江港）—鄂城（滨江科技新区）—临空经济区（花湖机场）横向沿江产业科技创新带和葛店—红莲湖—梧桐湖纵向生态科技创新带。“两组团”即红莲湖—葛店科创组团和鄂州机场临空组团。

双创：大众创业、万众创新。

“965”产业集群：武汉市十四五规划提出打造9大支柱产业、6大战略新兴产业、5大未来产业的“965”产业集群发展思路。

“123”特色产业：应用电子1大特色产业，光电智造、智能制造2大支柱产业，大数据应用、清洁新材料、机遇性新产业3大重点产业。

“1+3+N”平安驿站：“1”是平安驿站阵地，“3”是集网格化管理、一村一（辅）警、一村一法律顾问，“N”是多个志愿服务组织。

一感一度一率一评价：群众安全感，公正执法满意度，矛盾纠纷调解有效率，扫黑除恶行动评价。

五共：决策共谋、发展共建、建设共管、效果共评、成果共享。

三品一标：品种培优、品质提升、品牌打造和标准化生产。

教育“双减”：减轻义务教育阶段学生作业负担和校外培训负担。

三个区分开来：把党员在推进改革中因缺乏经验、先行先试出现的失误错误，同明知故犯的违纪违法行为区分开来；把尚无明确限制的探索性试验中的失误错误，同明令禁止后依然我行我素的违纪违法行为区分开来；把为推动改革发展的无意过失，同为谋取私利的违纪违法行为区分开来。

“1+5”：“1”即惠民惠农财政补贴资金“一卡通”突出问题专项治理“回头看”；“5”即不合理医疗检查、“三假”（假病人、假病情、假票据）问题，中小学校食堂服务保障学生不到位问题，食品安全问题，专业化物业服务收费不透明问题，侵占挪用养老保险基金、骗取养老保险待遇问题。

好正实优：政治生态好、用人导向正、干部作风实、发展环境优。

政府工作报告

——在华容区第九届人民代表大会第二次会议上

（2022 年 12 月 29 日）

龚　　骏

各位代表：

现在，我代表区人民政府，向大会报告工作，请予审议，并请各位政协委员和列席人员提出意见。

一、2022 年工作回顾

即将过去的一年，是极为艰难、极具考验、极不平凡的一年。面对新冠疫情反复冲击、经济下行压力持续加大、各类风险挑战交织叠加的严峻形势和多重考验，按照“疫情要防住、经济要稳住、发展要安全”的重要要求，全区上下坚持以习近平新时代中国特色社会主义思想为指导，充分发挥“能战斗、敢战斗、善战斗”的斗争精神，锚定武鄂同城化发展“加速器”目标定位，在市委、市政府和区委的坚强领导下，在变化变局中逆势破局，在苦干实干中攻坚克难，干成了一批标志性、突破性、引领性的大事要事，圆满完成了区九届人大一次会议确定的各项目标任务，交出了一份来之不易、沉甸甸的优异答卷。

——经济运行“稳中有进”的态势持续巩固。预计全年实现地区生产总值 142 亿元；完成财政总收入 11.4 亿元；固定资产投资同比增长 49.5%；规模以上工业总产值同比增长 9.5%；限上社零额同比增长 15.2%。主要经济指标增速均达到或超过全市平均水平。县域经济高质量发展综合评价取得历史最好成绩，位列全省 23 个一类县市区第 11 位，较上年度跃升 8 位。葛店镇、庙岭镇、华容镇蝉联“全国综合实力千强镇”。

——武鄂同城“乘势而进”的步伐加速向前。未来三路、辉煌大道建成通车，高新六路、高新七路实现硬联通，新港高速双柳长江大桥开工建设，武阳高速即将通车。开通红莲湖至葛店南站 206 路公交，“武鄂同城”公交一卡通落实落地。联合省长投设立武鄂同城化科创产业投资基金。光谷东数字经济产业园形成雏形，华中数字产业创新基地建成。145 项公共服务事项与光谷“跨域通办”。

——城乡发展“齐头并进”的格局全面铺开。三江大道、文昌大道（三期）、华蒲路穿涵工程、城区雨污分流工程建成。楚藩大道改造暨景观风貌提升工程广受好评，岱家山体育公园基本完工。主城区城市更新、老旧小区改造以及段店镇“擦亮小城镇”行动扎实开展。引进上市公司新安洁提升城镇保洁服务能力。国家数字乡村试点工程“1131”体系初见成效，试点（一期）入选全省十大优秀应用案例。我区获评全国“平安农机”示范区。杏福园旅游区成功创建国家 AAAA 级旅游景区。

——改革创新“激流勇进”的势头日趋强劲。在全市率先启动政务服务标准化改革，初中教联体改革列为省级试点。“乡财区管”改革全面推进。17 项营商环境改革事项纳入省市试点，其中涉企行政执法案件经济影响评估、说理式执法等4项改革成功创建全省优化营商环境改革先行区。“一业一证”改革上榜全省市场监管十大品牌。市场准营承诺即入制改革获省长王忠林同志签批，并首次以省优化营商环境领导小组名义单独发文全省推广。新增高新技术企业19家、科技型中小企业56家，省级“院士专家工作站”达到9家。华中数控荣获全省科技型中小企业创新奖，胜利软管、恒福节能等5家企业上榜专精特新“小巨人”。

——民生福祉“日益增进”的成果不断拓展。区市民文化中心建成，区老年大学、博物馆、文化馆、非遗馆对外开放。改造升级毛主席视察临江纪念馆、彭楚藩烈士祠、刘伯垂纪念馆。区公共卫生临床中心投入使用，区人民医院改扩建快步推进。建成区福利中心（二期）。新改扩建华容二幼等4所公办幼儿园，10所学校实施“改薄提升”，新增学位1000多个，红莲湖未来学校开工建设。大廖社区建成，铁咀社区（一期）即将交付，青云小区、红莲湖棚户区改造（三期）启动建设。我区获评“2021—2022年度平安湖北建设示范区”。

2022年12月29日，华容区第九届人民代表大会第二次会议隆重召开

各位代表！事非经过不知难，成如容易却艰辛。一年来，全区上下在把握大势、抢抓机遇中开拓创新、埋头苦干，在应对挑战、抵御风险中担当作为、顶压前行，全力以赴推进高质量发展，努力创造更高品质的美好生活。

一年来，我们全力稳增长、强支撑，综合实力在逆势前行中持续增强。全面兑现落实中央、省、市一揽子稳经济政策和接续措施，办理留抵退税1.46亿元、缓税1.32亿元。制定出台《华容区助力企业纾困解难 促进县域经济高质量发展的办法（试行）》，安排1.2亿元资金助企纾困解难。累计签约银联数据中心等22个亿元以上项目，总投资300亿元。新开工综合智慧能源等亿元以上项目24个，实施富晶电子等技改项目25个，华宇昌泰等7个项目竣工投产。新（小）进规工业企业7家。三江港一类水运口岸通过省级预验收。鄂东煤产品交易国际贸易中心（湖北）揭牌投运。鸿泰钢铁入选2022年度湖北民营企业100强。彤诺电子入选全省制造业单项冠军企业，华中数控智能高速五轴数控机床入选全省制造业单项冠军产品。天和机械、华中数控认定为省级“两化融合”试点示范企业。成功申报农村饮用水安全巩固提升工程等3个专项债项目，三江港枢纽集疏运基地等6个项目纳入政策性金融基金支持，华容镇城市更新计划中29个老旧小区改造纳入中央预算内支持，区市民文化中心等10个项目争取上级资金1.4亿元。

一年来，我们全力抓对接、谋合作，武鄂同城在同频共振中持续深化。建立与武汉光谷常态化对接机制，华容区被纳入武汉都市圈发展规划核心范围。红莲湖轨道交通、武黄高速改扩建工程正在开展前期研究。葛华一体化和光谷东数字经济产业园产业发展规划基本成型。爱邦辐照、品泓生物等一大批企业与武汉高校、科研院所建立合作关系，促成科技成果在华容转化。精准对接武汉“光芯屏端网”万亿产业集群，举办半导体领域专场招商活动，每通研发智造中心等10个延链补链强链项目签约落户。引入武汉优质教育资源共建红莲湖未来学校、红莲湖五小。

一年来，我们全力促融合、提品质，城乡面貌在精细建管中持续优化。新建提档农村公路30公里，华容镇、蒲团乡“四好农村路”全面建成，临江大道即将通车。改造危桥11座，提前完成“三年消危”任务。完成鄂城至胡林客运班线公交化改造，市公交1路线延伸至蒲团乡集镇，客运线路达到27条，全域实现“村村通客车”。全国文明典范城市创建持续深化，党建引领乡村振兴试点拉练取得优异成绩。举办首届“大山杯”农耕文化艺术节。城乡污水治理、垃圾处理、厕所革命、人居环境整治、美丽乡村创建等行动全面铺开。多措并举有效应对持续高温干旱天气。农村集体资产清产核资全部完成，村级债务化解有序推进。农业产业化发展加快推进，大场智慧渔业、大山“心”农业等重点项目快步实施，发展国家级农民合作社示范社4家、省级农民合作社示范社10家。蒲团乡（稻米）入选全国“一村一品”示范村镇。华苑米业“虾稻香米”上榜“中国好粮油”。

一年来，我们全力破瓶颈、求突破，发展活力在改革创新中持续迸发。企业开办实行“2050”标准，31项办事主题“一事联办”，电子证照全面铺开。24小时政务自助厅便企利民。“免申即享”惠企政策落地见效，“清、减、降”行动扎实推进。建立企业家恳谈会制度，打造“双千”活动升级版，协助10家企业签订贷款及授信协议9.25亿元。全年新增市场主体2811户，同比增长67.3%。规上工业企业设立研发机构26个，完成科技成果技术合同登记145项。全年实现高新技术产业增加值6.1亿元，同比增长64.8%。彤诺电子、丽美药包入选湖北省2022年度重点研发计划立项项目。枫树线业纺织智能制造创新平台、华中数字产业创新基地列入全省2022年度服务业“五个一百工程”建设计划。

一年来，我们全力治污染、重保护，生态环境在综合施策中持续改善。流域综合治理全面推进，长江高水平保护十大攻坚提升行动扎实开展，“十年禁渔”全面落实，非法采砂专项整治成效显著，完成99个长江入河排污口溯源整治。饮用水水源地得到有效保护，取缔非法码头2座。河湖长制落细落实，编制完成拾湖港等51条河流“一河一策”实施方案，完成红莲湖、彭泊湖等18个重点湖泊保护详细规划修编。实施南磺湖、红莲湖水生态修复工程，开展严家湖联合治理，高质量完成长江华容堤段反馈问题整改，强力整治石头塘等河湖“四乱”。完善大气污染联防联控机制，露天秸秆禁烧、道路扬尘综合治理、建筑垃圾专项整治取得实效。全面推行林长制，开展中幼林抚育2212亩。落实“长牙齿”耕地保护硬举措，整治撂荒地4594.9亩，完成“非粮化”整改3351亩。科学精准划定“三区三线”，在全省第一批编制完成土地成片开发方案。铁腕整治“散乱污”企业，关停取缔51家、整治提升53家。成功创建3个省级森林乡村。全面完成中央、省生态环境保护督察反馈问题整改。省级生态文明建设示范区创建通过验收。

一年来，我们全力惠民生、增福祉，幸福指数在共建共享中持续提高。城镇登记失业率低于控制目标。教育“双减”取得实效，华容一幼、段店小学被教育部命名为足球特色学校，幼小衔接工作经验全省推广。在全市率先建成失能、半失能人员集中供养中心，农村特困人员供养机构管理体制改革扎实推进。百席村确定为全国村级议事协商创新实验试点。快速果断处置多轮输入性散发疫情，创新电子哨兵、发热门诊站、家庭医生、送药惠企等便民服务，受多方好评。完成泥矶、胡林、蒲团3个乡镇卫生院改造。全力保交楼、稳民生，交付商品房2140套。积极化解不动产和土地领域历史遗留问题，累计为2万余户群众办证。组建区红十字会，完成区侨联、区残联换届。巩固拓展脱贫攻坚成果同乡村振兴有效衔接，统筹各类资金4621万元，实施涉农项目63个。与郧西县夹河镇结对帮扶成效显著。“雪亮工程”有序实施，“情指勤舆”高效运行。庙岭派出所被评为“平安湖北建设先进集体”。安全生产专项整治三年行动有序推进，燃气安全整治、经营性自建房安全隐患排查整治等专项行动扎实开展。全省食品安全示范区创建进展顺利。“八五”普法成效显著。退役军人服务保障不断优化。志愿服务有声有色。民族和宗教工作全面加强。

一年来，我们全力转作风、提效能，自身建设在务实笃行中持续加强。党史学习教育、“下基层察民情解民忧暖民心”实践活动深入开展，美好环境与幸福生活共同缔造扎实推进，10个样板村亮点纷呈。主动接受人大法律监督、工作监督和政协民主监督，认真办理人大代表意见建议15件、政协委员提案87件。修改完善《区人民政府工作规则》等10项工作制度，用制度管人管事用权。建立周例会工作机制，“马上办”督查获省市好评、群众点赞。行政复议体制改革稳步推进，“新官不理旧账”专项治理扎实开展。全面从严治党走深走实，作风建设“三问三治三提升”行动纵深推进。省市巡视巡察反馈问题及审计发现问题得到全面整改。深化预算管理一体化改革，政府一般性支出和“三公”经费持续压减。

与此同时，工会、共青团、妇联、科协、工商联、慈善总会等群团组织作用充分发挥，国防动员、后备力量建设、外事、编制、保密、档案、城投、供销、人防、保险、通信等各项事业均取得新成绩。

各位代表！历史的地平线是由奋斗者标定的。一年来，我们负重前行、向难求成，一起顶住经济下行压力，一起应对大事要事挑战，一起经受底线红线考验，克服了一个又一个困难，取得了一个又一个胜利。一个个挥汗如雨的瞬间、一个个奔跑忙碌的背影、一个个奋勇争先的故事，筑起了华容最美的风景。华容干部群众敢为人先、勇立潮头的豪情壮志，坚毅果敢、百折不挠的实干精神，为我们在新征程上破浪前行奠定了坚实基础、增添了无穷信心。

历尽天华成此景，人间万事出艰辛。一年来，我们一路攻坚克难，一路砥砺前行，用汗水浇灌收获，用拼搏赢得精彩，取得的成绩来之不易、弥足珍贵。这是以习近平同志为核心的党中央掌舵领航的结果，是习近平新时代中国特色社会主义思想科学指引的结果，是省委省政府、市委市政府关心厚爱的结果，是区委统揽全局、坚强领导的结果，是区人大、区政协倾力支持、有力监督的结果，是葛店经开区和社会各界鼎力支持的结果，更是全区上下苦拼实干的结果。在此，我谨代表区人民政府，向各位人大代表、政协委员，各民主党派、工商联、无党派人士，各人民团体和社会各界人士，向长期以来关心、支持和参与华容建设发展的各界朋友，表示衷心的感谢并致以崇高的敬意！

区长龚骏在区第九届人代会第二次会议上作报告

思危方能居安，知忧才能克难。我们也清醒地看到，全区经济社会发展还面临不少困难和挑战。经济总量不大，产业层次偏低、新兴产业偏弱，新旧动能转换任务十分艰巨；需求收缩、供给冲击、预期减弱的压力尚未得到根本缓解，社会投资信心不足，市场主体发展较为困难；财政收支平衡压力剧增，保障能力有待进一步提升；武鄂同城化发展还在一定地区差异，还需练好内功；城镇化水平不高，乡村振兴还有弱项，公共事业存在不少短板；主城区“烟火气”不够浓厚，城市功能还不够完善；政府治理体系和治理能力与新时代新要求还有一定差距，少数干部业务能力不强，工作标准不高，改革创新、攻坚克难的劲头还需提振。对这些问题，我们已经采取一系列措施加以解决，今后还将进一步加大工作力度。

二、2023 年重点工作安排

当前的华容正处于时代发展的风口。省委“一主引领、两翼驱动、全域协同”区域发展布局、市委“一核两极多点支撑”发展格局加快落地，武汉都市圈、光谷科技创新大走廊建设、武鄂同城化发展如火如荼，武汉新城建设呼之欲出，众多政策利好在华容叠加。经过多年的发展和积累，华容综合实力明显提升，基础设施持续改善，产业项目加速集聚，区位、交通、产业、生态等优势日趋凸显，正呈厚积薄发之势。全区上下人心思齐、人心思进，干事创业的士气高涨、氛围浓厚，正汇聚昂扬向上的竞进之力。只要我们不为任何风险所惧、不为任何干扰所惑，撸起袖子加油干、风雨无阻向前行，坚定不移沿着中国式现代化这条康庄大道阔步向前，就一定能创造属于华容人民的更加美好的明天。

2023 年是全面贯彻落实党的二十大精神的开局之年，是全面实施“十四五”规划承上启下的关键之年，是习近平总书记视察鄂州 10 周年、鄂州建市 40 周年，做好全年工作意义重大。我们将乘势而上、排难而进，以锐意进取的精神击鼓出征，以追潮逐浪的姿态奔跑前行，奋力书写中国式现代化华容高质量发展新篇章，以一域之光为全局添彩。

政府工作的总体要求是：以习近平新时代中国特色社会主义思想为指导，全面贯彻落实党的二十大精神，坚持党对一切工作的领导，坚持稳中求进工作总基调，立足新发展阶段，贯彻新发展理念，服务和融入构建新发展格局，统筹发展和安全，打造武鄂同城化发展“加速器”，加快建设现代化滨江临港产业生态新城，为全市加快建成“两区一枢纽”、全省努力建设全国构建新发展格局先行区、全面建设社会主义现代化国家展现华容作为，贡献华容力量。

经济社会发展的主要预期目标是：地区生产总值增长 8% 左右；财政收入增长 10% 左右；规模工业增加值增长 12% 以上；固定资产投资增长 18% 以上；限上社零额增长 8% 以上；城镇登记失业率控制在 4% 以下；城乡居民收入增长高于经济增长；粮食播种面积保持相对稳定；生态环境质量持续改善；能耗强度下降目标达到序时进度；奋力在全省县域经济高质量发展综合评价中争先进位。以上目标，在实际工作中尽最大努力、争取更好的结果。

重点做好以下七个方面的工作：

（一）聚焦武鄂同城，在深度对接融入上实现更大突破

共绘发展蓝图。主动深度参与武汉都市圈空间规划和武汉新城各项规划编制，争取赋予华容更重要战略地位、更大发展空间。结合“三区三线”划定成果，编制好全区国土空间总体规划。严格落实环梁子湖区域规划建设管理管控机制。积极参与武汉新城建设，大力推进新城中心片区、葛华未来产业承载片区、红莲湖数字创新宜居片区建设。加强基础设施对接互联，统筹实施好葛华一体化和光谷东数字经济产业园产业发展规划，深化“资源同享、环境同治、矛盾同调、

旅游同线、党建同心”，共谋共促葛华一体化发展，助推武汉都市圈协同发展示范区建设成势见效。

共建联运枢纽。大力推进交通“断头路”建设，确保高新六路、高新七路、未来二路、望湖一路等道路建成通车。谋划开通庙岭至科技五路公交。协同做好红莲湖轨道交通、武黄高速改扩建工程前期工作，积极协调推进新港高速双柳长江大桥建设。加快实施三江港国家多式联运示范工程，积极推动国家一类水运口岸扩容升级，着力打造武鄂黄黄国际综合交通枢纽核心带。

共筑创新高地。高标准建好光谷科技创新大走廊华容功能区，协同建好“两带两组团”。积极参建鄂州（武汉）离岸创新中心。深化与东湖科学城合作，力争把红莲湖区域打造成东湖科学城研发副中心。持续加强与在汉高校、科研院所对接合作，积极承接共建一批重点实验室、院士工作站和技术研发中心。力争国家广电总局重点实验室早日落户华容。

共促转型升级。深度融入武汉现代产业体系，着力培育打造“123”特色产业发展格局，争取在招引链主企业、龙头企业上实现突破。探索建立毗邻地区重大项目选址协商机制，让企业在两地合理布局。加强与联投资本合作，谋划成立光谷东数字经济产业基金。加快推进红莲湖高端先进智能制造产业园内的拓尔奇光电等10个延链补链强链项目建设。高标准建设光谷东数字经济产业园，启动南部片区开发。加快建成武汉新城会展中心并投入运营。

共享美好生活。深化政务服务合作，推动更多事项“跨域通办”。全面加强教育、卫生等领域“跨域协作”，推进更多就业岗位“跨域同招”。积极推动杏福园旅游区等旅游景点纳入武汉都市圈旅游年卡范围，推动“跨域同赏”。加强插花地带控违拆违和环境整治，强化严家湖、豹澥湖等湖泊共管共治，推动更多重点区域“跨域同治”。

（二）聚焦稳中求进，在筑牢发展底盘上集聚更大力量

推进“招商引资突破年”行动。深化与省联投、省交投、省港口集团等平台合作，强化以商招商、驻点招商、平台招商、产业链招商、基金招商，着力招引一批延链补链、发展前景好、带动性强、贡献率高的好项目。紧密跟踪好武汉高科共建产业园、成都蛟龙等重大项目。坚持“招大引强”“招名引优”，紧盯国际、国内、民企“三个500强”、行业100强等龙头和链主企业转型布局和增资扩产，开展“点对点”精准招商。力争全年招引亿元以上重点项目30个以上。充分发挥好华中数字创新产业基地平台作用，进一步强化项目落地保障服务，以“定制化厂房＋预招商”模式探索破解企业落地难问题。

推进“重大项目高质量建设年”行动。强化项目谋划，谋深谋实一批打基础、强功能、利长远的大项目好项目，确保谋划入库项目95个、总投资500亿元以上。争取新一轮中央和省级预算资金、专项债券、政策性金融基金支持，力争更多项目纳入国家及省、市“大盘子”。完善项目建设闭环管理制度，研究出台重大项目落地标准化步骤，常态化开展重大项目集中开工活动，加快推动银联数据中心、新烽光电等76个省市重点项目建设，确保开工率达到100%。服务交投致远新材料、彤诺电子二期等重点项目建设，力争早建成、早投产。

推进“消费扩容提质攻坚年”行动。把恢复和扩大消费摆在优先位置，策划系列消费主题活动，拓展农文旅、餐饮住宿、体育健身等传统性消费，鼓励百信商超、华容影城等优质企业发展壮大，努力将更多消费留在本地。大力发展假日经济、夜间经济、越野经济等新业态，支持直播

带货、团购等新模式。加强与天域生态等文化企业合作，做大做强娱乐服务业。力争新增限上商贸企业8家以上。大力开展消费扶贫，落实好“湖北消费券”等刺激消费政策。

（三）聚焦转型升级，在夯实产业基石上展现更大作为

做大数字经济。深入实施数字经济引领工程，聚焦工业互联网、5G、人工智能、区块链、北斗等数字经济前沿领域，以光谷东数字经济产业园为载体，大力推进数字产业聚集，着力打造全省数字产业化引领区。聚焦产业数字化，大力实施“上云、用数、赋智”行动，推动企业数字化转型，力争“两化融合”试点示范企业突破15家。大力拓展数字化应用，发展智慧乡村、智慧制造、智能建造，新建一批智慧村组（小区）、智慧停车场、智能充电桩。

做优传统产业。扎实推进“技改提能、制造焕新”行动，积极推动钢铁、建材等传统产业向智能化、绿色化、高端化方向转型升级。力争全年实施鸿泰钢铁绿色工厂等技改项目10个以上，技改投资增长15%以上。积极引导分布零散的传统建材企业向园区集聚。支持三和管桩、华宇昌泰等企业以智能自动化引领建材行业转型升级，支持丽美药包等“软管”企业抱团发展、做大做强。支持枫树线业等重点企业主导或参与标准创建修订。大力实施中小企业成长工程，力争新（小）进规企业15家以上。

做强现代服务业。大力实施服务业主体倍增工程，加快发展文化创意、休闲旅游、健康医疗、体育服务等生活性服务业，重点培育研发设计、现代金融、会展服务、商贸物流、总部经济等生产性服务业。力争新增规上服务业企业5家以上。加快推动联投未来荟、龙湖商业区等项目建设。加快建设三江港现代物流园、鄂钢长航武汉东钢材交易市场物流园和鄂东煤储基地，合力打造中部物流产业集群。

做精现代农业。大力发展临空农业，借力鄂州花湖机场和三江港“铁水公空管”多式联运物流体系，探索建设全省优质农产品集散中心，打造“湖北农产品版义乌”。加强与垄上集团合作，建设现代农业电商基地和展示中心。大力发展特色农业，种院士田、养院士鱼、育院士种。积极推进“一镇一品”“一村一业、多村一业”特色农业发展。深化“三品一标”提升行动，着力打造“杏福果蔬”“华容香葱”等特色品牌。积极培育壮大粮油、种业、水产、果蔬等4个重点农业产业链。深化农产品加工，促进农文旅融合，做好“接二连三”文章。做大做强华容省级农产品加工园。支持杏福农业争创国家级现代农业产业园。大力支持蒲团乡种业小镇建设，加快推进省农科院智慧无人农场等重点农业项目建设。大力开展农田水利基础设施和高标准农田建设，持续整治撂荒地，守牢粮食安全底线。

（四）聚焦城乡融合，在建设美丽家园上迈出更大步伐

高品质推进城镇建设。深入实施强县工程，立足全省四化同步重点推进区功能定位，突出工业化城镇化水平与质量并举，持续推进华容魅力首善县域中心、庙岭科技文旅融合创新示范镇、段店国家级田园综合体和宜居宜游示范镇、临江多式联运特色镇、蒲团江南现代化农业特色镇建设。全面开展县域品质提升三年行动，推进实施主城区城市更新改造，完成楚藩大道改造暨景观风貌提升工程。谋划启动庙岭旧城改造，大力推进段店、蒲团“擦亮小城镇”行动，积极推动临江“撤乡建镇”。持续深化国家文明典范城市、卫生城市创建，以“绣花”功夫抓好环境卫生整治、市政设施养护、绿化亮化美化和园林园艺管护，新建一批绿地游园和“口袋公园”。组织开展“铁拳拆违”行动，提升城市管理水平。

高标准推进乡村振兴。加快修订完善村庄建设发展规划。不断壮大农村集体经济收入，妥善化解村级债务。加快实施农村人居环境整治五年行动，深入开展污水处理、村庄清洁、垃圾无害化处理、厕所革命等专项行动。加快完善农村寄递物流体系，挖掘农村“六废”资源用途。应用好智慧防返贫监测预警系统，持续巩固拓展脱贫攻坚成果同乡村振兴有效衔接，牢牢守住不发生规模性返贫的底线。持续推进党建引领乡村振兴试点工作。健全乡村治理体系，强化村民自治，完善网格化管理，推进移风易俗。深化美丽乡村创建，确保创建覆盖率达到50%以上。

高水平推进城乡融合。持续深化“三乡工程”，吸引工商资本、人才资源等优质要素向农村聚集。启动金明大道东西延伸工程、华容大道北延伸工程，协同推进316国道改线工程。扎实推进“四好农村路”建设，加快庙岭、段店、蒲团客运站建设，争创省级“四好农村路”示范区和公共交通示范区。全面完成农村饮水安全提档升级工程。巩固拓展国家数字乡村试点成果，建设数字乡村展示中心，健全“1131”惠民服务体系，启动二期工程建设，上线更多应用场景。大力推进农文旅融合发展，抓好杏福园旅游区、网红沙滩等农文旅融合景区“创A升A”。全力打造以杏福园旅游区为核心，中咀路为主轴，串联“文创街—小陈湾、徐家大林湾等美丽村湾—油菜花海、网红沙滩等乡村旅游示范点”的农文旅融合发展示范区。精心办好“农民丰收节”“台湾美食文化节”等系列活动。

（五）聚焦改革创新，在激活内生动力上释放更大潜能

持续提升创新能级。充分发挥毗邻武汉科技创新中心资源优势，积极引进战略性科技平台、重点实验室在华容布局。大力实施高新技术企业、科技型中小企业倍增计划，持续深化“产学研”合作。鼓励富晶电子、枫树线业等骨干企业开展关键核心技术攻关，支持华中数控、彤诺电子等企业申报省级以上重大科技项目。力争新增高新技术企业20家以上。积极引导企业走“专精特新”发展之路，培育更多“隐形冠军”“单项冠军”“科技小巨人”和“瞪羚企业”。实施专业孵化能力提升行动，培育一批科技孵化器和众创空间。大力引育创新人才和团队，落实人才政策，完善人才流动、评价、激励机制。持续深化省级创新型县（市、区）创建。

深化重点领域改革。持续深化供给侧结构性改革，落实扩权赋能强区改革。大力推进农村集体产权制度改革。纵深推进“乡财区管”改革。加快推进城投公司改革，支持做大资产、做强业务，强化投融资功能。深化城管执法体制改革，优化整合执法力量，厘清执法边界。全面推进公安执法权力运行机制改革和警务改革，完善“情指勤舆”一体化运行机制。深化供销合作社综合改革。统筹推进教育、文化、卫生等各领域改革。

打造一流营商环境。持续深化“放管服”改革，推进政务服务减时限、减环节、减证照、减材料、减基层负担。以控制成本为核心，打造营商环境质效年6.0版。巩固拓展市场准营承诺即入制等改革成果，抓好营商环境改革典型经验复制推广，持续创建全省优化营商环境先行区。推行工业用地“标准地”出让，落实新型工业用地（M0）政策，探索“点状供地”。全面兑现落实各项惠企政策，持续推进“免申即享”。实施市场主体增量提质行动，加大金融支持服务实体经济力度，关心关爱中小微企业、个体工商户发展，力争新增各类市场主体3000户以上。实施上市企业培育计划，积极引导企业股改转制。拓展政企恳谈会、现场办公会等沟通渠道，扎实推进升级版“双千”活动，积极构建“亲”“清”政商关系。

（六）聚焦绿色发展，在塑造优美环境上争取更大进步

加大污染防治力度。深入开展大气污染综合治理，抓好露天秸秆禁烧、餐饮油烟、建筑扬尘等专项整治，最大限度减少重污染天气发生。持续加大河湖巡查和清“四乱”力度，巩固非法矮围排查整治成果，统筹推进黑臭水体综合治理。依法保护饮用水源地，扎实推进入河入湖排污口溯源整治，加强农业面源污染防治，保持“散乱污”企业动态清零。强化土壤污染状况调查和风险管控，大力开展新污染物治理。坚决落实生态环境保护督察反馈问题、信访问题整改。

加紧生态修复进度。加强流域综合治理，协同编制实施流域综合治理和统筹发展规划，统筹水安全设施建设与农业灌溉水利建设，统筹水资源利用和产业布局、城镇建设，统筹水环境保护和城乡人居环境建设，坚守流域安全和生态安全底线。大力实施长江高水平保护十大攻坚提升行动，落实“十年禁渔”，持续加大违法捕捞、违规垂钓、非法采砂的监管力度。协同推进大梁子湖流域联保共治。巩固拓展中小河流及小微水体综合治理成果，推进实施南碛湖、红莲湖水生态修复工程，有序推进退田还湖、退垸还湖。落实“林长制”，持续开展国土绿化行动。严格落实耕地保护制度，坚守耕地红线，争创全国土地集约节约示范区。

加快绿色发展速度。协同推进降碳、减污、扩绿、增长，大力发展绿色低碳产业，积极引导工业、建筑、交通等领域清洁低碳转型。支持固废资源综合利用，大力发展循环经济。持续推进垃圾分类示范创建，启动大件垃圾处理厂、厨余垃圾处理站、渗透液处理站建设。严格区域环境准入，严控“两高”项目。积极探索生态价值实现机制，努力打通“两山”转化通道。扎实开展领导干部自然资源资产离任审计，健全生态保护考核制度。加快推进华容北部生态功能区建设。

（七）聚焦社会民生，在创造美好生活上取得更大成效

完善社会保障体系。落实落细就业优先政策，突出抓好青年特别是高校毕业生就业工作，大力实施返乡创业行动。开展援企稳岗就业行动，全力保障企业用工。开展根治欠薪专项行动，抓好农民工工资支付保障。实施全民参保计划，扩大各类社会保险覆盖面。加强残疾人“两项”补贴动态管理。稳步提升儿童福利保障水平，有序推进普惠托育服务项目建设。大力推进适老化改造，完善养老服务体系建设，新建一批“幸福食堂”。大力发展慈善事业，做好双拥优抚和退役军人管理服务，抓好稳价保供。大力发展保障性租赁住房，解决好新市民、新青年和基本公共服务人员住房困难。加快保障性租赁住房及华容人才公寓、铁咀社区（二期）、红莲湖棚户区改造（三期）建设。进一步规范小区物业管理。扎实做好保交楼、保民生、保稳定各项工作。

扩大公共服务供给。办好人民满意教育，开工建设华容三幼等3所公办幼儿园，新增学位700个。加快建设红莲湖未来学校、龙湖学校，改扩建胡林中学、小港小学，迁建刘弄小学。支持湖北航空技术学校培训基地建设。推动“双减”走深走实。全面开展区域教联体建设，争创全省义务教育优质均衡发展示范区。实施“健康华容”行动，持续深化基层医疗卫生机构综合改革，扎实推进医共体建设。加快推进区人民医院改扩建工程，完善提升村（社区）卫生室服务功能。落实“一村一名大学生村医计划”，大力培养全科医生和乡村医生。认真落实新阶段疫情防控各项举措，保障好群众就医用药，重点抓好老年人和患基础性疾病群体的防控。做实“文化惠民”工程，繁荣文艺精品创作，加强雕花剪纸等非物质文化

遗产保护。建设一批“文化驿站”、乡村文化记忆馆等新型公共文化空间。支持中国水上运动南方综合训练总部基地建设，积极策划申报区体育中心项目。大力颂扬刘伯垂、范鸿劼、赵子俊等华容籍中共早期党员英雄事迹，深度挖掘华容红色文化资源，激荡红色基因，塑造华容精神。

守牢安全发展底线。坚持总体国家安全观，积极防范化解政府债务、金融等各领域风险，坚决守住构建新发展格局的安全底线。落实安全生产责任制，深入开展事故隐患大排查大整治，坚决守牢不发生重特大事故底线。加强防灾减灾救灾、应急救援能力建设。落细落实食品安全“两个责任”，守护人民群众“舌尖上的安全”，争创全省食品安全示范区。

深化社会治理创新。健全党组织领导的自治、法治、德治相结合的城乡基层治理体系，推动社会治理和服务重心下移、资源下沉，提升治理效能。贯彻“五共”理念，深化美好环境与幸福生活共同缔造，精心打造共同缔造“武圣品牌”。坚持和发展新时代“枫桥经验”，推动党员下沉社区常态化，积极推广百席村议事协商“1349”工作法、“党员先锋指数”、蒲团夜话、板凳会议等新治理模式。扎实开展“八五”普法，全面落实“一村一辅警”“一村一法律顾问”。深化综治中心标准化建设，大力推进“天网工程”“雪亮工程”“平安驿站”建设。持续深化矛盾纠纷排查化解，常态化开展扫黑除恶斗争，建设更高水平的平安华容。凝心聚力促进民族团结、宗教和睦。完善志愿服务工作制度和工作体系。精心做好第五次全国经济普查。全面加强国防动员，高质量做好征兵工作。

三、全面加强自身建设

江山就是人民，人民就是江山。我们将始终牢记政府前面“人民”二字，坚决把高质量发展重任扛在肩上，加快转职能、提效能、增动能，远谋近施、善作善成，全力建设新时代人民满意的服务型政府。

（一）筑牢忠诚之魂。把对党绝对忠诚作为永恒信念，贯穿政府工作各方面。深学笃用习近平新时代中国特色社会主义思想，坚持用党的二十大精神统一思想和行动，深刻领悟“两个确立”的决定性意义，增强“四个意识”、坚定“四个自信”、做到“两个维护”。把不忘初心、牢记使命作为永恒课题，把党史学习作为“必修课”，大力弘扬伟大建党精神，持续深化“下基层察民情解民忧暖民心”实践活动。抓紧抓实意识形态工作。坚决贯彻落实党中央决策部署和省委、市委、区委工作要求，做政治上的“坚定派”、工作上的“实干派”。

（二）走好法治之路。深入贯彻落实习近平法治思想，带头尊法学法守法用法，做到法定职责必须为，法无授权不可为。大力推进法治政府建设，落实行政执法“三项制度”，深化政务公开。完善守信践诺机制，加大政府失信行为治理力度。落实全过程人民民主，主动接受监督，政府重大决策事项人民评议、人民询问、人民问效。高质量办理代表建议和委员提案，让政府在“放大镜”和“聚光灯”下履职尽责成为常态。

（三）永葆为民之心。践行以人民为中心的发展思想，始终牢记为了谁、依靠谁、我是谁，与群众想在一起、干在一起、坐在一起、站在一起，当好“勤务员”，甘做“孺子牛”。对群众有利的事铆劲大干、倾注满腔心血，对群众“急难愁盼”的问题真抓快干、用心用情用力。努力把每一件民生实事都办到群众的心坎上，让广大群众生活越过越红火，一年更比一年好。

（四）提升治理之效。坚持担当作为，树牢“今天再晚也是早、明天再早也是晚”的时间观念和“没有最好、只有更好”的目标追求，与时间赛跑、与强者竞争、与自己较劲，做疾风劲草，当烈火真金，力争各项工作当标杆、创一流。全面激发干事创业活力，让干部敢为、地方敢闯、企业敢干、群众敢首创。树牢“一线”理念，发扬“一线”作风，以“一线”状态争取“一线”作为。强化督查督办，健全“马上办”机制，重大项目、重点工作挂图作战、对表交账，确保事事有着落、件件能办成。发扬斗争精神，不为困难找理由，只为成功想办法，日拱一卒，久久为功，努力干出实打实的新成绩，干出群众认可的好口碑。

（五）坚守廉洁之本。坚持以严的基调强化正风肃纪，压紧压实全面从严治党主体责任。深入开展政治生态分析研判，锲而不舍落实中央八项规定及其实施细则精神，驰而不息纠治“四风”，纵深推进“三问三治三提升”作风建设行动。坚决反对和整治“工作懈怠症”“毅力不足症”“口号响亮症”“照本宣科症”和“等靠拖延症”。树牢“过紧日子”思想，管好“钱袋子”，打好“铁算盘”。全力支持纪检监察监督，强化审计监督、统计监督。持续推进清廉华容建设，一体推进不敢腐、不能腐、不想腐，全力营造政府系统风清气正的政治生态。

各位代表！发展如奔腾江河，不分昼夜、一往无前。一切美景，唯有实干方能实现。让我们更加紧密地团结在以习近平同志为核心的党中央周围，在区委的坚强领导下，踔厉奋发、勇毅前行，以豪迈的激情、昂扬的姿态，迈步新的赶考之路，踏上光荣和梦想的远征，为打造武鄂同城化发展“加速器”、加快建设现代化滨江临港产业生态新城，奋力谱写中国式现代化华容高质量发展新篇章而团结奋斗！

附：名词解释

全国综合实力千强镇：以全国重点镇、各省发展态势较好的镇等为基本评价对象，选取镇区建成区面积、镇区常住人口、辖区人均 GDP、辖区人均一般公共预算收入、规模以上工业企业数、固定资本形成净额、营业面积 50 平方米及以上超市数、城乡居民收入等指标进行综合分析评价。

“1131”体系：“1”是 1 个数字底座，“1”是 1 个数字乡村运行中心，“3”是乡村数字防贫、乡村数字经济、乡村数字治理 3 个智慧场景应用，“1”是 1 个惠民服务体系。

“乡财区管”改革：在乡镇政府管理财政的法律主体地位不变，财政资金所有权和使用权不变，乡镇享有的债权及负担的债务不变的前提下，区级财政部门在预算编制、账户统设、集中收付、采购统办和票据统管等方面，对乡镇财政进行管理和监督，帮助乡镇财政提高管理水平。

涉企行政执法案件经济影响评估：对企业实施行政许可、行政处罚、行政强制等行政执法行为时，在各环节针对企业生产经营影响进行分析、评估并作出有效防范与处置，从而最大程度降低行政执法活动对企业生产经营产生的负面影响。

说理式执法：在执法过程中，通过语言和书面的说理方式，向当事人摆事实，析利弊，讲道理，说清违法事实的事理、说准适用法律的法理、说明处罚裁量的情理、说顺执法文书的文理，帮助当事人正视处罚结果，取得当事人的理解和认同。

“一业一证”改革：优化行业准入业务流程，将一个行业准入涉及的多张许可证整合为一张“行业综合许可证”。

市场准营承诺即入制改革：在“一业一证”改革基础上，加大“减材料、减环节、减时限”力度，通过流程再造、系统升级，构建“信用审批、先入后核、审管联动”的极速审批新模式，全面推进准入准营便利化改革。

专精特新“小巨人”：具有专业化、精细化、特色化、新颖化等四大特征的中小企业中的佼佼者，即专注于产业链上某个环节中小企业中的佼佼者。

改薄提升：全面改善义务教育薄弱学校基本办学条件，扩大城镇学位供给和稳步提升育人保障能力。

单项冠军企业：长期专注于某些特定细分产品市场，生产技术或工艺国际领先，单项产品市场占有率位居前列的企业。

单项冠军产品：广泛应用于材料加工、医疗设备、激光雷达、环境监测等领域，是补链、强链、填补空白的关键核心产品。

留抵退税：把增值税期末未抵扣完的税额退还给纳税人。

“两化融合”试点示范企业：信息化和工业化融合试点示范企业。

光芯屏端网：光纤通信、芯片、新型显示屏、智能终端、互联网通信。

非粮化：不能利用耕地做除了种植粮食之外的事情。

企业开办“2050”标准：2个环节（一表申请、一窗发放）、0.5天内办结、零费用（免费赠送一套五枚印章）。

一事联办：在个体或企业开办环节，设立登记、公章刻制、涉税业务、社保登记、公积金登记等事项“一网办理、一表申请、一窗发件”，实现“一事联办”。

免申即享：惠企惠民政策无需申请，直接享受。

清减降：清文件、减审批、降收费。

服务业“五个一百”工程：即推进100个服务业重大项目建设；扶持100家服务业重点企业；打造100个服务业重点品牌；培养100名现代服务业领军人才；创建100个现代服务业发展示范区。

十年禁渔：一般指长江十年禁渔计划，从2020年1月1日0时起，长江干流和重要支流除水生生物自然保护区和水产种质资源保护区以外的天然水域，最迟自2021年1月1日0时起实行暂定为期10年的常年禁捕，期间禁止天然渔业资源的生产性捕捞。

河湖“四乱”：“乱占”“乱采”“乱堆”“乱建”。

三区三线：农业空间、生态空间、城镇空间三种类型空间，以及分别对应划定的永久基本农田保护红线、生态保护红线、城镇开发边界三条控制线。

林长制：按照“分级负责”原则，由各级地方党委和政府主要负责同志担任林长，其他负责同志担任副林长，构建省市县乡村等各级林长体系，实行分区（片）负责，落实保护发展林草资源属地责任的制度。

“散乱污”企业：不符合产业政策，不符合当地布局规划，未办理相关审批手续，不能稳定达标排放或不具备治理价值的企业。

教育“双减”：针对义务教育阶段，减轻学生作业负担和压减学科类校外培训机构。

雪亮工程：县、乡、村三级综治中心为指挥平台、以综治信息化为支撑、以网格化管理为基础、以公共安全视频监控联网应用为重点的群众性治安防控工程。

情指勤舆：情：是指智慧情报；指：是指挥中台；勤：是指实战勤务；舆：是指舆情的跟踪、引导。

“八五”普法：法治宣传教育的第八个五年规划。

三问三治三提升：“三问”，即对照党性原则问初心、对照时代要求问担当、对照市委部署问作为；“三治”，即着力整治缺乏精气神问题、重点整治不担当不作为问题、专项整治乱作为假作为问题；“三提升”，即提升精神区位、提升能力本领、提升工作效能。

新官不理旧账：地方政府在招商引资洽谈阶段，承诺的东西在企业引进后得不到兑现。

一核两极多点支撑："一核"，即武汉城市圈同城化核心区；"两极"，即葛店开发区、临空经济区两大增长极；"多点支撑"，就是要提升县域经济综合实力，形成一批特色鲜明、优势突出、协同联动的新增长点。

两区一枢纽："两区"是指建设武汉城市圈同城化核心区、争创全国城乡融合发展示范区，"一枢纽"是指打造国际航空货运枢纽。

两带两组团："两带"即葛店—华容（三江港）—鄂城（滨江科技新区）—临空经济区（花湖机场）横向沿江产业科技创新带和葛店—红莲湖—梧桐湖纵向生态科技创新带。"两组团"即红莲湖—葛店科创组团和鄂州机场临空组团。

"123"特色产业发展格局：应用电子1大特色产业，光电智造、智能制造2大支柱产业，大数据应用、清洁新材料、机遇性新产业3大重点产业。

"上云、用数、赋智"行动："上云"是指探索推行普惠型的云服务支持政策；"用数"是在更深层次推进大数据的融合运用；"赋智"是要加大对企业智能化改造的支持力度，特别是要推进人工智能和实体经济的深度融合。

三品一标：品种培优、品质提升、品牌打造和标准化生产。

口袋公园：也称袖珍公园，指规模很小的城市开放空间，常呈斑块状散落或隐藏在城市结构中，为当地居民服务。

农村寄递物流体系：乡乡有网点、村村有服务，农产品运得出、消费品进得去。

"六废"资源：农村废弃的厂房、农房、土地、矿井、学校、物品等资产。

五共：决策共谋、发展共建、建设共管、效果共评、成果共享。

三乡工程：市民下乡、能人回乡、企业兴乡。

四好农村路：建好、管好、护好、运营好农村公路。

隐形冠军：不为公众所熟知，却在某个细分行业或市场占据领先地位，拥有核心竞争力和明确战略，其产品、服务难以被超越和模仿的中小型企业。

科技小巨人：指业绩良好、极具发展潜力和培育价值处于成长初期的小企业，通过培育推动其快速健康成长，最终成为行业中或本区域的"小巨人"。

瞪羚企业：创业后跨过死亡谷，以科技创新或商业模式创新为支撑，进入高成长期的中小企业。

点状供地：项目用地区分为永久性建设用地和生态保留用地，其中永久性建设用地建多少供多少，剩余部分可只征不转，按租赁、划拨、托管等方式供项目业主使用。

"两高"项目：高能耗、高污染项目。

两项补贴：困难残疾人生活补贴和重度残疾人护理补贴。

食品安全"两个责任"：食品安全属地管理责任和企业主体责任。

枫桥经验：党政动手，依靠群众，预防纠纷，化解矛盾，维护稳定，促进发展。

"1349"工作法：坚持一条主线引领，落实三项措施保障，运用四事方式协商，规范九步流程议事。

天网工程：建设小型低成本摄像头，覆盖居民楼栋、房前屋后、街巷死角、内街小巷、偏僻区域。

三项制度：行政执法公示制度、行政执法全过程记录制度、重大执法决定法制审核制度。

区情概览

华容概况

【地理位置】 华容区位于鄂州市西北部，东与黄冈市黄州区隔江相望，南与樊口街办事处、长港镇、杜山镇、东沟镇接壤，西与武汉市江夏区豹澥镇、洪山区左岭镇毗邻，北抵长江，与武汉市新洲区双柳街、大埠街，黄冈市团风县一衣带水。地理坐标为东经 114° 34′ ~ 114° 50′，北纬 30° 20′ ~ 30° 36′。国土面积 382.13 平方千米。区人民政府驻华容镇。

【行政建置】 2022 年底，华容区辖庙岭镇（红莲湖旅游度假区）、华容镇、段店镇、临江乡、蒲团乡 5 个乡镇。全区有 71 个行政村、4 个社区、2 个农场，村民小组 973 个，户籍人口 18.45 万人。

【历史沿革】 唐尧时属樊国。夏属鄂都。夏孔甲时为尧裔刘累封地。商代，属鄂国。周代属楚国鄂邑。秦代属鄂县。西汉、东汉，汉高祖六年（公元前 201 年）分南郡，置江夏郡，属荆州江夏郡鄂县。三国吴黄武二年（223 年）四月，孙权在鄂建都，改鄂为武昌，属吴国武昌郡武昌县。西晋武帝太康元年（280 年），属荆州武昌郡武昌县。西晋惠帝元康元年（291 年），因荆、扬二州疆土广远，统治困难，于是分扬州豫章、鄱阳、庐陵、临川、南康、建安、晋安及荆州武昌、桂阳、安城等十郡置江州。属江州武昌郡武昌县。南北朝，属郢州武昌郡武昌县。隋代开皇三年（583 年）废郡，以州直接统县，同年改郢州为鄂州。属鄂州武昌县。大业三年（607 年），又改州为郡，鄂州改为江夏郡。同时，分武昌西境置城塘县。为江夏郡城塘县。县城设在长江边今离店白浒镇至黄矶一带城塘城。大业九年（613 年）城塘县并入武昌县，属江夏郡武昌县。唐高祖武德四年（621 年），改江夏郡为鄂州，属鄂州武昌县。贞观元年（627 年），分全国为十道，属江南道鄂州武昌县。开元二十一年（733 年），全国改为十五道，分江南道为江南东道与江南西道，属江南西道鄂州武昌县。天宝元年（742 年），又改鄂州为江夏郡。属江南西道江夏郡武昌县。乾元元年（758 年），复改江夏郡为鄂州。属江南西道鄂州武昌县。五代十国，唐昭宗天复二年（902 年），昭宗封杨行密为吴王，史称杨吴。属杨吴鄂州武昌县。后晋天福二年（937 年），属南唐鄂州武昌县。北宋至道二年（996 年），属鄂州江夏郡武昌县，归武昌军节度。至道三年（997 年），属荆湖路鄂州江夏郡武昌县。咸平二年（999 年），属荆湖北路鄂州江夏郡武昌县，归武昌军节度。南宋嘉定十四年（1221 年）设武昌军使，1222 年改为寿昌县，属寿昌县。嘉熙元年（1237 年），属寿昌军。元代初年，属寿昌军。

至元十四年（1277年）属武昌散府。成宗大德五年（1301年）废散府设行省，属湖广行省湖北道武昌路武昌县。至正二十四年（1364年），朱元璋改武昌路为武昌府，属湖广行省湖北道武昌府武昌县。明属湖广布政使司武昌府武昌县。清康熙三年（1664年），分湖广为湖南省、湖北省，属湖北省武昌盐法道武昌府武昌县。

民国元年（1912年），属湖北省武昌盐法道武昌府武昌县。民国二年（1913年），属湖北省武汉黄德道武昌府武昌县。3月废武昌府，武昌县改为寿昌县，属湖北省武汉黄德道寿昌县。民国三年（1914年），改寿昌县为鄂城县，改武汉黄德道为鄂东道，后又改为江汉道，属湖北省鄂东（江汉）道鄂城县。民国二十一年（1932年），属湖北省第二行政督察区鄂城县。民国二十三年（1934年），为鄂城县第二区，区公所设在葛店叶氏宗祠。民国二十五年（1936年），属湖北省第一行政督察区鄂城县。民国二十七年（1938年），为鄂城县第二区。民国三十二年（1943年），为葛洪区署，同年改葛洪区署为葛洪县府办事处。民国三十五年（1946年），属鄂城县。

1949年至1952年7月，属大冶专区鄂城县。1952年至1960年10月，属黄冈专区鄂城县。1960年11月至1962年1月，属黄冈专区鄂城市。1962年2月至1965年7月，属黄冈专区鄂城县。1965年8月至1979年11月，属咸宁地区鄂城县。1979年12月至1983年7月，属黄冈地区鄂城县。1983年8月为鄂州市华容派出区，长港派出区。1987年8月经国务院批准，设立鄂州市华容区。

【气候特征】 华容区属于亚热带季风气候区，地处中纬度，太阳辐射季节差别大。气候四季分明，冬季低温少雨，夏季炎热多雨，秋季凉爽干燥，春季潮湿多变，严冬酷暑时间短。雨量充沛，年平均降雨量1282.8毫米。光照充足，年平均日照时数2003.8小时。无霜期长，年平均气温17.0℃，年平均总活动积温6200℃，1月平均气温4.2℃，7月份平均气温29.3℃，气温平均年较差25.1℃，极端最高气温40.7℃，极端最低气温-12.4℃，平均无霜期266天。

华容区主要灾害天气有暴雨、干旱、大风、龙卷风、冰雹、寒潮、冰冻、倒春寒等。

【水资源】 长江从武汉自白浒山流经华容区。北岸依次流经武汉市新洲区和黄冈市团风县、黄州区等三县区，南岸流经沐鹅港、黄家矶（白鹿矶）、赵家矶、泥矶、三江口、黄柏山、芦洲，境内流程64.39千米。华容区属滨湖平原，境内港汊密布，湖网纵横，水域辽阔。主要湖泊有：鸭儿湖，为鄂州市第二大湖，位于鄂州市中部腹地，华容区南部；梧桐湖，为跨界湖，位于庙岭镇西部，庙岭水面称梧桐湖，湖泊面积35.08平方千米，其中庙岭水面14.67平方千米；南碛湖，位于段店镇境内，由南塘湖和七碛湖组成，原有流域面积34.9平方千米；红莲湖，又名杨桩湖，位于庙岭镇中部，系自然形成，北部有两支较大湖汊，形状不规则，面积约7.8平方千米。

【动植物资源】 华容区鱼类有21科、106种。家养鱼类主要有青、草、鲢、鳙、三角鲂、团头鲂、柳叶鳊、银鲴、黄尾鲴、细鳞斜颌鲴、圆吻锢、鲤、胭脂鱼、鳜。1970年后引进新种有：镜鲤、兴国红鲤、元江鲤、散鳞镜鲤、荷元鲤、尼罗罗非鱼、莫桑比克罗非鱼、银鲫、日本白鲫、褐首鲶、八须鲶。有一类保护动物白鱀豚、中华鲟，二类保护动物白豚、江豚。食用植物有粮食类、油料类、瓜果类、蔬菜类、棉麻类、竹木类和水产类，观赏植物有草本类、木本类和中药材。

【人口民族宗教】 2022年底，华容区户籍人口18.45万人。人口出生率4.63‰，死亡率6.48‰，人口自然增长率-1.85‰。全区民族人口构成以汉族为主，常住少数民族260人，有土家族、壮族、苗族、侗族、回族、布依族、彝族、黎族、瑶族、蒙古族、白族、布依族、哈尼族、满族、穿青人、仡佬族、哈尼族、京族、拉祜族、傈僳族、仫佬族、畲族、水族23个民族。

国民经济和社会发展

2022年，全区实现地区生产总值（按现行价格计算）153.41亿元，按不变价计算，同比增长4.7%。其中，第一产业增加值33.81亿元，同比增长4.1%；第二产业增加值63.66亿元，同比增长6.9%；第三产业增加值55.94亿元，同比增长2.5%。三次产业比22.04 ∶ 41.50 ∶ 36.64。

【农业】 全年全区完成粮食播种面积15.88万亩，同比增长0.57%；总产量6.7万吨，同比增长0.03%。禽肉类总产量3.38万吨，同比增长2.61%。年末生猪存栏15.43万头，同比增长0.24%；生猪出栏26.39万头，同比增长5.17%。家禽出笼244.25万只，同比下降19.19%。水产品产量9.29万吨，同比增长2.55%。蔬菜产量33.59万吨，同比增长0.89%；瓜果产量3.97万吨，同比增长3.09%。

【工业】 全年全区实现规模以上工业总产值285.89亿元，同比增长8.0%；工业增加值76.40亿元，同比增长8.4%。规模工业实现营业收入272.32亿元，同比增长2.8%，利润总额1.13亿元。

【固定资产投资】 全年全区完成固定资产投资额114.7亿元，同比增长52.8%。其中，基建投资10.7亿元，同比增长23.9%；技改投资15.7亿元，同比增长41.5%；房地产开发投资29.7亿元，同比增长24.1%。

【国内贸易】 全年全区实现限额以上消费品零售额10027.1万元，同比增长23.4%。其中，商品零售6890.8万元，同比增长18.1%；餐饮收入3136.3万元，同比增长36.8%。

【招商引资】 全年全区招商引资（省外）31.54亿元，同比下降25.29%；外贸进口总额2294万元，同比增长6.3%。外贸出口额35087万元，同比下降8.4%。

【财政金融】 全年全区完成财政总收入10.4亿元，同比下降20%。其中，税收收入7.26亿元，同比下降3.7%，占财政总收入比重69.8%。地方一般公共预算收入实现7.70亿元，同比下降6.2%；地方一般公共预算支出13.35亿元，同比下降15.52%。

【居民生活】 全年全区城镇常住居民人均可支配收入达到37275元，同比增长6.2%。农村常住居民人均可支配收入实现24614元，同比增长7.8%。

【重要荣誉】 2022年，华容区获评全国“平安农机”示范区，获评首批全国自然资源节约集约示范县（市），全省优化营商环境改革先行区；杏福园旅游区成功创建国家AAAA级旅游景区，蒲团乡（稻米）入选全国“一村一品”示范村镇，庙岭镇、华容镇分别荣获“全国综合实力千强镇”；区人社局、区应急管理局分别荣获国家级“节约型机关”，区纪委监委荣获省委“全省纪检监察系统先进集体”，区公安分局荣获省委“平安湖北建设先进集体”，庙岭镇荣获省委“平安湖北建设先进集体”，段店镇百席村入选全国村级议事协商创新实验试点单位等。

大 事 记

1月

1月1日，华容市民文化中心建成并对外开放，华容又添一网红地标。

1月12日，华容区组织开展驻村第一书记、驻村工作队长“抓党建促乡村振兴”现场拉练。

1月17日，副市长、区委书记彭波带队拜访湖北联投数产集团。

1月19日上午，副市长、区委书记彭波率区“四大家”领导和各乡镇、区直主要负责人分赴5个乡镇开展书记大接访活动。

1月24日，区委副书记、区长龚骏与武汉纺织大学党委常委、副校长冯军代表双方签订战略合作框架协议，同时，湖北枫树线业有限公司总经理陈晓林与武汉纺织大学纺织学院院长张如全代表双方签订联合实验室共建合作协议。

1月28日，中共鄂州市华容区第九届纪律检查委员会第二次全体会议召开。

2月

2月8日上午，区委副书记、区长龚骏赴段店镇、临江乡走访企业，调研复工复产和企业发展情况。

2月11日，华容区三级干部大会暨2022年“再续精彩”誓师大会在区会议中心召开。

2月12日下午，在葛店经济开发区招商展示中心三楼会议室，首次召开葛店、华容互融互帮互促联席会，明确葛华区域“一体化”发展战略。

2月14日，市委书记孙兵到华容区调研农业农村工作。

2月16日下午，华容区2022年度武装工作会议在区人武部召开。副市长、区委书记、区人武部党委第一书记彭波出席会议并讲话。

2月24日，市委书记孙兵到华容区走访“五个一”联系点，调研疫情防控、工业经济运行、乡村振兴等工作。

3月

3月3日上午，市区近千名机关干部、志愿者到段店镇中湾村斧塘大堤植树点参加义务植树活动。

3月3日下午，区委副书记、区长龚骏调研春耕备耕和农村改水改厕工作。

3月5日，副市长、区委书记彭波，区委副书记、区长龚骏到华容镇、庙岭镇、段店镇调研重点道路交通基础设施建设和中央生态环境保护督察反馈问题整改工作。

3月15日，华容区召开区委农村工作会暨全国文明典范城市创建动员会，部署全区2022年农村工作和全国文明典范城市创建工作。

3月17日上午，区委副书记、区长龚骏带队赴武汉凡谷电子、武汉天昱智造等企业考察。

3月23日上午，副市长、区委书记彭波，区委副书记、区长龚骏率区直相关部门负责同志，深入辖区5个乡镇，开展一季度文明典范城市创建拉练检查。

3月28日上午，鄂州市华容区智能制造产业园集中签约仪式在恒大酒店举行，10个高“含新量”“含金量”企业集中签约。

4月

4月4日，副市长、区委书记、区防指指挥长彭波，区委副书记、区长、区防指指挥长龚骏一行到辖区高速路口督导疫情防控工作。

4月8日下午，武汉东湖新技术开发区政数局党委书记、局长汪小龙一行6人到华容区调研，并就政务服务“跨域通办”“一网通办”，推进电子证照应用和数据资源共享、在鄂汇办申请开辟光谷科创大走廊专题应用等事宜进行座谈。

4月12日，区委副书记、区长龚骏带队到富晶电子、华新水泥等企业走访调研，详细了解企业生产经营、疫情防控以及近期物流运输、物资供应、市场销售等情况。

4月21日，华容区召开红莲湖大数据云计算产业园项目推进会。副市长、区委书记彭波出席会议并讲话。

4月24日，副市长、区委书记彭波，区委副书记、区长龚骏一行检查学校恢复线下教学准备工作。

4月27日，在华容区综合智慧能源项目现场举行鄂州二季度投资和重大项目集中开工活动。全市本次集中开工项目41个，总投资263.3亿元。

4月30日上午，副市长、区委书记彭波，区委副书记、区长龚骏一行检查“五一”假期疫情防控工作，并代表区委区政府向战斗在疫情防控一线的广大医务工作者、公安干警、志愿者和社区工作者致以节日的问候。

5月

5月3日，区委副书记、区长龚骏深入华容镇、段店镇等地集镇、村湾检查自建房安全隐患排查整治工作。

5月12日，区委副书记、区长龚骏到临江乡黄岭村、新港村、马桥村、光大船厂调研村级产业发展、美丽乡村建设、生态环境保护等工作。

5月13日，华容区召开第二轮中央生态环境保护督察整改动员部署会议。副市长、区委书记彭波出席会议并讲话。

5月18日，省社科联党组书记、常务副主席喻立平带领省社科联党组班子成员一行，到段店镇孔关村开展乡风文明建设调研。区委副书记、区长龚骏陪同。

5月23日上午，华容区领导干部学习贯彻党的十九届六中全会精神专题研讨班开班。副市长、区委书记彭波出席并作专题辅导。

6月

6月3日，区委副书记、区长龚骏通过“四直两不”方式检查企业安全生产和常态化疫情防控工作。

6月6日，区委副书记、区长龚骏到华容高中欢送考生，并于当天下午到城区集中住宿区看望和慰问华容区高三备考师生。

6月6日上午，副市长、区委书记彭波深入

联系企业、联系村开展下基层察民情解民忧暖民心实践活动。

6月10日，出台《华容区助力企业纾困解难促进县域经济高质量发展的办法》。

6月15日，区委副书记、区长龚骏一行赴武汉高科国有控股集团有限公司，就加快建设产业园区相关事宜进行深入沟通交流。

6月16日至17日，区委副书记、区长龚骏率队赴十堰市郧西县开展区域协作工作交流对接活动。

6月19日，区委副书记、区长龚骏深入华容高中考点，检查中考各项准备工作。

6月23日，华容区开展2022年第二季度党建引领乡村振兴拉练活动。

6月24日，华容区召开全区第21个全国安全生产月集中宣讲暨2022年第二次安委会全体会议。

6月28日，副市长、区委书记彭波到基层联系点庙岭镇栈咀村讲授党课，宣讲省第十二次党代会精神，并走访慰问部分困难党员。

7月

7月4日，市委书记孙兵到华容区调研林长制、河湖长制和防汛抗旱工作。

7月12日上午，华容区举行新冠疫情防控风险人群流调排查实战演练。

7月21日至23日，区委副书记、区长龚骏带队赴广东省深圳市、中山市招商考察并拜访在深有关单位。区委常委、常务副区长陈细海，区委办、区招商和投资促进中心以及临江乡相关负责同志参加考察。

7月23日下午，副市长、区委书记彭波到临江乡芦洲村、临江村，段店镇骆李村、武圣村，华容镇华容社区、大厂口集贸市场和城区、集镇主次干道等重点部位、关键点位，督导调研全国文明典范城市创建工作。

7月30日，华容区召开全区上半年经济形势分析会暨县域经济高质量发展推进会。

8月

8月8日，全市村级议事协商创新实验工作现场推进会在段店镇百席村召开。

8月12日，华容区召开党员干部警示教育大会，副市长、区委书记彭波出席会议并讲廉政党课。

8月16日下午，区委副书记、区长龚骏专题调研城建项目建设情况及燃气安全工作。

8月23日，区委副书记、区长龚骏现场督办环保督察问题整改工作。

8月26日上午，全市公务员管理工作培训班现场观摩会在蒲团乡召开，培训班30余名学员参加本次现场观摩。

8月30日晚，副市长、区委书记、区疫情防控指挥部指挥长彭波主持召开疫情防控指挥部指挥长会议，会议传达学习省市疫情防控有关会议精神，分析当前疫情防控形势，安排部署全区疫情防控工作。

9月

9月3日，区委副书记、区长龚骏到高速站口和项目工地督导疫情防控卡口值守和项目开工情况，并到武圣村调研美好环境与幸福生活“共同缔造”活动开展情况。

9月14日，市政协党组书记、主席杜文清到华容区调研美好环境与幸福生活共同缔造活动。副市长、区委书记彭波陪同。

9月15日，市委副书记、市长陈平到华容区调研督查中央生态环保督察整改暨河湖巡查工作。

9月22日，鄂州市美好环境与幸福生活共同缔造活动试点工作专题会在华容召开，市委副书记、政法委书记徐艳国主持会议并讲话。

9月29日，华容区老年大学在区市民文化中心揭牌。

10月

10月13日，华容区开展第三季度党建引领乡村振兴拉练活动。

10月14日，湖北联投2022年四季度重大项目集中开工活动以“1+8市区联动”主分会场连线形式举行，鄂州分会场设在红莲湖旅游度假区光谷东数字经济产业园，当天集中开工10个项目，总投资192亿元。

10月18日下午，市委常委、统战部长、市总工会主席夏帆到华容区调研指导工会工作。

10月20日，市委副书记、市长陈平到华容区调研文化教育工作。

10月30日下午，区委副书记、区长龚骏深入基层一线调研乡村振兴及厕所革命工作。

11月

11月5日，区委副书记、区长龚骏主持召开全区2023年重点项目谋划专题会。

11月8日，华容区第二次归侨侨眷代表大会召开。

11月10日上午，华容区红十字会第一次会员代表大会在区市民中心报告厅召开。

11月23日下午，区委副书记、区长龚骏主持召开光谷东数字经济产业园项目建设推进会。

12月

12月4日，区委副书记、区长龚骏带队深入重点项目建设和重点企业生产一线调研。

12月6日上午10时，华容区在区市民文化中心参加中共中央、全国人大常委会、国务院、全国政协、中央军委在北京人民大会堂隆重举行江泽民同志追悼大会视频会议。

12月16日，为期5天的全区乡科级领导干部学习贯彻党的二十大精神集中培训班结业。

12月27日，中国共产党华容区第九次代表大会第二次全体会议在区图书馆报告厅召开。

12月28日至29日，政协华容区第九届委员会第二次会议在区图书馆报告厅召开。

12月29日至31日，华容区第九届人民代表大会第二次全体会议在区图书馆报告厅召开。

中国共产党华容区委员会

概　　述

2022年，中共华容区委在市委坚强领导下，面对疫情冲击、持续旱情和经济下行等压力，认真学习宣传贯彻党的二十大和省第十二次党代会、市第八次党代会精神，按照区第九次党代会工作部署，坚持稳中求进工作总基调，落实疫情要防住、经济要稳住、发展要安全的要求，迎难而上，合力共为，较好完成了全年各项目标任务。全区经济社会持续保持良好的发展态势，全面从严治党向纵深推进。

【疫情防控】　牢牢把握三个“坚定不移”，坚持第九版防控方案，认真落实优化完善疫情防控措施，确保不动摇、不走样。压实“四方”责任，做实“四早”举措，建立扁平化常态化指挥体系，快速有效处置“8·29”“11·25”等多起输入突发疫情。统筹疫情防控和经济社会发展，出台助企纾困解难系列措施，全力保障经济社会秩序安全稳定。

【经济发展】　全年实现地区生产总值142亿元；完成财政总收入11.4亿元；固定资产投资同比增长49.5%；规模以上工业总产值同比增长9.5%，主要经济指标增速均达到或超过全市平均水平。全年签约银联数据中心、联投未来荟等亿元以上项目22个，新开工彤诺电子二期等亿元以上项目24个。鄂东煤产品交易国际贸易中心揭牌投运，华宇昌泰、枫树纺织科技园等6个项目竣工投产。三江港一类水运口岸通过省级预验收。鄂州鸿泰钢铁有限公司入选2022湖北民营企业100强。彤诺电子入选全省十大最具成长性文化企业名单。

【武鄂同城化】　未来三路、高新六路、辉煌大道等连通武汉的重点道路全线贯通，双柳长江大桥及连接线开工建设，206路公交开通营运。与省长投联合设立1亿元武鄂同城化科创产业投资基金。华中数字产业创新基地、光谷东数字经济产业园加快建设。145项同城高频公共服务事项“跨域通办”。

【改革创新】　“市场准营承诺即入制”改革典型经验全省复制推广，幼小衔接创新经验全省交流，初中教联体改革获省级试点。积极推进惠企政策“免申即享”。武汉华中数控鄂州有限公司荣获全省科技型中小企业创新奖，恒福节能等5家企业上榜全省专精特新“小巨人”企业名单。枫树线业纺织智能制造创新平台、华中数字产业创新基地一期列入全省2022年度服务业“五个一百工程”建设计划。

【乡村振兴】　巩固拓展脱贫攻坚成果同乡村振兴有效衔接，持续完善防返贫动态监测和精准帮扶机制。国家数字乡村试点“1131”体系基本成型,试点(一期)入选全省十大优秀应用案例。党建引领乡村治理促乡村振兴不断深化，上半年全市“整市提升·城乡融合”示范创建活动名列第一。耕地“非农化”“非粮化”整治成效明显。蒲团乡（稻米）入选第十二批全国“一村一品”示范村镇。

【城乡面貌】 三江大道、文昌大道三期、316国道改造和华蒲路穿涵工程等建成通车。持续实施老旧小区改造工程，启动保障性安居工程及青云小区还建小区项目建设。积极推进“擦亮小城镇”行动，楚藩大道改造暨景观风貌提升、段店立新街改造等项目广受好评。完成主城区雨污分流，城乡垃圾和污水实现全收集全处理全覆盖。引进上市公司提升城镇保洁服务能力，文明典范城市创建持续深化。

【生态环境】 全面完成中央环保督察反馈问题整改。全面落实河湖长制、林长制，持续加大湖泊森林保护力度。流域治理全面推进，启动南迹湖、红莲湖水生态修复工程，高质量完成长江华容堤段问题整改。严厉打击长江流域非法捕捞。持续开展“散乱污”企业、非法码头整治行动。建立大气污染联防联控机制，扬尘综合治理、秸秆禁烧成效显著，空气质量持续改善。

【民生事业】 持续加大民生领域投入，建成区市民文化中心、区公共卫生临床中心，区老年大学、博物馆、文化馆、非遗馆对外开放。教育、卫生、文化、食药安全和公共服务等社会事业取得长足进步。改造升级彭楚藩烈士祠、刘伯垂纪念馆。完成特困供养人员机构改革，区福利中心二期投入使用。初步实现15分钟人社便民服务圈。

【民主法治】 坚持和发展全过程人民民主，持续深化人大及其常委会依法监督，充分发挥人民政协专门协商机构作用。统战工作规范化建设成效明显，基层统战组织建设不断夯实，爱国统一战线不断发展壮大。坚持党管武装，国防动员、民兵工作取得新进展。发挥群团和社会组织作用，区残联、区红十字会和区侨联圆满换届。全面加强基层社会治理，深入开展“一下三民”实践活动，积极推进美好环境与幸福生活共同缔造活动试点建设。段店镇百席村入选全国村级议事协商创新实验试点单位。安全工作常抓不懈，平安华容、法治华容建设持续深化。信访多元化解机制不断完善。

【党的建设】 深入落实新时代党的建设总要求，强化全面从严治党主体责任。切实加强换届后领导班子建设，着力提升基层党组织和党员干部政治素质和业务能力。坚持党管宣传、党管意识形态、党管媒体。贯彻落实中央八项规定及其实施细则精神，深化作风建设“三问三治三提升”行动，扎实推进清廉华容建设。始终坚持严的主基调，严肃查处一批违纪违法案件，一体推进不敢腐、不能腐、不想腐。

【中国共产党华容区第九次代表大会第二次全体会议】 12月27日，中国共产党华容区第九次代表大会第二次全体会议在区图书馆报告厅隆重开幕。

【中国共产党华容区第九届委员会第三次全体会议】 2022年11月17日，中国共产党华容区第九届委员会第三次全体会议在区图书馆报告厅召开。

全会由区委常委会主持。全会审议通过了《中共华容区委关于认真学习宣传贯彻党的二十大精神的决定》。区委副书记、区长龚骏受副市长、区委书记彭波委托作了讲话，并就《中共华容区委关于认真学习宣传贯彻党的二十大精神的决定（讨论稿）》起草情况向全会作说明。

全会指出，党的二十大是在全党全国各族人民迈上全面建设社会主义现代化国家新征程、向第二个百年奋斗目标进军的关键时刻召开的一次十分重要的大会，是一次高举旗帜、凝聚力量、团结奋进的大会。习近平总书记的报告，深刻阐释了新时代坚持和发展中国特色社会主义的一系列重大理论和实践问题，描绘了全面建设社会主义现代化国家、全面推进中华民族伟大复兴的宏伟蓝图，为新时代新征程党和国家事业发展、实现第二个百年奋斗目标指明了前进方向、确立了行动指南，是党和人民智慧的结晶，是党团结带领全国各族人民夺取中国特色社会主义新胜利的政治宣言和行动纲领，是马克思主义的纲领性文献。《中国共产党章程（修正案）》体现了党的十九大以来党的理论创新、实践创新、制度创新成果，体现了党的二十大报告确定的重要思想、重要观点、重大战略、重大举措，对坚持和加强党的全面领导、坚定不移推进全面从严治党、坚持和完善党的建设、推进党的自我革命提出了明确要求。党的二十届一中全会选举产生了以习近平同志为核心的新一届中央领导集体，选举习近平同志继续当选中共中央总书记、中央军委主席，这是历史和人民的共同选择、郑重选择、必然选择，反映了全党全军全国各族人民的共同心愿。

全会指出，“两个确立”是党在新时代取得的重大政治成果，是推动党和国家事业取得历史性成就、发生历史性变革的决定性因素，对新时代党和国家事业发展、对推进中华民族伟大复兴历史进程具有决定性意义，是党应对一切不确定性的最大确定性、最大底气、最大保证。习近平新时代中国特色社会主义思想是自觉坚持和发展马克思主义的典范，是坚持“两个结合”、勇于推进理论创新的产物，以全新的视野深化了对共产党执政规律、社会主义建设规律、人类社会发展规律的认识，实现了马克思主义中国化时代化新的飞跃。全区各级党组织和广大党员干部要深刻领悟“两个确立”的决定性意义，切实把习近平新时代中国特色社会主义思想转化为坚定理想、锤炼党性和指导实践、推动工作的强大力量，自觉做习近平新时代中国特色社会主义思想的坚定信仰者、忠实实践者，始终在思想上政治上行动上同以习近平同志为核心的党中央保持高度一致，以华容高质量发展的实际成效坚决捍卫“两个确立”、做到“两个维护”。

全会强调，学习宣传贯彻党的二十大精神是当前和今后一个时期的首要政治任务，事关党和国家事业继往开来，事关中国特色社会主义前途命运，事关中华民族伟大复兴。全区各级党组织和广大党员干部要充分认识党的二十大的重要意义，认真学习领会党的二十大精神，贯彻“五个牢牢把握”重要要求，着力在全面学习、全面把握、全面落实上下工夫，坚定不移把二十大提出的目标任务落到实处。

全会强调，学习领会党的二十大精神，要原原本本、逐字逐句学习党的二十大报告和党章，学习习近平总书记在党的二十届一中全会上的重要讲话精神，坚持全面准确，做到学深悟透。要深刻学习领会党的二十大的主题，深刻领会过去五年工作和新时代十年伟大变革，深刻领会开辟马克思主义中国化时代化新境界，深刻领会新时代新征程中国共产党的使命任务，深刻领会中国式现代化的中国特色和本质要求，深刻领会社会主义经济建设、政治建设、文化建设、社会建设、生态文明建设等方面的重大部署，深刻学习领会教育科技人才、法治建设、国家安全等方面的重大部署，深刻领会国防和军队建设、港澳台工作、外交工作等方面的重大部署，深刻领会坚持党的全面领导和全面从严治党的重大部署，深刻领会发扬斗争精神、增强斗争本领、坚持团结奋斗的时代要求，完整准确全面把握党的二十大精神的丰富内涵和核心要义。

全会强调，学习宣传党的二十大精神，既要整体把握、全面系统，又要突出重点、抓住关键，要系统强化理论学习、细化组织集中宣讲、突出运用媒体宣传、全面营造社会氛围，推动党的二十大精神深入人心。要把着力点聚焦到习近平总书记是党中央的核心、全党的核心，习近平新时代中国特色社会主义思想是党必须长期坚持的指导思想上；聚焦到党的十九大以来的重大成就和新时代十年的伟大变革上；聚焦到把握好马克思主义中国化时代化最新成果的世界观和方法论，坚持好、运用好贯穿其中的立场观点方法上；聚焦到中国式现代化在理论和实践的创新突破上；聚焦到贯彻落实党的二十大作出的重大决策部署上；聚焦到以习近平同志为核心的新一届中央领导集体是深受全党全国各族人民拥护和信赖的领导集体上；聚焦到习近平总书记是全党拥护、人民爱戴、当之无愧的党的领袖上；聚焦到一丝不苟贯彻落实习近平总书记关于湖北工作的重要讲话和指示批示精神上，进一步激发华容人民对党的核心、人民领袖、军队统帅的衷心拥护和爱戴，凝聚起奋进新征程的磅礴力量。

全会强调，学习贯彻党的二十大精神，要与深入学习贯彻习近平新时代中国特色社会主义思想结合起来，与贯彻落实习近平总书记关于湖北工作的重要讲话和指示批示精神结合起来，与贯彻落实省第十二次党代会、市第八次党代会和区第九次党代会精神结合起来，埋头苦干、勇毅前行，迎难而上、合力共为，以工作实际成效检验学习贯彻党的二十大精神成果。要坚决做到“两个维护”，旗帜鲜明讲政治，不断提高政治判断力、政治领悟力、政治执行力，始终在政治立场、政治方向、政治原则、政治道路上同以习近平同志为核心的党中央保持高度一致，一切工作都从政治上考量、在大局下行事，坚定不移把习近平总书记重要指示批示精神和党中央决策部署落到实处。要加快打造武鄂同城化发展“加速器”，认真对标党的二十大作出的各项决策部署，结合省委、市委工作要求，进一步完善打造武鄂同城化发展“加速器”的思路、路径、举措；要大力推进与武汉地区深度对接，加快规划同编、交通同网、科技同兴、产业同链、民生同保，促进产业协同发展，建设科技创新高地，共谋共促武鄂同城化、葛华一体化发展；要积极实施“强县工程”，全面推进乡村振兴，建设华容宜居宜业主城区、庙岭数智文旅融合特色镇、段店农文旅融合特色镇、临江多式联运特色镇、蒲团现代农业特色镇，推进城乡深入融合全域发展；要积极构建多式联运体系，加快完善平台功能，着力推进产城融合，实施生态共存共保，积极扩大对外开放，推动公共服务共建共享，加快建设现代化滨江临港产业生态新城。要坚决守住安全发展底线，坚定不移贯彻总体国家安全观，坚持和发展新时代“枫桥经验”，严格落实安全生产责任制，深化长江大保护，建设更好水平的平安华容。要不断提高人民生活品质，扎实推进共同富裕，深入推进全过程人民民主，深化美好环境与幸福生活共同缔造，推进华容文化创造性转化、创造性发展，加快绿色低碳循环发展，打好蓝天、碧水、净土保卫战。要坚定不移全面从严治党，坚持把政治建设摆在首，完善用党的创新理论武装党员、教育群众的学习机制，深入开展党员干部下基层察民情解民忧暖民心实践活动，建强基层战斗堡垒，建设忠诚干净担当的高素质专业化干部，加强干部斗争精神和斗争本领养成，实施新时代人才强区战略，坚持严的基调强化正风肃纪，纵深推进作风建设“三问三治三提升”行动，持续深化纠治“四风”，深入推进清廉华容建设，营造风清气正的良好政治生态。

全会强调，要切实加强组织领导，确保学习宣传贯彻工作取得实效。要压实领导责任，各级党委（党组）要按照党中央部署和省委、市委、区委安排，结合实际研究制定工作方案，精心组织实施，加强工作指导和督促检查。要坚持正确方向，坚持团结稳定鼓劲、正面宣传为主的总方针，着力用党的二十大精神统一思想、凝聚力量。要注重工作实效，坚持要贴近实际、贴近生活、贴近群众，丰富方法手段，创新形式载体，把党的二十大精神讲清楚、讲明白，让老百姓听得懂、能领会、可落实。

全会要求，要坚决贯彻党中央“疫情要防住、经济要稳住、发展要安全”的重要要求，高效统筹疫情防控和经济社会发展。要毫不松懈抓好疫情防控，坚决按照“三个坚定不移”要求，严格落实进一步优化疫情防控工作的二十条举措，坚持科学精准防控，牢牢守住不发生规模性疫情的底线。要奋力冲刺全年目标任务，坚持稳中求进工作总基调，持续落实中央稳住经济一揽子政策措施，加强对重点区域、重点行业、重点企业精准调度，争取全年经济社会发展的最好结果。要全力维护社会安全稳定，筑牢意识形态安全防线，全力抓好安全生产、信访维稳，扎实做好保供稳价、保暖越冬、帮扶慰问等工作，为学习宣传贯彻党的二十大精神营造良好环境。

全会号召，全区各级党组织和广大党员干部要更加紧密团结在以习近平同志为核心的党中央周围，踔厉奋发、勇毅前行，迎难而上、合力共为，努力打造好武鄂同城化发展“加速器”、加快建设现代化滨江临港产业生态新城，为全市加快建成“两区一枢纽”，全省建设全国构建新发展格局先行区，加快建成中部地区崛起重要战略支点，全面建设社会主义现代化国家展示华容作为、贡献华容力量！

【中国共产党华容区第九届委员会第四次全体会议】 中国共产党华容区第九届委员会第四次全体会议于 2022 年 12 月 14 日召开。

全会由区委常委会主持。全会深入学习贯彻习近平新时代中国特色社会主义思想和党的十九届六中全会、党的二十大精神，认真贯彻落实省第十二次党代会、市第八次党代会精神，总结 2022 年工作，部署 2023 年工作，明确全区当前和未来一段时期发展思路和主要目标。

全会研究召开中国共产党华容区第九次代表大会第二次全体会议有关事宜，决定中国共产党华容区第九次代表大会第二次全体会议于 2022 年 12 月中旬召开。全会审议了相关工作报告、区九届二次党代会日程、区委九届四次全会关于区委工作报告的决议。区委副书记、区长龚骏就区九次党代会第二次全体会议作说明。

会议强调，要把认真学习宣传贯彻党的二十大精神作为首要政治任务，深入学习领会党的二十大精神精髓要义，深刻把握“两个确立”，坚决做到“两个维护”，切实提高思想自觉、政治自觉、行动自觉，锚定打造武鄂同城化发展“加速器”发展定位，知重而担，知责而行，以斗争精神奋力加快建设现代化滨江临港产业生态新城，不断开创华容高质量发展新境界。

全会充分肯定了 2022 年的工作，同意区委工作报告关于 2023 年主要工作任务的部署。会议指出，要抢抓机遇期，推动武鄂同城化发展迈上新台阶；要强化创业创造，加快经济高质量发展步入新阶段；要坚持以人为本，巩固拓展基层治理现代化新格局；要夯实绿色基底，不断开创涵养美好环境新局面；要统筹协调发展，积极探索乡村全面振兴新途径；要健全保障体系，实现增进民生福祉取得新成效。要坚持和加强党的全面领导，坚持和加强党的思想政治建设，坚持和加强党的自我革命，坚持和加强干部队伍建设，坚持和加强基层组织建设，坚持和加强党性党风建设，坚持和加强反腐败斗争，奋力推进“好正实优”清廉华容建设。

全会按照民主集中制的原则，对区委工作报告、区纪律检查委员会工作报告，区人大常委会、区政府、区政协、区法院、区检察院等五个党组工作报告，《中国共产党华容九届四次全会关于区委工作报告的决议》进行了表决，同意将七个报告、日程草案提请中国共产党华容区第九次代表大会第二次全体会议审议。

会议号召，全区各级党组织和广大党员干部要更加紧密团结在以习近平同志为核心的党中央周围，只争朝夕、真抓实干，踔厉奋发、勇毅前行，为打造武鄂同城化发展“加速器”、加快建设现代化滨江临港产业生态新城，奋力谱写中国式现代化华容高质量发展新篇章而团结奋斗！

【区委常委会会议】 1月8日，区委书记彭波主持召开区委常委会会议，会议传达学习国家主席习近平发表2022年新年贺词和习近平在全国政协新年茶话会上的重要讲话精神，习近平总书记在中共中央政治局召开专题民主生活会上发表重要讲话精神，全市“两会”精神，研究贯彻落实意见。会议还审议和研究了其他事项。

1月13日，副市长、区委书记彭波主持召开区委常委会（扩大）暨区“四大家”联席会议，会议传达中央农村工作会议精神及中央1号文件精神，中央全面深化改革委员会第二十三次会议精神，研究贯彻落实意见；学习鄂政发〔2020〕22号关于粮食储备安全管理的政策文件精神，书面报告2021年12月重点工作完成情况，安排布置2022年1月份全区重点工作。

1月24日，副市长、区委书记彭波主持召开区委常委会会议，会议传达学习省委省政府印发《贯彻落实〈中共中央、国务院关于新时代加强和改进思想政治工作的意见〉的具体措施》的通知，《市委办市政府办关于进一步加强新形势下值班和重要紧急情况报告工作的通知》，研究贯彻落实意见。会议还审议和研究了其他事项。

2月10日，副市长、区委书记彭波主持召开区委常委会会议，会议传达学习中共中央、国务院印发《关于做好2022年全面推进乡村振兴重点工作的意见》的通知及省委农村工作会议精神，中共中央办公厅印发《关于加强巡视整改和成果运用的意见》的通知，应勇同志在省纪委十一届六次全会上的讲话和侯淅珉同志的工作报告，中共鄂州市委《关于进一步加强党的政治建设坚持“两个确立”做到“两个维护”的决定》，研究贯彻落实意见。会议还审议和研究了其他事项。

2月10日，副市长、区委书记彭波主持召开区委常委会（扩大）暨区“四大家”联席会议，会议传达学习中共中央办公厅国务院办公厅印发《关于推动城乡建设绿色发展的意见》的通知，应勇在兴山调研时讲话精神，1月6日中共中央政治局常务委员会会议精神，胡春华在广西督导国家乡村振兴重点帮扶县巩固拓展脱贫攻坚成果工作时的指示精神，研究贯彻落实意见。会议还审议和研究了其他事项。

2月24日，副市长、区委书记彭波主持召开区委常委会会议，会议传达学习1月24日中央政治局会议精神，习近平总书记在《求是》2022年第4期上的文章，1月28日省推进区域发展布局实施工作领导小组会议精神和应勇、王忠林同志在全省深入实施区域发展布局暨县域经济发展大会上的讲话精神，研究贯彻落实意见。会议还审议和研究了其他事项。

3月3日，副市长、区委书记彭波主持召开区委常委会（扩大）暨区“四大家”联席会议。会议传达学习2月25日中央政治局会议精神及习近平总书记在中央政治局第三十七次集体学习时的重要讲话精神，习近平总书记2月28日审阅中央政治局委员、书记处书记，全国人大常委会、国务院、全国政协党组成员，最高人民法院、最高人民检察院党组书记述职报告后提出的重要要求，研究贯彻落实意见。会议还审议和研究了其他事项。

3月14日，副市长、区委书记彭波主持召开区委常委会会议，会议传达学习习近平在中央党校中青年干部培训班上的重要讲话精神，全国政协十三届五次会议开幕式、十三届全国人大五次会议开幕式会议精神，以及习近平总书记在参加十三届全国人大五次会议内蒙古代表团审议、参加全国政协十三届五次会议联组会和出席十三届人大五次会议解放军和武警部队代表团全体会议时的重要讲话精神，研究贯彻落实意见。会议还审议和研究了其他事项。

4月8日，副市长、区委书记彭波主持召开区委常委会（扩大）暨区“四大家”联席会议，会议传达学习中共湖北省委湖北省人民政府《关于做好2022年全面推进乡村振兴重点工作的意见》，湖北省委办公厅关于印发《湖北省2022年持续整治形式主义为基层减负工作实施方案》的通知，研究贯彻落实意见。会议还审议和研究了其他事项。

5月6日，副市长、区委书记彭波主持召开区委常委会（扩大）暨区“四大家”联席会议。会议传达学习习近平总书记在《求是》杂志2022年第7期和2022年第8期发表的重要文章《坚持把解决好“三农”问题作为全党工作重中之重 举全党全社会之力推动乡村振兴》《促进我国社会保障事业高质量发展、可持续发展》精神，习近平总书记在北京冬奥会、冬残奥会总结表彰大会上的重要讲话精神、在中央全面深化改革委员会第二十五次会议上的重要讲话精神、在海南考察时的重要讲话精神、在中国人民大学考察时的重要讲话精神和4月8日省委常委会会议精神，研究贯彻落实意见。会议还审议和研究了其他事项。

5月12日，副市长、区委书记彭波主持召开区委常委会会议，会议传达学习中央财经委第十一次会议精神，习近平总书记在中共中央政治局第三十八次集体学习时的重要讲话精神，4月29日中央政治局会议精神，研究贯彻落实意见。会议还审议和研究了其他事项。

5月30日，副市长、区委书记彭波主持召开区委常委会会议，会议传达学习习近平总书记在庆祝中国共产主义青年团成立100周年大会上的重要讲话精神，全国全省安全生产工作会议精神，中共湖北省委办公厅印发《关于推动党史学习教育常态化长效化实施意见》的通知，王蒙徽同志在全省党员干部下基层、察民情、解民忧、暖民心实践活动动员部署会上的讲话精神以及全省全市党员干部下基层、察民情、解民忧、暖民心实践活动动员部署会精神，研究贯彻落实意见。会议还审议和研究了其他事项。

6月9日，副市长、区委书记彭波主持召开区委常委会（扩大）暨区“四大家”联席会议，会议传达学习习近平总书记在《求是》2022年第9期发表的文章、习近平总书记在《求是》2022年第10期发表的文章，研究贯彻落实意见。会议还审议和研究了其他事项。

7月12日，受副市长、区委书记彭波委托，区委副书记、区长龚骏主持召开区委常委会（扩大）暨区“四大家”联席会议，会议传达学习市委人才工作领导小组《关于印发〈鄂州市“人才安居工程”实施细则〉的通知》，市委组织部《关于领导干部及时报告个人有关事项的工作提醒》，习近平总书记在庆祝香港回归祖国25周年大会暨香港特别行政区第六届政府就职典礼上的重要讲话精神。会议还审议和研究了其他事项。

8月4日，受副市长、区委书记彭波委托，区委副书记、区长龚骏主持召开区委常委会（扩大）暨区“四大家”联席会议，会议传达学习《中华人民共和国长江保护法》，习近平总书记在《求是》2022年第13期发表的重要文章，习近平总书记在《求是》2022年第14期发表的重要文章，研究贯彻落实意见。会议还审议和研究了其他事项。

8月11日，副市长、区委书记彭波主持召开区委常委会会议，会议传达学习习近平总书记在中央统战工作会议上的重要讲话精神，习近平总书记在《求是》2022年第15期发表的文章，王蒙徽同志在全省党员干部警示教育大会上的讲话精神，研究贯彻落实意见。会议还审议和研究了其他事项。

8月30日，副市长、区委书记彭波主持召开区委常委会（扩大）暨区“四大家”联席会议，会议听取信访维稳有关工作情况汇报及汇天下维稳专项汇报，迎接省委巡视有关工作情况汇报，“美好环境与幸福生活共同缔造”有关工作情况汇报。会议还审议和研究了其他事项。

9月15日，受副市长、区委书记彭波委托，区委副书记、区长龚骏主持召开区委常委会（扩大）暨区“四大家”联席会议，会议传达学习习近平总书记在《求是》杂志2022年第17期发表的重要文章《新发展阶段贯彻新发展理念 必然要求构建新发展格局》，习近平总书记对四川甘孜泸定县6.8级地震作出的重要指示精神，研究贯彻落实意见。会议还审议和研究了其他事项。

9月28日，受副市长、区委书记彭波委托，区委副书记、区长龚骏主持召开区委常委会（扩大）暨区“四大家”联席会议，会议传达学习习近平总书记在上海合作组织成员国元首理事会第二十二次会议上的重要讲话精神，习近平总书记在《求是》杂志18期发表的重要文章《坚持和发展中国特色社会主义要一以贯之》，研究贯彻落实意见。会议还审议和研究了其他事项。

10月16日，受副市长、区委书记彭波委托，区委副书记、区长龚骏主持召开区委常委会会议，会议传达学习习近平总书记给山东省地矿局第六地质大队全体地质工作者的回信；胡春华在人民日报发表的《以习近平总书记关于“三农”工作的重要论述为指引 奋力开创全面推进乡村振兴新局面》文章和中共中央办公厅、国务院办公厅印发《农村人居环境整治提升五年行动方案（2021—2025）》《关于推进以县城为重要载体的城镇化建设的意见》文件精神，研究贯彻落实意见。会议还审议和研究了其他事项。

10月21日，受副市长、区委书记彭波委托，区委副书记、区长龚骏主持召开区委常委会会议，会议传达学习习近平总书记在《求是》杂志19期发表的重要文章《新时代中国共产党的历史使命》精神，习近平总书记在《求是》杂志20期发表的重要文章《坚持人民至上》精神，习近平总书记在《复兴文库》序言上的重要文章《在复兴之路上坚定前行》精神，研究贯彻落实意见。会议还审议和研究了其他事项。

11月10日，受副市长、区委书记彭波委托，区委副书记、区长龚骏主持召开区委常委会会议，会议传达学习习近平总书记在第五届中国国际进口博览会开幕式上的重要讲话精神，习近平总书记在《湿地公约》第十四届缔约方大会开幕式上的重要讲话精神，省纪委印发《关于深化以案促改推进清廉湖北建设的工作办法》文件精神，研究贯彻落实意见。会议还审议和研究了其他事项。

11月17日，受副市长、区委书记彭波委托，区委副书记、区长龚骏主持召开区委常委会会议。会议传达学习11月10日中共中央政治局常务委员会会议精神，习近平总书记在二十国集团领导人第十七次峰会第一阶段会议上的重要讲话精神，省委十二届二次全会和市委八届四次全会精神，研究贯彻落实意见。会议还审议和研究了其他事项。

11月23日，受副市长、区委书记彭波委托，区委副书记、区长龚骏主持召开区委常委会会议，会议传达学习党的二十大关于国家安全工作有关要求，习近平总书记在瞻仰延安革命纪念地时的重要讲话精神，习近平总书记在陕西延安和河南安阳考察时的重要讲话精神，研究贯彻落实意见。会议还审议和研究了其他事项。

12 月 8 日，受副市长、区委书记彭波委托，区委副书记、区长龚骏主持召开区委常委会（扩大）暨区“四大家”联席会议，会议传达学习习近平总书记在江泽民同志追悼大会上的悼词和《告全党全军全国各族人民书》重要精神，习近平总书记在《求是》杂志 23 期发表的重要文章《在党的十九届七中全会第二次全体会议上的讲话》精神，省委、市委统战工作会议精神，研究贯彻落实意见。会议还审议和研究了其他事项。

12 月 14 日，受副市长、区委书记彭波委托，区委副书记、区长龚骏主持召开区委常委会会议，12 月 6 日中央政治局会议精神，会议传达学习 12 月 2 日习近平总书记在党外人士座谈会上的重要讲话精神，研究贯彻落实意见。会议还审议和研究了其他事项。

12 月 22 日，受副市长、区委书记彭波委托，区委副书记、区长龚骏主持召开区委常委会会议，会议传达学习习近平总书记在《求是》杂志 2022 年 24 期发表的重要文章《继承和发扬党的优良革命传统和作风 弘扬延安精神》精神，中央经济工作会议精神，会议听取和审议了区人大常委会党组关于区九届人大二次会议、区政协党组关于政协华容区九届二次会议有关筹备工作情况汇报。会议还审议和研究了其他事项。

党办工作

2022 年，华容区委党办工作坚持以习近平新时代中国特色社会主义思想为指导，学习贯彻党的十九大和学习宣传贯彻党的二十大精神，坚持“两个确立”，做到“两个维护”，严守“五个坚持”，服务葛华一体化、武鄂同城化发展大局，服务区委各项重点工作。

【思想建设】 紧抓思想理论学习，坚持把党的二十大和省第十二次党代会精神学习作为头等重要任务，领导班子带头抓学习、讲党课、搞调研。全年开展集中学习 12 次，到包保村讲党课 3 场次，形成思想报告、调研文章 10 余篇。把牢意识形态工作主动权，严格落实中央和省委市委区委关于意识形态工作的部署和要求，明确“一把手”第一责任人责任，分管领导为直接责任人，班子其他成员做好“一岗双责”，切实增强领导班子和领导干部抓意识形态工作的责任担当。

【服务中心】 按照《华容区 2022 年打造武鄂同城化发展“加速器”百项重点工作任务清单》（华容办文〔2022〕2 号），分解全年重点任务 110 项，全面推进防疫、防汛、助企纾困、省委巡视整改、落实全面从严治党主体责任、优化营商环境、乡村振兴、文明典范城市创建、区委巡察、环保督察等重点工作。切实担起“一下三民”实践活动综合组主体责任，认真收集梳理区委“三张清单”，及时发布工作提示，着力打造华容镇韩畈村共同缔造市级样板点，有力推动全区实践活动扎实开展。

【办文办会】 全年起草党代会报告等各类文稿 50 余篇 20 余万字，印发各类公文 40 余份，统筹协调区委全会、区委常委会等大型会议 50 余场次、机要通道视频会议 60 余场次，均未出现重大差错。扎实开展党内规范性文件报送备案审查工作，全年向市委报送备案党内规范性文件 9 件，合法合规率 100%。

【督查督办】 办理市委和区委主要领导批示件 20 余件，围绕疫情防控、防汛救灾、省委巡视整改、落实全面从严治党主体责任、人居环境整治、文明典范城市创建、环保督察整改等重点任务，开展专项督查40余次，发布各类督查通报、提醒通知50余份，督促各责任单位切实履职尽责，全面推进完成各项目标任务。带头推进作风建设“三问三治三提升”行动，切实发挥综合协调组和减轻基层负担专班重要职能，制发工作简报20期，引导推动基层减负工作在华容落地见效。

【机要保密】 完成区级视频会议室提档升级，区委常委会及“四大家”联席会议研究保密工作4次，组织区委保密委会议1次，开展保密专项检查20余次，检查电脑设备110余台次，开展专题培训3场次，培训人员300余人次。着力提升区委保密委成员单位保密服务能力，全年无失泄密事件。

【依法行政】 始终贯彻习近平法治思想，加强党对法治建设的领导，坚持依法执政、依法行政，带头尊法学法守法用法，结合支部主题党日，定期组织班子成员开展法律知识培训，强化法治思维，提高依法行政的能力素质水平。围绕“平安华容”建设，班子成员完成法宣在线学习，不断加大“一感一度一率一评价”宣传力度，在全区机关企事业单位全面普及保密法律法规，全年组织发放保密法律法规宣传资料3000余份，组织宣讲20余场，受教育人数700余人次。

【党风廉政建设】 提升落实领导班子“一岗双责”的自觉性和实效性，班子成员会专题研究党风廉政建设工作4次，全体党员干部签订《拒绝酒驾责任书》，从严从实加强党员日常教育管理。通过党风廉政建设宣教月、民主生活会、支部主题党日等形式，培养、锻炼、提高班子成员抓党风廉政建设工作的能力素质。深入开展作风建设“三问三治三提升”行动，努力提高党员干部政治自觉。

组 织 工 作

2022年，华容区委组织工作在区委的坚强领导和市委组织部的精心指导下，认真学习贯彻习近平新时代中国特色社会主义思想，努力推动全区组织工作高质量发展，为打造武鄂同城化发展“加速器”、加快建设现代化滨江临港产业生态新城提供了坚强组织保障。

【政治建设】 举办为期3天的学习贯彻党的十九届六中全会精神专题研讨班，巩固拓展党史学习教育成果并形成长效机制，实现学党史和悟思想、强党性的有机结合。组织党员干部学习省第十二次党代会精神和习近平新时代中国特色社会主义思想63场次，参训党员7600人次。认真学习贯彻党的二十大精神，举办学习党的二十大精神专题培训班，引领全区各级党组织和党员进一步坚持“两个确立”、做到“两个维护”。大力实施村（社区）党组织书记提能大行动，积极参加全省村党组织书记试点培训班，组织40名村党组织书记参加全市村党组织书记抓党建促“整市提升·城乡融合”培训，举办全区2022年度村（社区）“两委”班子暨驻村第一书记、工作队长专题培训班，组织村（社区）党组织负责人赴浙江安吉县、大悟县金岭村、鄂城区、梁子湖区考察学习，扎实推进“头雁工程”。坚持支部主题党日活动常态化，丰富和完善学习内容，

开展学习贯彻党的二十大精神集中培训

督促指导各单位党组织高质量召开党史学习教育专题民主生活会。

【干部选任】 对换届后区管领导班子运行和干部队伍建设情况进行跟踪调研，回头看、夯基础、促提升，做好换届“后半篇文章”。对全区干部按照“潜力型”“狮子型”“老黄牛型”等类型进行分类，精准画像，为干部配备提供决策依据。建立干部信息化平台，进一步规范干部信息管理，提高干部管理工作效能。继续实施“新时代年轻干部成长工程”，持续完善“优秀年轻干部库”，构建持续发现、动态调整的长效机制。加强对年轻干部日常管理，召开“年轻干部讲成长”座谈会，联合红安干部学院举办年轻干部培训班。全年提拔重用干部22名，其中优秀年轻干部15名，职级晋升72名。全面实施县以下事业单位管理岗位职员等级晋升制度，坚持好干部标准，全年晋升职员等级92人。以事业单位职员等级晋升工作为契机，理顺混编混岗问题20人，解决了历史遗留问题，充分调动了干部积极性。

【基层组织建设】 坚持党建引领，“五共”兴村，着力打造芦花村“一建三强六变”、中湾村“提五问促五思”、蒲团夜话、党员“先锋指数”等党建特色亮点。出台《华容区党建引领乡村治理促乡村振兴实施方案》《华容区党建引领乡村治理促进乡村振兴试点拉练活动实施方案》，创建示范点10个，常态化开展党建引领乡村振兴季度拉练活动。在全市“整市提升・城乡融合”第一次试点拉练活动中，取得区级排名第一和村级排名第一的优异成绩。出台《华容区农村党员先锋指数管理办法》，进一步发挥广大党员、群众参与乡村振兴的积极性和主动性。推进社区治理模式创新，召开楚藩社区“大党委”第一次联席会议并与28家共建单位签订承诺书，推广集镇社区“大党委”工作机制。有效发挥小区物业党委作用，深化“红色物业”管理，推进4家物业行业党支部建设。持续推进党支部标准化规范化建设，制定《华容区2022年基层党建工作考核细则》，完成2021年度“五比”考核和红旗试点党组织市区级评选表彰工作。按照“四个一”工作要求，全面实现7个软弱涣散村（社区）党组织整顿常态化制度化。认真开展换届“回头看”工作，对换届后10名不胜任的村党组织书记果断调整选配，调整面达13.3%。做好红色美丽村庄试点建设工作，提档升级刘弄村刘伯垂纪念馆，扩大红色文化影响力。不断强化“两新”组织党建业务指导和培训，出台《华容区委非公有制经济组织和社会组织工作委员会工作规则》，下派36名党建指导员。对全区近两年农村发展党员开展排查整顿工作，共清查档案354份。完成2022年“光荣在党五十年”纪念章发放工作。严把发展党员入口关，2022年入党积极分子和发展对象集中培训学员197名，发展党员133名。积极开展春节、“七一”慰问和困难党员帮扶等活动，全年帮扶困难党员964人次，发放慰问金46.74万元。指导全区各单位开展下基层察民情解民忧暖民心实践活动，持续深化“我为群众办实事”实践活动，健全“民呼我应领办实事”长效机制，收集领导班子“我为群众办实事”项目清单56份，个人项目清单85份，及时帮助群众解决“急难盼愁”问题。大力开展机关党员干部下沉村（社区）活动，对区直单位联系包保社区进行统一调整，加强驻村第一书记管理。区直机关工委牵头统筹全区清廉机关建设，推动机关党风廉政建设持续向好发展。在疫情防控工作中，有效发挥组织优势，30名县级领导干部蹲点包联5个乡镇和高速路口；连续抽调区直单位600余名干部到疫情防控卡口参加应急值守；“4・10”期间，组织50名优秀年轻干部驰援鄂城区古城社区参与疫情防控，在急难险重任务中锤炼干部。

【教育监督】 开展干部综合提能行动，选派57名领导干部参加省市委党校培训，组织10名区委领导班子成员参加农业农村部乡村振兴网上专题班学习。选派2名年轻县级和5名乡镇党政主职干部赴浙江、武汉跟班学习、挂职交流，选派3名优秀年轻干部到北上广驻点招商。完成与省市区级部门间的挂职交流，其中上派1名县级干部到省教育厅挂职，接收7名干部来区挂职、跟班学习。开展“干部上讲台”活动，倒逼全区干部主动学习业务、主动谋划工作。组织新任党代表开展坚定理想信念教育培训，不断增强干部队伍能力素质与华容发展形势匹配度、适应力，打破思想“围城”，让干部“跳出华容看华容”。认真落实干部任前审核双签字、廉政谈话、领导干部出国（境）管理等制度，规范领导干部配偶、子女及其配偶经商办企业行为，坚持和完善领导干部请销假、出国（境）审查、经济责任审计、婚丧嫁娶及个人重大事项报告等制度，出台区级相关部门干部监督信息沟通机制，建立全方位监督工作格局。积极发挥群众监督作用，完善“12380”综合举报平台，处理信访举报件8起。开展非公有制经济组织挂兼职清理整顿，完成中组部制作的干部绩效考核系统2021年度考核数据上报工作。建立干部信息数字化平台，做好全区528名干部人事档案新一轮专审工作，督促人社部门按时完成档案专审规定任务。学习借鉴先进经验，区老年大学建成开放。做好关心关爱老干部、离退休谈话、工资福利核查等工作。

【公务员管理】 落实发放立功受奖一次性奖励和奖励证书、奖章，有效激励公务员干事创业担当作为。制定《华容区公务员平时考核实施方案》，按政策规定及时兑现落实公务员各项工资福利待遇和审核审批工作。分层次、分领域、分类型充实先进典型储备库，评选“人民满意的公务员”3人和“人民满意的公务员集体”4个。以“一谈话一仪式”“一联系一体检”“一教育一引导”方式，为20名同志办理荣誉退休。落实乡镇公务员最低服务期限和选调生到村任职管理规定，按照服务期内“三个不得”要求，严格把好进出关，全年招录选调生5名、公务员6名。强化公务员教育培训，组织召开全国“人民满意公务员”先进事迹巡回宣讲会，举办全区公务员管理工作业务培训班。做好公务员法律法规省级试点创建工作，圆满召开全市公务员法律法规试点蒲团乡现场观摩会，全面加强公务员日常管理，引导广大公务员埋头苦干、勇毅前行。

在蒲团乡召开全市公务员法律法规试点现场观摩会

【人才建设】 出台《中共华容区委人才工作领导小组工作规则》和《中共华容区委人才工作领导小组2022年工作要点》，做好区委领导联系服务专家工作。优化人才营商环境，完善和支持乡村振兴人才政策举措，推进人才引进政策落地落实。继续实施“一村多名大学生”计划，落实《关于加快推进乡村人才振兴的意见》《关于鼓励引导人才向艰苦地区和基层一线流动的若干措施（试行）》。对接红莲湖度假区，在大数据产业园筹备成立“人才之家”，开展各领域人才工作调研，摸清全区人才底数，探索出台《华容区关于加强科技创新人才发展的若干措施》，推动科技创新创业活力进一步释放。

【组工团建设】 区委组织部坚持党的政治机关建设，完善部务会、月例会等制度，不断提高组工干部政治判断力、领悟力和执行力。注重干部队伍综合素质提升，开展部机关干部轮岗交流、“干部上讲台”活动，助力部机关年轻干部综合提能。围绕区委中心工作，发挥组工优良传统，积极参加疫情防控、“共同缔造”、下基层察民情解民忧暖民心实践活动，持续深化“我为群众办实事”“党员下沉社区”“清廉机关创建”等活动，积极开展文明典范城市创建。关心组工干部成长，2022 年部机关调任公务员 1 名，干部交流提拔 1 名，晋升职级 1 名，转任公务员 1 名。

宣传工作

2022 年，华容区宣传思想文化工作坚持以习近平新时代中国特色社会主义思想为指导，以迎接宣传贯彻党的二十大作为全年工作主线，紧紧围绕市委区委决策部署，聚焦举旗帜、聚民心、育新人、兴文化、展形象的使命任务，持续巩固壮大主流思想舆论，广泛开展群众性主题宣传教育活动，引导广大干部群众统一思想、坚定信心，汇聚全面建设现代化滨江临港产业生态新城的强大力量。

【理论武装】 加强党的创新理论武装，坚持“两个确立”，做到“两个维护”，让思想之旗高高飘扬。进一步走深走实区委理论中心组学习，年初制定《2022 年党委（党组）理论学习中心组专题学习重点内容安排》《2022 年度华容区党委（党组）理论学习中心组列席旁听工作方案》，精心安排学习内容，第一时间落实上级布置的重大学习和宣讲任务，确保全面系统学、及时跟进学、联系实际学。探索实施“干部上讲台”学习机制，区直单位“一把手”围绕党的十九届六中全会精神、武鄂同城化发展、党的二十大精神等，结合区情实际轮流授课，中心组学员会上讨论与书面点评打分相结合，内容涵盖教育改革、产业项目发展、土地资源规划等诸多领域。全年组织集中学习 21 次，举办华容讲坛 4 期，列席旁听 3 次。稳步推进理论宣讲，以“三团多队”推进宣传宣讲进机关、进农村、进学校、进企业等“十讲十进”内容全覆盖。广泛深入开展党的十九届六中全会精神宣讲、“学习贯彻习近平总书记考察湖北重要讲话精神，推进落实省第十二次党代会部署”主题宣讲，积极推进党的二十大精神宣讲，让党的创新理论“飞入寻常百姓家”。坚持以上率下，充分发挥区“四大家”领导及单位“一把手”表率示范作用，深入分管领域、基层联系点开展宣讲，全区开展各类宣讲 270 余场次。建强武汉纺织大学—华容镇“理论热点面对面实践基地”，开展相关宣讲 7 场次。加强与省社会科学院合作，围绕当好武鄂同城化发展“加速器”，完成《华容区与光谷“产业同链”》及《以葛华与光谷一体化发展为突破撬动武汉新城建设》等研究报告。

省委宣传部、省委讲师团、武汉纺织大学“理论热点面对面实践基地”在华容镇成立

【意识形态】 切实增强忧患意识，强化底线思维，牢牢把握意识形态工作领导权。制定《华容区意识形态工作联席会议议事规则》《华容区意识形态工作联席会议成员单位职责分工》等，持续压实各级党委（党组）主体责任和主要负责同志第一责任，推动意识形态工作责任全面落实。召开全区意识形态工作联席会议 3 次，加强分析研判，进一步强化风险防控。一月一评估、一研判、一报告意识形态领域情况，梳理全区意识形态领域风险，主要集中在恒大复工复产、石竹城际颐养院未退还到期会员床位预定金、汇天下融资问题等涉房、涉诉、涉众型投资以及民生、医疗等领域。严格网络意识形态信息发布“三审”责任制，对责任落实不力并造成不良影响的单位主要负责人进行约谈提醒。持续强化监管，筑牢网络防线。充分整合各级资源，依托荆楚网舆情监测平台、市委网信办监控平台和区网信专班，建立线上线下联动监测处置工作机制，24小时全天候监测辖区舆情，发现舆情后第一时间进行线上处置、线下化解，对群众反映诉求积极回应，正面引导。对重大方针政策、热点问题认真策划，全面评估，及时发布，并将处置化解结果第一时间报市网信办，确保全区意识形态领域风险平稳可控。加强阵地管理，坚持主管主办和属地管理原则，加强对论坛、研讨会等审核把关和过程管理。联合相关部门常态化开展护苗、“扫黄打非”和文化场所安全检查行动。

【文明创建】 培育践行社会主义核心价值观，唱响主旋律，提振精气神。制定《2022年华容区创建全国文明典范城市工作方案》，明确任务，明晰责任。大力推进“十大工程”“十大专项治理行动”。加强指导督导、分析调度，全年巡访暗访7次，发出工作提示函176份、“红黑榜”3期，涉及单位232个次。开展新时代文明实践所、集镇等重要点位拉练3次，组织开展互学互评活动2次。在全市两次三方测评中，全区5个乡镇综合排名均有提升。一体化推进文明单位、文明家庭、文明校园等创建，开展“讲述我的家风故事”征集，收到征文243篇、录制音视频3件，评选出优秀征文15篇。以区文明实践中心、5个乡镇文明实践所和75个文明实践站为阵地，组织春节、元宵、清明等系列活动和学雷锋月活动。评选区级2021年度最佳志愿服务项目1个，最佳志愿服务组织4个，优秀志愿者12人。开展“华容楷模”评选，开展闵楠飞等31名先进典型礼遇“四个一”活动，展示和宣传报道10户文明家庭、最美家庭典型事迹。评选新时代好少年区级8名、市级3名，宣讲其事迹37场次。张虎等3人获“鄂州好人”称号，廖福生家庭荣获第三届市级“文明家庭”称号。以“扣好人生第一粒扣子”主题，抓好未成年人思想道德建设，举办新时代好少年事迹宣讲102场次，开展新时代好少年选树，华容实验小学钟原、华容中学姜佳琪、临江乡中心小学杨雨霏获2022年鄂州市新时代好少年。推进新时代文明实践站所建设。对乡镇文明实践所、村级文明实践站进行集中指导4次68家，文明实践所站功能不断提升。依托新时代文明实践场所，开展志愿服务品牌打造活动。与武汉纺织大学马克思主义学院签订协议，联办文明实践理论宣讲阵地，开展专题宣讲6场次，1200余人现场学习；举办志愿服务骨干培训2场次220人次。为芦花、刘花等10个党建引领乡村治理试点村进行4轮指导，规范文明实践站内功能室设置，指导开展理论宣讲、村民教育、科普宣传、文化活动和健身活动。

【舆论宣传】 讲好华容故事，着力激发奋进新动能。以迎接学习宣传党的二十大精神为主线，围绕聚焦武鄂同城化、葛华一体发展，人大代表在行动、“一下三民”实践活动、美好环境与幸福生活共同缔造活动、创建全国文明典范城市等重大主题，精心策划，开展全媒体宣传。全年中央媒体采用新闻9条，学习强国采用61条，省级媒体刊播稿件550条。在荆楚网推出的乡镇党委书记访谈葛华一体、十同融合等系列报道和评论文章，全网200余家媒体转载。强化宣传引导，坚持每两周开展1次新闻策划和选题点评，统筹做好乡村振兴、基层社会治理、疫情防控等宣传引导，认真做好网评员相关工作。组织开展专题讲座、以会代训等业务培训5次，着力促进队伍提能增效。深入挖掘本土资源，加大原创生产供给，组织创作短视频、大型海报等作品，持续提升新闻报道的可看性、吸引力。

举办“喜迎二十大 奋进新征程”文化惠民演出

【文化产业】 扎实推进乡村文化振兴工程。做大文化产业，加大宣传推介力度，助力台创园成功争创国家AAAA级旅游景区。加强阵地建设，加快推进彭楚藩烈士祠、刘伯垂纪念馆维修改造、非遗馆等场馆建设。常态化开展“文化进万家”文艺惠民、“青年读书分享会”等活动。做精文艺创作，恢复区文联机构，组织开展“喜迎二十大·礼赞新时代”主题文艺采风创作活动。

统 战 工 作

2022年，华容区委统战工作坚持以习近平新时代中国特色社会主义思想为指导，深入学习贯彻习近平总书记关于加强和改进统一战线工作的重要思想，始终把讲政治作为第一要求，深入贯彻落实《中国共产党统一战线工作条例》《湖北省实施〈中国共产党统一战线工作条例〉办法》，着力抓好思想引领、服务大局、防范风险、提升工作能力等重点工作，努力开创统战工作新局面，为全区打造武鄂同城化发展“加速器”贡献统战智慧力量。

【规范化建设】 根据省委统战部《关于加强全省基层统战组织建设的工作方案》要求，区委统战部按照应建尽建、能建必建的原则，先后成立“华容区党外知识分子联谊会”“华容区新的社会阶层人士实践创新基地”“华容区新的社会阶层人士实践创新基地”“周汤小学民族团结进步学校”“蒲团乡上倪村民族团结进步村”“武圣村乡贤理事会”等活动阵地。80%的村（社区）有基层统战组织，各乡镇均成立基层统战之家和商会，其中，华容镇楚藩社区侨之家为省级4星级示范“侨之家”，完成复评结果报告，顺利通过省侨联考评工作组检查。组织全区无党派人士、党外知识分子、新阶层人士组建篮球队参加鄂州市首届“同心杯——喜迎二十大·强国有我新征程”活动。邀请市委党校季慧教授向新阶的社会阶层人士、非公经济人士等统战代表80余人授课，讲好中国共产党为人民谋幸福、为民族谋复兴、为世界谋大同的故事，全面展现广大统一战线成员在党的领导下携手同心、共创伟业的良好风貌。

【宗教事务】 在全区宗教界组织开展“平安宗教活动场所”“和谐寺观教堂”等创建活动，将觉华寺和极乐寺推荐申报为全省平安宗教活动场所示范单位。坚持抓早抓小，成功协调处置段店城隍寺东墙水渠抗旱渗水以及华容普济寺寺庙财物被毁损问题，同时积极介入庙岭清修寺拆除后的善后处理。坚持防微杜渐，防范风险隐患，持续开展民宗领域风险隐患集中排查整治行动，对觉华寺、极乐寺等佛教场所牌位和蒲团文化园生命纪念宫等福位供奉情况突击进行检查。联合公安机关，依法查处庙岭一宗教私设聚会点，取缔其非法传教活动。

【民族团结】 切实解决就业、医疗和子女就学等少数民族群众急难愁盼问题。依法依规做好少数民族考生中、高考优录工作的政策解读和审批服务。在一年一度的“古尔邦节”来临之际，区民宗局购买米、油、牛奶等物资，慰问“清真兰州拉面馆”业主和从事羊肉串烧烤的2名少数民族群众。现场实地考察蒲团乡上倪村“民族团结进村”基层统战组织选址情况，考察周汤小学

“民族团结学校”创建点，积极打造华容镇实验小学、周汤小学、上倪村民族团结进步示范单位。

【对台工作】 紧紧围绕区委区政府关于创建工作的总体安排部署，结合“一下三民”工作任务清单，坚持每月召开一次杏福园创建国家AAAA级景区协调推进会，解决创建中存在的困难，杏福园旅游区于12月28日获批为国家AAAA级景区。对照“一下三民”活动问题清单进行逐项销号，会同有关部门解决了台创园土地办证应缴欠税45万元问题。按照文创街功能布局，协调区招商服务中心将文创街纳入区招商计划，制定优惠政策清单，主动上门服务，带动解决台创园用地指标、土地批复及历史遗留问题。

市委统战部在段店镇杏福园给台胞送新年祝福

【为侨服务】 组织开展“侨爱心·光明行暨幸福生活共同缔造”惠民性公益活动，由鄂州市爱尔眼科医院组织专业团队为群众提供免费眼科检查服务，全年开展爱心义诊36场，义诊人数502人，到院治疗23人，免费白内障手术13台，帮助更多眼病患者重见光明。举办第22届世界华人学生作文大赛颁奖仪式，为华容高中8名获奖学生及6名优秀指导老师颁发荣誉证书并赠送购书卡，鼓励他们不断加强阅读，全面提升语文综合素养。区侨联联合华容高中组织参加第二十三届世界华人学生作文大赛，充分发挥世界华人学生作文大赛宗旨意识，弘扬中华文化，活跃学生课外学习生活，展示华人学生的精神风貌，不断增强青少年民族自豪感和凝聚力。

【民进华容支部建设】 第32个教师节来临之际，民进华容支部组织部分会员召开“喜迎二十大·感恩教师节”主题座谈会，向支部教师会员送上节日祝福，同时号召会员要把学习贯彻习近平总书记考察湖北重要讲话精神与省第十二次党代会精神作为今后一段时期的政治学习任务，进一步增强与中国共产党同心同向同行的政治自觉、思想自觉、行动自觉，不断提升履职尽责能力，在教学岗位上创造新成绩，为营造平稳健康的经济环境、国泰民安的社会环境、风清气正的政治环境作出积极贡献。

民进华容支部开展主题活动

【民营经济】 扎实推进“万企兴万村”行动，制定“万企兴万村”行动实施方案，引导民营企业开展回报家乡专项行动，推动巩固脱贫攻坚成果同乡村振兴有效衔接。选树一批“万企兴万村”先进典型，总结一批可复制、可推广的经验作法。引导民营企业和商会组织投身光彩事业，积极开展公益活动，全区民营企业筹集230余万元参与疫情防控、助学捐资、看望困难群体等活动。每月定期走访企业，了解掌握企业运行状况和企业家思想动态，协调解决企业用工、审批等方面问题6个。为企业出实招、解难题，促进民营经济良性循环，组织建材行业、塑料行业强链补链延链活动3次，赢得企业赞誉。为民营经济持续健康发展、创新转型发展提供全链条的精准服务，协助深化校企对接，积极推进湖北航空技术学校与丽美包装、华中数控等5家企业合作。

政策研究

2022年，华容区委改革和政策研究工作坚持以习近平新时代中国特色社会主义思想为指导，认真贯彻落实中央和省委市委改革工作要求，以改革突破推动创新发展，以省级试点和市级改革事项为重点，不断夯实基础凝聚改革力量，精准发力推进改革深化，创新举措争当改革先锋，推动全区22个部门38个改革事项向纵深推进，着力让改革成果转化为发展红利。市场准营承诺即入制、涉企行政执法案件经济影响评估、说理式执法、拓展“一业一证”等4项改革成功创建省级先行区。区政务服务大厅“综窗改革”申报全市“十佳”创新改革事项。坚守食品安全责任底线，高标准创建省级食品安全示范区。区人大创新“四题四单”工作机制，在省人大常委会《楚天主人》进行宣传推介。

【国家数字乡村试点改革】 完成数字乡村（一期）项目建设，包括1个数字底座、1个数字乡村运行指挥中心、3个智慧场景应用（乡村数字防贫应用、乡村数字经济平台和乡村数字治理平台）和1个惠民服务体系。通过数字乡村建设，建立健全防返贫动态监测预警和帮扶机制。依托大数据推进数字下乡，优化完善城乡一体综合运行体系。实行农业农村一张图，引导社会主体开展以数据为关键要素的农业生产社会化服务，推进惠民服务向乡村延伸，实现群众与区乡（镇）村（社区）三级组织的在线互动。数字乡村试点改革项目依托楚天云平台进行系统建设，整体安全保障复用楚天云相关安全资源。数字乡村指挥中心完成内部基础装修和指挥大屏的数据接入，累计汇聚数据1527万条，完成3个试点村的无人机倾斜摄影数据上图及华容全域2维底图，5.6万户居民数据、5.8万宗590万平方米宅基地、5.2万亩承包地数据纳入数字乡村平台统一管理。11月，华容区数字乡村（一期）入选“2022年湖北省人工智能、大数据、区块链十大优秀应用案例”。

区委政研室到华容社区调研数字乡村建设

【智慧城市建设改革】 加快推进红莲湖大数据云计算产业园智慧园区新基建项目，全面提升公共服务配套设施能级，打造内畅外联、活力开放、生态宜居的高品质环境，逐步建立政府、企业与公众之间的信息共享和良性互动机制。智慧园区新基建项目整体规划主要包括“1+1+3+1”，即：“1”个泛感知物联系统、“1”个数智驱动引擎、“3”个智慧场景应用、“1”个园区智慧运营中心，总投资额34101.89万元，已完成“园区畅行泛物联感知”板块中的未来三路卡口和电警设备安装调试，并实现相关抓拍数据上传至鄂州市交通管理局视频平台；“生态宜居泛物联感知”板块中的中央绿轴自动灌溉系统，西侧区域系统整体进度94%，完成全长7000余米主支给水管道熔接并回填及1个泵站设备安装，解码器、控制器、各规格喷头、电磁阀等设备均在陆续安装中；完成数智引擎的大数据平台、视频中台、CIM中台、物联感知平台的主要功能开发和交付环境部署；园区畅行场景应用完成智慧路灯、智慧道桥、智慧公交站子系统主要功能开发。

【区域协调改革】 强化规划引领，主动对接武汉都市圈发展规划、武汉城市圈空间规划、光谷科创大走廊空间规划、武鄂同城化发展空间规划、武汉新城规划等，完成红莲湖大数据产业园产业发展规划以及光谷科学城和葛华片区一体化发展产业规划编制工作。加强基础设施建设，加快构建“内联外通、通江达海”的立体综合交通体系，着力打造鄂东交通枢纽。加快推进葛华路网对接，积极协调推进武黄高速改扩建、武阳高速、新港高速及双柳长江大桥连接线建设。全面对接花湖机场、武汉长江航运中心，加快推进三江港国家多式联运示范工程建设，积极与武九铁路、武汉吴家山集装箱中心衔接，加快实现“水港、陆港、空港”三港联动。协同打造“红莲湖—葛店科创组团”“葛店—华容（三江港）—花湖机场”横向沿江产业科技创新带和“葛店—红莲湖—梧桐湖”纵向生态科技创新带。深度融入武汉都市圈产业生态圈和“光芯屏端网”万亿产业集群，强链补链延链。全年签约落地银联数据中心、未来荟城市综合体等亿元以上项目22个，新开工集疏运基地等亿元以上项目24个。

【“一业一证”拓展改革】 加快机制创新，以服务办事群众和市场主体为中心，以高效办成“一件事”为导向，将一个行业经营涉及的“多事多流程”整合为“一链一流程”，行业经营涉及的多个许可证件合并为一张载明相关许可信息的行业综合许可证。华容区作为全省试点，率先实施“一业一证”改革，对19个行业相关的审批事项进行业务整合和流程再造，通过线上“一业一证”专区、线下“一业一证”专窗，“一窗受理”行业综合许可证申请，行业综合许可申请实现“最多跑一次、只填一表、一次办成”，实现“一次告知、一表申请、一窗受理、一书承诺、一体审批、一网通办、一证准营、一码监管”，切实解决了市场主体“准入不准营”问题。持续拓展行业覆盖面，在2021年19个改革行业的基础上新增畜牧养殖、粮油店、文具店3个行业，改革现覆盖22个行业。

【市场准营承诺即入制改革】 结合实际试点示范，确定在超市、便利店、药店、美容美发店等9个行业开展先行试点。通过“信用审批、先入后核、审管联动”方式，精简办事材料、简化办事流程。编制标准清晰、条理规范、浅显易懂的行业综合许可告知承诺书等规范文本，将申请条件、受理材料、承诺内容等统一整合至一份“承诺书”，申请材料大幅减少，材料数最多由22份减为1份承诺书。实行“先入后核”，将审批过程中最耗时间的现场核验环节后置，群众平均办理时限由5个工作日减为1个工作日。与国家信用监管平台对接，在政务服务平台增加“信用核查”功能，对申请人信用状况进行严格筛选。强化数据支撑，对可实现数据共享、部门核验的申请材料，互认互通信息，避免重复提交证明和证件。对接省市场监管局电子签章应用，实现“全程网办”，让数据多跑路，群众少跑腿。自6月29日系统上线，线上线下通过承诺即入办理142件。在湖北省优化营商环境先行区改革2022年十大典型案例中，华容区全面探索市场准营承诺即入制改革名列榜首。

【综合改革】 深化“医共体”改革，提升区域医共体医疗服务能力，逐步形成以区人民医院为龙头、乡镇卫生院为枢纽、村级卫生室为基础的区域医共体。积极推进集团化办学，补齐补足城乡教育发展短板，助推区域教育优质均衡。积极探索创新审批服务便民化措施，推进政务服务“一网、一门、一次”改革，压缩了审批时限、提高了审批效率。积极推进农村特困人员公办供养机构管理体制改革，统筹推进公办农村福利院转型升级，全面提升养老服务质量。进一步优化税务执法方式，建立健全四级联动的税收收入质量监控闭环工作机制，大力推行高效智能税费服务，实施税务领域公共信用信息目录和失信惩戒措施清单。健全生态环保机制，落实监督执法正面清单制度，拓宽非现场监管手段，健全生态环境损害赔偿制度，完善环境信息披露制度。创新矛盾调处机制，构建大调解格局，打造“数字化”仲裁庭，实现劳动人事争议调解仲裁全程网上办。强力推进政府投资审计转型，切实发挥投资审计在服务宏观经济管理中的重要作用。坚持“体制不变、实事求是、量入为出、收支平衡”原则，将乡镇作为区级财政的一级预算单位进行管理。实施事业单位改革，优化乡镇机构职能设置。完善多层次代表建议办理机制，深入推进“协商在一线”工作，充分发挥参政议政作用。深化文明典范城市创建，推进党建引领乡村振兴，提升乡村治理能力水平。全面开展作风建设“三问、三治、三提升”专项行动，着力营造良好环境和政治生态。

机构编制管理

2022 年，华容区委机构编制管理工作贯彻落实省市机构编制管理政策和文件精神，全力服务区委区政府中心工作和全区经济社会高质量发展大局，为加快建设现代化滨江临港产业生态新城贡献力量。

【法制化建设】 组织编委领导及区直党政部门负责人认真学习《中国共产党机构编制工作条例》，增强各级领导和部门贯彻落实的自觉性。组织学习《机构编制监督检查工作暂行规定》等相关规章制度，传达中央编办和省委编办对机构编制违纪违规的典型案例通报，明确“全面推进机构编制法定化”的着力点和发力点。强化机构编制纪律刚性约束，采取与落实上级要求相结合、与党委巡察和选人用人专项检查相结合、与 12310 及 12345 市长信箱等投诉平台相结合“三个结合”，拓宽监督检查渠道，开展全方位监督。针对群众反映和工作监督检查发现的问题，分类建立问题台账，形成涵盖问题类型、问题来源、问题描述、整改要求、整改举措、整改进度及完成情况、整改责任单位及责任人等要素信息的数据库，确保将每一个机构编制问题都纳入跟踪督办内容。严格纠正各部门各单位机构编制违规行为，亮明机构编制“红线”，纳入法治化、制度化管理轨道。

【党政机构改革】 根据《全市应急管理综合行政执法改革方案》精神，将区安全生产执法监察大队更名为区应急管理综合执法大队，并调整相应工作职责。根据市委编委《关于设立三区残疾人联合会的通知》精神，设立区残疾人联合会，列入区群团机关序列，为正科级。调整优化以下部分机构：设立区文学艺术界联合会；在区委宣传部挂牌将区红十字会列入区群团机关序列，不再作为区卫生健康局挂牌机构；根据《鄂州市被征收集体土地上的房屋征收补偿安置办法（修订）》精神，明确区住房和城乡建设局作为全区集体土地上房屋征收与补偿安置主管部门，负责组织实施全区集体土地上房屋征收与补偿工作。

【事业单位机构改革】 根据省市要求，重点在民生领域加大“小、散、弱”事业单位撤并力度，推进职能相近事业单位机构整合，优化布局结构，强化了工作力量。成立区河湖管护中心、区农业农村事业发展中心，将区杨家巷泵站、区南迹湖泵站、区农产品质量安全检验检测站，分别调整成两个中心的挂牌机构，整合了工作力量。结合部门工作实际，调整优化部门所属事业单位设置，成立区金融发展服务中心、区财政投资评审中心、区群众信访接待服务中心、区房屋征收与补偿中心、区人大代表服务中心等机构，明确单位职责，理顺人员编制关系，增强了工作力量。结合相关单位实际用编所需，增加区招商和投资促进中心、区农村公路养护发展中心、区机构编制信息中心人员编制，保障相关单位重点岗位工作力量。

联合市委编办开展学生数、班级数、教职工编制数实地走访调研

【进人用编】 修订完善《华容区公务员调动规程》《华容区事业单位工作人员调动规程》，严格执行用编计划申报核准制度。根据省市公务员招录、事业单位人才引进招考及退役安置的有关政策精神，结合全区机关事业单位空编情况，完成公务员招录、事业单位人才引进、农村义务教育教师招考、退役士官安置的用编计划审核和申报工作。

【扩权赋能强县改革】 为推动深化扩权赋能强县改革，增强县域经济发展活力，省委省政府重新梳理事项并组织省直、市直部门赋权华容区行政权力事项111项，针对下放事项，组织相关单位签订《赋权事项承接书》，协调各单位在湖北省政务服务网上认领下放事项，认领率达到100%。

【机构编制核查】 贯彻落实《中共湖北省委机构编制委员会关于开展机构编制核查的通知》精神，高质量完成全区党政群机关和事业单位的机构编制核查工作。按照“机构清、编制清、领导职数清、实有人员清”要求，组织各单位进行人员清理自查，逐一核对机构设置、编制核定数量、领导职数配置和实有人员录入等情况，结合各单位自查清理情况，将机构编制大数据平台在编人员名册与各单位统发工资花名册和机关事业单位养老保险系统的参保人数逐一进行比对，及时调整机构编制管理大数据平台数据和实有人员台账。

【不见面审批】 根据机构编制“不见面审批”要求，按照《华容区推行机构编制“不见面审批”工作方案》和《华容区行政机关和事业单位人员用编核准及上下编管理办法》，全面推行运用湖北省机构编制管理大数据平台办理用编核准、人员上下编管理、人员异动、人员信息修改、人员编制查询和身份确认、机构修改等机构编制业务，实行机构编制“不见面”审批，实现机构编制业务办理电子化、网络化、信息化、规范化。严格执行保密规定，签订承诺责任书，确保数据信息绝对安全。建立人员编制管理台账，及时登记各类人员编制，做好新进人员信息采集和实名制登记工作，做到人员编制与单位及岗位“三个一致”，高质量完成机构编制年报。

【基础工作】 按要求开展2022年度报告公示工作，督促全区事业单位开展事业单位法人年度报告公示，于3月31日前完成应公示72家公示工作。结合全区机构实际情况，对党政机构关和事业单位网上名称域名管理系统进行调整更新，优化要素信息，对保留的44家按照规定完成续费缴费工作。持续做好事业单位及党政机关统一社会信用代码证书更新换证，压减审批时间，实现了“一网通办”和“零跑腿”工作要求。

信访工作

2022年，华容区信访工作在区委区政府的坚强领导下，不断强化法治化和信息化建设，积极推进信访工作制度改革，努力打造“阳光信访”“责任信访”“法治信访”。

【信访受理与化解】 全年全区受理网上信访236件，受理率100%，网上信访成为信访主渠道。全区进京非访为零，赴省上访 15 批次 23 人次，到市上访 29 批次 97 人次，来区上访 96 批次 158 人次；对国家信访局交办集中治理重复信访案件 22 件，办理完成 22 件，完成率 100%，居全市前列。全年开展书记大接访活动 4 次，接待群众 143 批次 252 人次，全部落实领导包案，化解 96 件。全年全区信访工作呈现非正常上访量、越级上访量、重复上访量、集体上访量“四下降”和及时录入率、及时受理率、按期办结率、群众参评率、群众满意率“五提升”的良好局面。

【阳光信访】 持续开展阳光智慧信访平台系统业务，网络信访系统与国家信访局成功对接，全区 57 个部门 119 个账户接入省阳光信访系统，基本实现网络平台和办理平台全覆盖，实现信访业务网上顺利流转。推行网上信访、电话接访、视频接访、区长信箱等做法，引导群众更多地以书信、电话、视频、手机短信等形式，在基层属地反映诉求、解决问题。严肃信访工作纪律，对受理的信访问题，采取发函督办、现场查办的形式进行督导检查，及时通报，推动信访工作落实，通过 5 次督查督办，解决突出信访问题 23 个。同时，对信访事项办理不及时、不规范、回复不恰当，或在接待上访群众和处理信访事项时推诿、敷衍、拖延、损害群众利益而引发群众越级上访、群众事件的责任单位或责任人，开展约谈 2 次，并督促工作落实。

【事项解决】 区委区政府高度重视信访工作，区委常委会多次专题听取信访工作汇报，研究安排部署信访相关工作，先后组织 4 次信访隐患大排查，强力推进信访矛盾化解和各项工作任务落地落实。通过建立信息台账，完善矛盾纠纷及信访问题预警机制，对重点信访案件落实领导包案，并限期化解稳控，做到底数清、情况明。对涉军、非法集资投资人等重点群体和对市级交办的 25 件重点信访案件，全部明确区镇村（社区）三级包案领导，逐案落实“五个一”包案措施。做好线上“阳光信访平台”“区长信箱”回复，开展“书记大接访”、领导带案下访、信访中心定点接访、重点人员重点约访，及时掌握信访问题“晴雨表”，了解群众期盼，切实把信访问题解决在基层。落实领导干部阅信、接访、下访、包案工作，研究解决重大复杂疑难案（事）件。全区各级调解组织开展矛盾纠纷排查 156 次，排查各类矛盾纠纷 324 起，调处成功 298 件，调处成功率 90% 以上，有力维护了全区社会和谐稳定。深入开展重点领域、重复信访问题和重点人员缠访闹访专项治理，全面梳理排查辖区重复信访事项，建立工作台账，以“事要解决、怨要纾解”为目标，强化责任落实，全力解决案结事未了、事解心不解问题，切实化解信访矛盾。强化基础重服务。发挥综治信访维稳中心作用，推动关口前置、重心下移，将社会管理创新、网格化建设与信访工作有机结合，大力践行“发动和依靠群众就地解决矛盾”的新时代“枫桥经验”，努力实现“小事不出村，大事不出乡镇”良好局面。重点时期全保障。

【作风建设】 坚决反对“四风”，持续抓好以整改落实为重点，以转作风、提效能和强化党员干部履职尽责和服务水平为抓手，扎实开展学习教育、“驻点帮扶”、“六大攻坚”、“党风廉政建设教育宣传月”和“党员进社区服务”

2022 年 10 月 14 日，“书记大接访”段店镇现场

等活动。先后建立完善各项规章制度6项，开展廉政谈话2次，召开各类支部会议4次，走访慰问驻点村组困难群众4批54人，捐送慰问金2000余元，为驻点村和特困党员、留守儿童、孤寡老人提供资金帮助近3万元。继续做好精准对接，确保脱贫群众不返贫。

档案工作

2022年，华容区档案工作坚持以习近平新时代中国特色社会主义思想为指导，认真学习贯彻党的十九届历次全会、党的二十大和省第十二次党代会、市第八次党代会精神，坚持依法开展档案工作、依法管理档案事业、依法做好档案服务，不断推动全区档案工作高质量发展。

【学习宣传】 组织全区各级认真学习贯彻习近平总书记关于对档案工作重要批示精神，深刻领会"档案工作存史资政育人，是一项利国利民、惠及千秋万代的崇高事业"重要而特殊的意义，切实增强"四个意识"，坚定"四个自信"，做到"两个维护"。坚持从转变思维方式入手，树立与新时代档案工作体制结构、职能任务和目标要求相适应的思想观念，紧紧围绕党和国家建设中心任务开展工作，力求在服务中心工作上履职尽责、有所作为，努力在档案工作中与全区经济和社会高质量发展同步合拍。持续开展档案法律法规宣传，以电子显示屏、设置展板、印发宣传单等多种形式，通过"6·9"国际档案日等活动，不断提升社会档案意识，让强化档案管理观念深入人心。充分发挥档案记录历史、传承文明、服务社会、造福人民的作用，以开展党史学习教育为契机，用档案故事讲好华容红色故事。全年组织开展各种宣传教育活动14场次，发放宣传单600余份，设置展板14块，受教育群众1000余人次。

【"两项"档案归集】 按照省档案局、省档案馆和省扶贫办关于开展精准扶贫档案目录报送工作的工作要求，做好精准扶贫目录报送及接收进馆工作。召开全区精准扶贫档案专项专题布置会，下发相关文件，制定档案资料收集管理责任分解表，进一步明确区直各单位的工作目标及任务要求。全区接收"两类档案"电子目录57728条，数字复制件47805件，应接收单位5家，已移交单位5家，应交尽收的电子档案完成率100%。为确保全区疫情防控工作资料主动建档、及时收集、应归尽归，召开专项专题布置会并下发相关文件，制定档案资料收集管理责任分解表，明确工作目标及任务要求，接收全区疫情防控档案数字复制件2240件，档案实体数量1528件，其中，实物档案区指挥部及各工作专班完成100%、5个乡镇数据完成初步移交。针对区档案馆馆藏有限、相关档案不能及时进馆问题，组织开展对全区各级各单位馆室建筑安全、档案实体安全、档案信息安全、安全保障机制等方面的专项检查，确保实物进馆前的档案安全。

【档案服务】 急企业之所急，针对性组织开展企业档案达标建设和进馆专项行动，以档案工作成效，助推全区营商环境持续改善。结合部分企业生产经营活动需求，加强对省交投鄂州投资开发有限公司专业档案业务指导，对其档案管理工作存在问题召开碰头会和调度会，推动公司档案达标晋级。把做好精细高效服务作为档案管理工作的重要内容，安排专人负责做好档案利用服务工作。全年接待查阅档案135人次，提供档案利用423卷，为纪检监察、组织人事、司法等部门和个体提供了大量有效的凭证和依据，取得了良好的社会效益。

【档案安全】 加强档案管理规章制度建设，认真做好各级各单位库房温湿度调控与登记、卫生整洁、设备设施、档案管理软件安全运转和数据库备份等工作，确保馆藏实体和电子数据安全。加强对全区档案管理安全的业务指导，组织开展汛前档案安全专项检查督查，发现问题及时督促整改。对各乡镇和区直重点单位专项督查实现全覆盖，对区直相关单位专项督查 2 批次 27 家，覆盖率 70% 以上。

【专项工作】 认真贯彻执行《档案法》，集中开展档案执法大检查，全年完成区直单位申报档案复审 27 家。抓紧做好“三合一”的修订和工作落实。编撰《华容年鉴》，完成 2021 年版，2022 年即将出版。编撰《华容区要览》，坚持以特色地方信息为重点，最大限度地展现华容地域的历史精华，篇幅 12 个方面 5 万余字，即将由省文旅厅统筹出版。统筹做好地方志的编纂工作，制定乡镇、村地方志三年编纂计划，确保 5 个乡镇和有条件的村按要求和进度完成编纂目标。积极做好确认中共早期党员赵子俊鄂州籍的相关工作。协助区老促会做好《华容区红色革命遗址遗迹》编纂，形成初样稿约 25 万字、300 余幅图片。

华容区人民代表大会

概　　述

2022年，华容区人大常委会在区委的坚强领导下，以党的十九届历次全会和党的二十大精神为指导，坚持党的领导、人民当家作主和依法治国有机统一，立足思想高站位、作风严要求、工作高标准，着力建设“四个机关”，为全区经济社会发展和民主法治建设做出了积极贡献。

【区第九届人民代表大会第二次会议】 12月29—30日，华容区第九届人民代表大会第二次会议在区会议中心召开。大会听取和审议华容区人民政府工作报告，表决通过关于区政府工作报告的决议。审议华容区发展改革和经济信息化局关于华容区2022年国民经济和社会发展计划执行情况与2023年计划草案的报告，表决通过关于华容区2022年国民经济和社会发展计划执行情况与2023年计划的决议。审议华容区财政局关于华容区2022年财政预算执行情况和2023年财政预算草案的报告，表决通过关于华容区2022年财政预算执行情况和2023年财政预算的决议。听取和审议华容区人民代表大会常务委员会工作报告，表决通过区人大常委会工作报告的决议。听取和审议华容区人民法院工作报告，表决通过区人民法院工作报告的决议。听取和审议华容区人民检察院工作报告，表决通过区人民检察院工作报告的决议。

【人大代表建议及办理】 创新代表建议多层次办理机制，将区九届人大一次会议列入大会正式建议的20件代表建议，全部向区政府及其职能部门交办转办。同时，将未列入大会正式建议的22件代表建议，分别交由区人大常委会主任会议成员领办督办，实现代表建议无遗漏、全办理。交由区政府及其职能部门办理的20件大会正式建议，区人大常委会组织对其办理情况开展专题调研，对代表群众反映强烈、社会关注度较高的建议，列为调研中实地查看的重点，并在调研座谈会上面对面摆问题、查原因、找办法，督促区政府及其职能部门加紧办理落实。大会20件正式建议（含葛店镇）全部办复完毕，已解决和正在解决16件，列入计划逐步解决4件。对区人大常委会主任会议成员领办督办的22件代表建议，上半年和下半年各召开一次专题会议，逐一听取主任会议成员办理情况汇报，并由区人大常委会代工委组织现场核实。大会22件非正式建议已解决和正在解决13件，列入计划解决3件，一时难以解决向代表和群众作出解释6件。

常务委员会工作

区人大常委会坚持以习近平新时代中国特色社会主义思想为指导，坚决贯彻党中央决策部署和省委市委区委工作安排，围绕中心、服务大局，认真履行宪法和法律赋予职责，推动全区民主政治建设和人大工作不断取得新进展新成效，为疫情防控、疫后重振和经济社会高质量发展作出了重要贡献。深刻认识把握必须坚持和完善人民代表大会制度、全过程人民民主重大理念、“四个机关”建设重要要求，不断丰富人民代表大会制度的实践特色、时代特色，推动新时代华容人大工作迈上新台阶。实行正确监督、有效监督、依法监督。把握监督重点，健全监督机制，改进监督方式，不断提升监督实效。依法做好决定和任免工作。依法讨论决定重大事项，依法做好选举任免工作，把党委决策部署转变为全社会共同意志，确保党委决策部署落到实处。充分发挥人大代表作用，扎实开展“察民情、聚民智、惠民生”代表行动。健全人大代表联络机制，办理好人大代表建议，强化代表履职服务保障，切实做到民有所呼、我有所应。

9月19日，区人大常委会党组书记、主任吴新明（左三）率队调研全区粮食安全工作

【监督机制创新】 围绕经济发展、民生保障、环境保护、法治建设、预算计划、审计整改等事关党中央决策部署和省委市委区委工作要求，事关人民群众所思所盼所愿的重点工作开展监督，“在监督中支持，在支持中监督”，努力破解不便监督、不好监督、不敢监督、不善监督的难题。全年听取和审议专项工作报告12件，听取和审议计划预算执行情况、审计工作报告5件，开展3项执法检查，开展1次专题询问。听取区监委专项工作报告、专题询问均为区人大监督的首次。为切实增强监督实效，区人大常委会对区政府专项工作报告的审议意见采用文书送达的方式，实行区人大常委会分管副主任、区政府分管副区长双签字，区人大常委会和区政府双盖章，有效推动了工作落实。自2022年8月开始，区人大常委会的会期由原来的半天改为一天，实行分组审议，审议质量实现大幅提升。

【法制委】 在推进检察系统优化法治化营商环境、如何促进监委在打造一流营商环境中保驾护航以及充分发挥人民法庭作用促进基层社会治理等方面，区法制委分别组织对区检察院优化法治化营商环境、区监委优化营商环境、发挥人民法庭作用促进基层社会治理等方面开展调研活动3次。加强备案审查工作，坚持有件必备、有备必审、有错必纠，在全年接受的2件文件中，经审查1件予以备案，另1件不作为规范性文件退回，并作书面说明。

【财经委】 落实改革要求，推动国有资产规范管理，6月份，对2021年全区行政事业单位国有资产管理工作情况进行调研，提出建议，形成专题调研报告。围绕“十四五”规划产业体系和本年重点项目建设组织开展调研，7月份，对全区上半年国民经济和社会发展计划执行情况开展调研，通过项目建设现场视察和部分单位座谈汇报，针对调研中发现的问题和经济面临的困难提出意见建议，形成调研报告。9月份，对全区优化营商环境工作进行调研，针对调研中发现的问题，提出意见，形成调研报告。加强预决算监督，对2021年全区财政预算执行情况和2022年全区财政预草案开展初审，提出初步审查意见，反馈财政部门修改完善。

开展长江大保护调研

【社会建设委】 抓难点，促进食品安全工作健康有序推进，4月，调研全区食品安全监管工作；解热点，促进健全完善农村社区物业管理体系，9月，调研全区农村社区物业管理工作情况；找痛点，探索老年代步车管理新模式，针对老年代步车存在着管理难、隐患大等突出问题，牵头开展老年代步车道路交通安全问题专题询问，推动老年代步车安全问题得到区政府及其职能部门的重视和解决。

【城环委】 围绕长江沿线（华容段）生态环境保护工作开展监督。6月23日，牵头对全区长江沿线环境保护情况进行专题调研，听取相关职能部门工作汇报，针对工作中存在的对法律法规宣传不够深入、协调联动机制不够健全、监管执法不够有力等问题，积极提出整改建议。围绕全区集镇绿化管理工作开展监督。10月14日，牵头对全区集镇建设（园林绿化）工作情况进行专题调研，并就提高全区城市品质和绿化质量提出意见建议。

【人大常委会会议】 2月25日，召开区九届人大常委会第二次会议，审议通过区人民政府关于《中华人民共和国乡村振兴促进法》实施情况报告和区人大常委会农村委关于检查全区《中华人民共和国乡村振兴促进法》实施情况报告，审议通过区人大常委会2022年度“一要点两计划”和《华容区人民代表大会常务委员会议事规则》。

4月22日，召开区九届人大常委会第三会议，审议通过区人民政府关于《中华人民共和国非物质文化遗产法》实施情况报告和关于全区食品安全监管工作情况报告，审议通过区人大常委会教科文卫民宗外侨委关于检查全区《中华人民共和国非物质文化遗产法》实施情况报告和区人大社会建设委关于全区食品安全监管工作情况调研报告。审议通过区人民政府关于2022年华容区财政预算调整方案议案和区人大财经委关于华容区2022年预算调整方案审查结果报告，通过了关于同意接受吴杰辞去市九届人大代表职务的议案和关于接受吴杰辞去市九届人大代表职务的决定，任命区九届人大常委会代表资格审查委员会组成人员，决定任免区人民法院工作人员。

6月23日，召开区九届人大常委会第四会议，审议通过区人民政府2021年度全区行政事业性国有资产管理专项报告和2021年度全区国有资产综合报告，审议通过区人民政府关于全区长江沿线（华容段）生态环境保护工作情况报告，审议通过区人民检察院关于服务优化营商环境工作情况报告。审议通过区公安分局《关于呈请许可对区九届人大代表王汉明采取刑事强制措施的报告》，决定任命杨淑衡、贾斌为区人民政府副区长，任免区人民法院相关工作人员。

8月30日，召开区九届人大常委会第五次会议，审议通过区政府关于2022年上半年国民经济和社会发展计划执行情况报告、区政府关于2021年区级财政决算报告、区政府关于2022年上半年财政预算执行情况报告、区政府关于全区2021年预算执行及其他财政收支审计工作情况报告、区政府关于课后服务情况的报告以及区人大财经委关于华容区2021年区级财政决算审查结果报告。审议通过葛店开发区公安分局《关于许可对区九届人大代表熊昌志采取刑事强制措施的报告》，任免区人民政府工作部门负责人。

10月31日，召开区九届人大常委会第六次会议，审议通过区人民政府关于全区粮食安全工作情况报告、区人民政府关于全区优化营商环境工作情况报告、区人民政府关于全区集镇建设（园林绿化管理）工作情况报告、区监察委员会关于全区优化营商环境监督工作情况报告、区人大财经委关于华容区2022年财政预算调整方案审查报告、区人大法制委关于2022年度规范性文件备案审查工作情况报告。审查批准华容区2022年预算调整方案，任命区检察院副检察长。

12月14日，召开区九届人大常委会第七次会议，审议通过区人大常委会主任会议关于接受汪济民、邵卫星2位同志辞去市九届人大代表职务的议案，决定接受汪济民、邵卫星两位同志辞去市九届人大代表职务的请求。审议通过区人大常委会主任会议关于补选高补星等同志为市九届人大代表的议案，补选高补星、袁舜、郭唐念三位同志为市九届人大代表。

12月22日，召开区九届人大常委会第八次会议，审议通过区人民政府关于区九届人大一次会议代表建议办理情况报告、区人民法院关于人民法庭工作情况报告、区审计局关于全区审计查出问题整改情况报告，以及区住建局、区教育局、华容镇关于审计查出问题整改情况报告，会议同意接受赵燕华等同志辞去区九届人大代表职务，审议通过区人大常委会代表资格审查委员会关于区九届人大一次会议以来代表资格变动的审查报告。审议通过2022年区人大常委会工作报告，区人大各专门工作委员会2022年工作总结2023年工作计划以及区九届人大二次会议相关事项，任免区人民检察院相关工作人员。

【代表风采】

省市人大代表陈晓林　以产业升级带动产业帮扶。枫树线业起步于乡镇企业，成立之初大部分员工为近20年来洗脚上岸的农民，如何让务工村民跟上企业发展的步伐，是陈晓林始终思考的问题。为此，一方面，公司通过技改不断扩大企业就业规模。自2001年至今，公司先后完成了9次技改扩规，累计解决农民工就业1000余人，其中解决省级贫困村牌坊村、韩畈村150余人就业。在帮助农民实现增收致富愿望的同时，也开拓了企业发展空间；另一方面，枫树线业公司注重通过培训不断提升农民工技能，公司每年投入50余万元，对新入职的农民工开展技能培训和技能提升工作，并通过专业讲座、技能比赛等形式，不断提高农民工技术素质，先后培训纺织技术骨干100余名，很多农民在企业发展中不断成长，进入中高层管理岗位。针对农村“三难”就业人员，公司大开方便之门，每年充分利用区人社局、区农业农村局、区扶贫办等部门举办的“春风送岗位”活动平台，在各乡镇招收农民工数百余人。根据市场变化、物价上涨等因素，农民工工资增长每年保持在10%~12%，农民在家门口实现了增收。

在技术革新的推动下，公司生产效益连年提升。2012年枫树线业销售额2.21亿元，2021年公司销售额跃升至43亿元，上缴税收2130万元。随着公司效益的不断提升，产业帮扶带动效益也更加明显。据不完全统计，企业成立30多年来，已帮助1000多名农民解决就业问题，有力带动了区域发展，维护了地方稳定。

省市人大代表代晓漫　认真履职，当好群众代言人。2017年年初，代晓漫被推选为鄂州市八届人大代表，2019年她又被推选为湖北省十三届人大代表，2022年换届，她再次当选为市九届人大代表。代晓漫说，当选为省市人大代表，这既是荣誉，更是责任；既是动力，更是压力。这荣誉是党和人民的信任，压力是肩上的担子重了、责任重了。在人大会议期间，她尽可能多地建言献策。“人民代表为人民。”代晓漫认为，作为人民代表认真履职是自己的应尽之责。2020年，市八届人大四次会议上，代晓漫带去了《关于鄂州市农村小农户如何与互联网有效衔接的建议》，她建议鼓励流动摊贩的存在，小农户应借助互联网，让顾客自己亲自参与到农产品的销售中。2021年，在省十三届人大五次会议上，代晓漫提议，借力武鄂同城化发展，提升农业与相关产业的融合发展力度，加快乡村旅游产业发展的建议。2022年，省十三届人大七次会议上，代晓漫提交了《关于依托武鄂同城化发展推动形成大梁子湖保护格局的建议》，呼吁鄂州、黄石、咸宁、武汉四市理顺多龙治水、多头执法的体制交叉不顺问题，治理“一湖两制”“一湖多策”等现象，主动对接武鄂同城化发展，加快形成大梁子湖保护格局。

代晓漫还提出《将梁子湖南北咀通道纳入省重点项目库并加快建设的建议》《华（容）蒲（团）改造建设施工的建议》《华容区段店镇农村客车中湾线线路延伸至华容区区政府的建议》《缓解进出城区道路拥堵和路面错峰修复》等议案建议。

华容区人民政府

概　述

2022年，是华容区极艰难、极具考验、极不平凡的一年。面对新冠疫情反复冲击、经济下行压力持续加大、各类风险挑战交织叠加的严峻形势和多重考验，按照“疫情要防住、经济要稳住、发展要安全”重要要求，全区上下坚持以习近平新时代中国特色社会主义思想为指导，充分发挥“能战斗、敢战斗、善战斗”斗争精神，锚定武鄂同城化发展“加速器”目标定位，在市委市政府和区委的坚强领导下，在变化变局中逆势破局，在苦干实干中攻坚克难，干成了一批标志性、突破性、引领性的大事要事，圆满完成了区九届人大一次会议确定的各项目标任务，交出了一份来之不易、沉甸甸的优异答卷。

【经济建设】 全年全区实现地区生产总值（按现行价格计算）153.41亿元，完成财政总收入10.4亿元，固定资产投资114.7亿元，规模以上工业增加值76.40亿元，限额以上消费品零售额10027.1万元。县域经济高质量发展综合评价取得历史最好成绩，位列全省23个一类县市区第11位，较上年度跃升8位。华容镇、庙岭镇蝉联“全国综合实力千强镇”。

【项目推进】 未来三路、辉煌大道建成通车，高新六路、高新七路实现硬联通，新港高速双柳长江大桥开工建设，武阳高速即将通车。开通红莲湖至葛店南站206路公交，“武鄂同城”公交一卡通落实落地。光谷东数字经济产业园形成雏形，华中数字产业创新基地建成。145项公共服务事项与光谷“跨域通办”。

【生态治理】 建成三江大道、文昌大道（三期）、华蒲路穿涵工程、城区雨污分流工程。楚藩大道改造暨景观风貌提升工程广受好评，岱家山体育公园基本完工。扎实开展主城区城市更新、老旧小区改造以及段店镇“擦亮小城镇”行动。引进上市公司新安洁提升城镇保洁服务能力。国家数字乡村试点工程“1131”体系初见成效，试点（一期）入选全省十大优秀应用案例。华容区获评全国“平安农机”示范区。杏福园旅游区成功创建国家AAAA级旅游景区。

【改革创新】 在全市率先启动政务服务标准化改革，初中教联体改革列为省级试点。全面推进“乡财区管”改革。17项营商环境改革事项纳入省市试点。“一业一证”改革上榜全省市场监管十大品牌。市场准营承诺即入制改革获省长王忠林签批，并首次以省优化营商环境领导小组名义单独发文全省推广。全年新增高新技术企业19家、科技型中小企业56家，省级“院士专家工作站”达到9家。华中数控荣获全省科技型中小企业创新奖，胜利软管、恒福节能等5家企业上榜专精特新“小巨人”。

【民生福祉】 建成区市民文化中心，区老年大学、博物馆、文化馆、非遗馆对外开放。改造升级毛主席视察临江纪念馆、彭楚藩烈士祠、刘伯垂纪念馆。区公共卫生临床中心投入使用，区人民医院改扩建快步推进。建成区福利中心（二期）。新改扩建华容二幼等4所公办幼儿园，10所学校实施“改薄提升”，新增学位1000余个，红莲湖未来学校开工建设。建成大廖社区，铁咀社区（一期）即将交付，启动青云小区、红莲湖棚户区改造（三期）建设。华容区获评“2021—2022年度平安湖北建设示范区”。

【区政府常务会议】 1月15日，区长龚骏主持召开区政府常务会，审议《华容区计划生育协会改革方案（讨论稿）》。

1月26日，区长龚骏主持召开区政府常务会，听取全区安全生产工作情况汇报和审议华容区《2022年“千名干部进千企结千友 优化环境促发展”工作方案》。

2月9日，区长龚骏主持召开区政府常务会，听取华容区“12345”政务服务便民热线（以下简称12345热线）工单办理情况汇报。

2月17日，区长龚骏主持召开区政府常务会，研究华容区关于优化营商环境提升政务服务能力亟待解决问题，审议《华容区2022年度国土绿化实施方案》，听取华容区春季农业生产和河湖长制工作情况汇报。

2月26日，区长龚骏主持召开区政府常务会，研究调整八大产业招商专班、招商引资有关合同，审议《华容区关于做好2022年全面推进乡村振兴重点工作的实施方案（讨论稿）》和《华容区关于落实鄂州市创建全国城乡融合发展示范区的行动方案（草案）》。

3月4日，区长龚骏主持召开区政府常务会，听取2022年道路交通基础设施建设情况，审议《2021年度市级目标管理绩效考评结果反馈问题整改方案》《华容区政府招标（采购）条件专家评审实施办法（试行）》和《华容区创建省级食品安全示范区工作实施方案》。

3月11日，区长龚骏主持召开区政府常务会，审议《华容区人民政府工作规则（讨论稿）》《华容区人民政府“三重一大”事项集体决策制度（讨论稿）》《华容区人民政府常委会议议事规则（讨论稿）》《华容区人民政府区长办公会会议议事规则（讨论稿）》《华容区人民政府党组理论学习中心组学习制度（讨论稿）》《华容区粮食安全责任制联动工作机制及应急预案》《华容区申报全省创建优化营商环境先行试点改革事项清单》《华容区关于统筹利用撂荒地促进农业生产实施方案》《华容区关于省委巡视反馈有关问题的整改方案》和《华容区农村户厕问题摸排整改工作方案（草案）》。

3月18日，受区长龚骏委托，区委常委、常务副区长陈细海主持召开区政府常务会，审议《中共华容区人民政府党组议事规则（讨论稿）》《华容区人民政府专题会议议事规则（讨论稿）》《华容区人民政府政务督查工作细则（讨论稿）》《华容区人民政府办理人大代表建议和政协提案工作规则（讨论稿）》《华容区人民政府印章管理使用制度（讨论稿）》《华容区2022年“三农”高质量发展奖励办法（讨论稿）》《华容区驻外招商管理实施方案（讨论稿）》及招商合同。

3月26日，区长龚骏主持召开区政府常务会，审议《华容区公务员工资津贴补贴发放清算实施方案》，听取华容区2022年第一季度安全生产工作情况汇报和华容区数字乡村建设规划编制情况。

4月1日，区长龚骏主持召开区政府常务会，听取全区武鄂同城化发展2022年工作要点、全区关于全力夺取夏粮夏油作物丰收及全年农作物目标任务的情况汇报、华容区数字乡村建设工程项目合作模式情况汇报，审议《华容区县城品质提升三年行动方案（讨论稿）》《华容区楚藩大道改造暨景观风貌提升工程设计方案》《华容区武鄂同城发展科创产业基金设立方案》和《鄂州红莲湖旅游新城项目整体开发框架协议之补充协议》。

4月16日，区长龚骏主持召开区政府党组会暨区政府常务会，听取全区关于化解村级债务工作进展情况汇报，审议《华容区关于进一步优化营商环境培育壮大市场主体的实施意见（讨论稿）》《开展县域经济发展突围专项行动实施方案》《开展项目建设攻坚专项行动实施方案》《华容区政务服务大厅政务外包实施方案》《华容区耕地和永久基本农田保护实施方案》和《华容区城乡建筑垃圾专项整治行动方案》，研究有关人事任免事项。

5月13日，区长龚骏主持召开区政府常务会，审议《华容区2022年度金融服务乡村振兴共建示范区工作方案（讨论稿）》《华容区关于进一步激励招商引资，加快区域经济高质量发展的办法（讨论稿）》，听取华容区信访工作汇报和华容区“散乱污”企业专项整治行动工作情况汇报。

5月21日，区长龚骏主持召开区政府党组会暨区政府常务会，听取全区食品安全监管工作、关于落实区人大常委会对全区《乡村振兴促进法》实施情况审议意见、全区使用《鄂州市农村住宅推广图集》和提升农村房屋品质工作汇报，研究有关人事任免事项。

5月28日，区长龚骏主持召开区政府常务会，听取全区居民自建房安全隐患排查整治、全区基本农田种植林果地问题整治和统筹利用撂荒地等工作汇报。

6月13日，区长龚骏主持召开区政府常务会，审议《华容区2022年政策性农业保险工作实施方案》《华容区社会救助与慈善救助衔接试点工作方案》《华容区农村人居环境整治提升行动实施方案（讨论稿）》《华容区支持实体经济疫后重振转型升级高质量发展（黄金18条）政策奖励资金明细表》《华容镇区域内土地及房屋征收补偿安置办法》，听取华容区河湖长制工作情况汇报。

6月25日，区长龚骏主持召开区政府党组会暨区政府常务会，审议《华容区农民工工资信息化监管优化营商环境工作实施方案（讨论稿）》《华容区2022年网格化管理实施方案（讨论稿）》，听取华容区撂荒地整治和“三夏”工作汇报，研究有关人事任免事项。

7月12日，区长龚骏主持召开区政府党组会暨区政府常务会，听取华容区2022年二季度安全生产工作情况汇报、华容区2021年度财政衔接推进乡村振兴补助资金绩效考核情况汇报、华容区2022年第三批地方政府专项债券项目申报工作情况汇报、华容区2022年城建基础设施改造项目融资情况汇报等。

7月29日，区长龚骏主持召开区政府常务会，听取区九届人大常委会第4号和第5号《审议意见书》落实情况汇报、华容区贯彻落实《鄂州市贯彻落实国家统计督察反馈意见整改工作方案》的整改工作情况汇报、华容区长江河道采砂管理工作情况汇报、华容区关于新冠肺炎对巩固拓展脱贫攻坚成果影响问题整改工作情况汇报等。

8月6日，区长龚骏主持召开区政府常务会，审议华容区区域大气污染联防联控工作方案（讨论稿）、华容区关于实施强县工程工作方案（讨论稿）、华容区关于进一步做好农机安全生产工作的通知（讨论稿）等。

8月19日，区长龚骏主持召开区政府常务会，听取华容区创建省级食品安全示范区工作情况汇报及研究区市场监管局相关经费使用事宜、华容区 2021 年度耕地流出排查整改情况汇报、华容区 2022 年上半年 GDP 核算结果情况分析、华容区"市场准营承诺即入制"改革试点工作情况汇报、华容区石竹生态颐养院相关问题的汇报，审议华容区城乡低保及特困人员供养确认权限委托下放工作实施方案（试行）、华容区中小学校（托幼机构）卫生室建设和校医配备工作方案等。

9月1日，区长龚骏主持召开区政府常务会，听取华容区抗旱救灾工作情况汇报。

9月16日，区长龚骏主持召开区政府常务会，听取华容区行政复议体制改革工作情况的汇报、葛华水厂自来水取水应急工作情况的汇报、全区乡村振兴 2021 年结余资金及 2022 年衔接资金项目调整情况汇报及解读全省巩固脱贫成果后评估考核工作方案、1—9 月份安全生产工作情况的汇报，审议华容区国土空间委员会议事规则等。

9月24日，区长龚骏主持召开区政府常务会，听取全区当前疫情防控有关工作情况的汇报、河湖管护违建房屋拆除进展情况汇报，审议红莲湖保护规划（修编）、关于实行征地预存款制度的通知等。

10 月 14 日，区长龚骏主持召开区政府常务会，审议《2022 年度巩固拓展脱贫攻坚成果同乡村振兴有效衔接省级暗访反馈问题华容区整改工作方案》《17 个湖泊保护详细规划（修编）》，听取厕所革命工作情况汇报、食品药品专项督查问题整改及创建省级食品安全示范区工作进展情况汇报、关于落实区人大常委会对区政府关于《中华人民共和国非物质文化遗产法实施情况的报告》审议意见的情况汇报等。

10 月 22 日，区长龚骏主持召开区政府常务会，听取清理政府规章、规范性文件合法性情况汇报，审议《华容区 2022 年财政预算调整方案》《华容区入库纳统奖励办法》《华容区关于扎实开展村庄清洁行动秋冬战役活动的方案》等。

10 月 29 日，区长龚骏主持召开区政府常务会，审议《华容区关于全面推行乡财区管改革的实施方案》《华容区加快推进农村寄递物流体系建设实施方案》，听取全区 2022 年防返贫动态监测工作汇报等。

11 月 4 日，区长龚骏主持召开区政府常务会，听取全区关于落实食品安全"两个责任"工作情况汇报。

11 月 25 日，区长龚骏主持召开区政府常务会，审议《华容区长江高水平保护十大攻坚提升行动方案》，听取 2022 年冬春农田水利建设工程情况汇报和审议《华容区小型农田水利工程运行管护办法》，听取 2023 年度城乡居民基本医保扩面征缴工作情况汇报，听取关于落实区人大常委会对区政府《关于华容区粮食安全工作情况的报告》审议意见的情况汇报，传达学习习近平总书记对河南安阳市凯信达商贸有限公司火灾事故作出的重要指示精神，听取华容区安全生产工作情况汇报，审议《华容区安全生产领域举报奖励办法》等。

12 月 9 日，区长龚骏主持召开区政府常务会，听取全区基本农田种植林果地问题整治和统筹利用撂荒地的情况汇报。

政务服务

2022 年，华容区政务服务工作围绕区委区政府年度中心工作，始终以大局的高度、领导的角度、发展的深度，看问题、干事业，精心组织、服务和保障区政府办文办会办事。

【调查研究】 坚持以文鼎新，围绕经济社会发展、数字乡村建设、生态环境保护等重点工作，深入调查研究，掌握一线情况，撰写各类文稿 50 余篇，为区政府科学决策提供高质量参谋意见和创造性思路。

【政务信息】 优化政务信息报送系统，实行信息“搜集”下沉化、信息筛选常态化、信息约稿定向化，完成各种政务信息上报 50 余篇，向省市政府门户网站刊发信息 256 条。严格落实意识形态工作责任制，维护意识形态领域安全，加强门户网站、微信公众号、QQ 群等关键领域管理，未发生重大网络舆情。

【办文办会】 严把文件政策关、法律关、文字关，审核印发区政府文件 200 余件，编发区政府各类会议纪要 30 余期。规范会务服务，紧扣会前预案、会中协调、会后总结三个环节，做到人员、责任、服务三个到位。组织协调区政府重要会议 60 余次，服务保障国家和省市领导调研 20 余次，均实现“零差错”。

【协调服务】 充分发挥协调职能，照应各方关切、配置各方资源、形成整体合力，实现安排“零积压”。严格收发文程序，将收文、发文、校核、运转等工作落实专人负责，做到随文跟踪、随到随办、日清月结，实现公文分类登记、运转审批、整理归档“零失误”。严格落实 24 小时专人值班制度，坚持对重大信访问题及时发现、及时报告，高效、平稳、有序处置了疫情防控、雨雪冰冻、防汛抗旱、社会舆情等各类突发事件。全年办理“12345”热线 8177 件、亲民热线 34 件。

【金融环境】 引导金融机构扩大有效信贷投放规模，组织召开银企对接会，10 家金融机构与 10 家企业签订贷款及授信协议金额 9.25 亿元。通过人行企业信用培植管理系统平台，为 20 家企业发放贷款 1.09 亿元。着力防范和化解各类金融风险，出台《2022 年全区防范化解金融风险攻坚战工作要点》，排查各行业领域金融风险，全年未发生金融风险事件。

【民主法治建设】 坚持以制度促效率，修订完善《华容区人民政府工作规则（试行）》等十项制度，进一步提升政府工作效能。完善机关会议管理、日常考勤、印章使用等制度，做到用制度管人、用制度理事。扎实推进“清、减、降”行动，清理区政府规章、规范性文件 109 件。积极推行政务公开、权力公开、责任公开，在区政府门户网站、华容政府网微信公众号等媒介上发布政务信息近 2000 条。受理行政复议 7 件，办理行政应诉案件 4 件。自觉接受人大法律监督、政协民主监督、社会监督和舆论监督，认真办理人大代表意见建议 15 件、政协委员提案 87 件，办复率、满意率均达 100%。走好新时代群众路线，着力解决人民群众急难愁盼问题，累计办理人民网、省长留言板、阳光信访平台群众诉求 123 件。

【党风廉政建设】 严格落实党风廉政建设主体责任，压实党组和党支部书记第一责任人、班子成员“一岗双责”责任。深化“支部主题党日”活动，推进“两学一做”学习教育常态化制度化。全年组织党员大会 6 次，开展主题党日活动 12 次，上党课 4 次。严肃党的组织生活，认真召开民主生活会和组织生活会。加强廉政教育，强化全体党员干部拒腐信念和守纪意识，集中观看省、市警示教育片 2 次，开展廉政谈话 6 次。深入开展党史学习教育和“一下三民”活动，深入挂点村 12 次、挂点企业 5 次，帮助群众解决急难愁盼问题 7 次。用活“学习强国”“干部在线学习”等平台，加强党员思想教育，开展党纪法规知识测试 1 次。严格执行民主集中制，“三重一大”等制度。认真落实中央“八项规定”精神，严控“三公经费”。加强财务管理，规范部门预算和财务手续，积极配合做好审计、巡察和各类财务专项检查工作。

行政审批

2022 年，华容区行政审批服务工作紧紧围绕市委市政府决策部署和区委区政府工作要求，坚持以深化“放管服”改革、优化政务环境为主线，以方便企业群众办事为着力点，扎实推进政务服务“高效办成一件事”改革，积极探索政务服务标准化、规范化、便利化建设，强化公共资源交易全链条监管，推进“市场准营承诺即入制”等重点任务落实，努力营造更加宽松良好的政务服务环境。

【重点领域创新】 以市场主体信用为基础，通过“信用核查、先入后核、审管联动”方式，构建“紧密配合、通盘合作、互相支持、宽进严管”审管新模式。通过对接“信用核查”功能，自动对比市场主体与国家信用信息平台提供的联合奖惩名单，确定市场主体承诺资格。根据市场主体选择的行业事项，自动生成告知承诺书，实现“一书承诺”“全程网办”。针对市场主体实际情况，确定5个市场主体行业，实施“承诺即发证或承诺即准营”两种方式办理。自6月29日系统上线，线上线下“市场准营承诺即入制”办理142件。11月初，华容区“市场准营承诺即入制”改革试点经验做法被确定为全省复制推广改革事项。

【综窗改革】 推动区乡（镇）两级实施“综窗改革”，规范窗口设置、线上线下业务受理。以政府向第三方购买服务的方式，选择专业政务服务队伍，实现前台窗口人员企业化管理，建立起“前台综合受理、后台分类审批、统一窗口出件”服务模式，“全科受理员”统一负责前台受理出件，实现减员增效、服务提质。推动依申请及公共服务事项清单编制和调整标准化。推动区级事项全量进驻，实行“一窗受理、集成服务”综窗受理模式。区乡（镇）实现分领域综窗受理，推动政务服务事项实现“只进一门”。设立4个政务服务专区，1个自助服务专区，1个政务公开专区，设置22个对外服务窗口，其中综窗占比达94%，区级政务服务事项进驻率100%。截至年底，办理线上线下申请件95655件，好评率99.99%。通过政务服务事项系统领取和发布高频服务事项。梳理人社、民政等部门高频事项38项，下沉至镇村，为群众提供“家门口”服务。

启动政务服务标准化建设

【平台建设】 夯实“照单监管”事项基础，按照全省监管事项“一张清单”，做好本级监管事项的认领发布的监管事项梳理，规范监管对象及监管行为等信息要素，实现清单之外无监管。截至年底，监管系统中开通用户423人，区直23家执法单位共梳理检查实施清单643项，整改错误实施清单283条，发布监管动态111条，监管曝光台44条，15家单位监管事项覆盖率达到80%以上。通过“12345”市长热线、政务服务“好差评”“群众评”等监督投诉机制，接受企业群众监督，畅通诉求渠道，打通服务群众、企业和基层的“最后一公里”，自“好差评”推行以来，全区政务服务机构“好差评”评价系统覆盖率100%。2022年以来，全区政务服务网办件收到评价数21217条，其中有效差评数1件，超期整改数0件，满意率99.99%，差评整改回访满意率100%。

【帮办代办】 为进一步完善服务机制，创新服务方式，制定《区政务服务中心帮办代办制度》，为企业和群众提供“一对一”贴心导办、帮办、代办的优质服务，区政务服务中心除配备2名专职涉企帮办代办综窗人员外，还配备2名兼职帮办代办人员，服务范围囊括施工许可、竣工验收备案和企业开办等高频事项，按时办结率100%，实现主动靠前，跟踪服务，为项目申报、企业开办提供“全生命周期”的咨询、指导、协调、代办、帮办等服务。制度建立以来，提供帮办代办服务300余件次。以“最多跑一次”为目标，在区政务服务中心启动免费邮寄服务，对不能当场获取证照证件的，提供“政务专递”邮寄证件到家服务。截至年底，已服务318人次。“政务专递”服务减少企业和群众跑腿次数，降低了企业办事成本，最大限度方便群众办事，让“不见面审批”“零跑腿”办证更惠民。

【交易监管】 深化公共资源交易综合监管，明确综合监管、有关行政监督部门职责分工，并向社会公开权责清单。全年处理招标投标领域各类投诉举报1件，双随机、一公开专项检查3次，抽查项目6个、抽取比例26.09%，其中，房屋建筑和市政基础设施工程项目抽取比例22.22%、水利工程项目抽取比例33.33%、交通工程项目抽取比例50%，实现了公共资源交易领域协同联动监管。

【数字建设】 持续推进部门联动，为数字乡村底座提供数据支撑。截至年底，华容区已接入16个部门数据，累计汇聚数据1617.5万条，建成1个数字底座、1个运行中心、3个智慧应用场景和1个惠民服务体系的数字政府智慧管理模式。

【荣誉】 2022年6月17日，华容区发放全省首张实行告知承诺制的食品经营许可证，相关经验获湖北日报、长江云等多家媒体报道。2022年9月初，省长王忠林在《关于“市场准营承诺即入制”改革推行情况的报告》（省发改委发改专报〔2022〕85号）上批示“加大总结推广”。根据省优化营商环境领导小组印发的《省优化营商环境领导小组关于做好“市场准营承诺即入制”改革典型经验复制推广工作的通知》（鄂营商发〔2022〕8号）文件内容，“决定在全省推广以鄂州市华容区为代表的‘市场准营承诺即入制’改革典型经验”，工作目标为“2022年11月底前，借鉴鄂州市华容区改革经验做法，选取4个改革行业（便利店、超市、美容美发店、药店）在全省推广‘市场准营承诺即入制’改革典型经验。”

公共资源交易

2022年，华容区公共资源交易中心遵循“便民、规范、廉洁、高效”原则，不断优化公共资源配置，加强交易平台一体化建设，切实解决公共资源交易过程中存在的突出问题，维护社会公共利益和市场参与各方利益，努力打造公开、公平、公正和诚实守信的阳光交易平台。

【党组织建设】 坚持把党的建设放在首位，成立华容区公共资源交易中心党支部，建设党员活动室阵地。强化党建引领，深入开展党史学习教育，开展标前商讨、标后反思，使干部职工做到政治清醒、立场坚定。强化业务能力，锻造处理各种复杂问题的本领，努力做到在关键时刻叫得响、立得起、稳得住，让中心成为宣传和展示华容区阳光交易窗口。

【改革创新】 全面融入武鄂同城化一体化电子交易平台，2022年8月，区公共资源交易中心积极承接融入采招云公共资源交易电子交易平台和网上商城，对原系统进行全面升级，武鄂两地政府采购电子化交易进入一体化发展的新阶段，构建武鄂政府采购“区域一张网”。利用“互联网＋区块链”技术，主动承接鄂州市公共资源交易平台升级改造试点改革，实现采购流程信息在湖北省政府采购网全程公开。持续优化数据对接，实现各系统间数据的互联互通；CA证书兼容互认，通过手机App代替实物“锁”，为交易主体降低数字证书使用成本，节约了市场主体的交易成本。进一步提升公共资源交易电子化、信息化、智能化水平，全面推行不见面开标，制作电子招标操作指南，便捷交易双方明白进场交易事项，无须现场参加开标，帮助供应商节省大量时间与精力。

【项目交易】 全年区公共资源交易中心完成政府采购项目16个，其中，询价采购1个，竞争性磋商9个，公开招标6个，总计预算金额3357.82万元，成交金额2680.85万元，节约资金676.97万元，节约率20.16%；完成建设工程交易项目8个，预算金额48575.48万元，成交金额45250.67万元，节约资金3324.81万元，节约率6.84%。

【规范操作】 政府采购信息全部按规定在湖北政府采购网进行发布，发布的信息涵盖采购项目公告、采购文件、采购预算金额、更正事项、终止公告、采购结果（中标结果）等。每个项目正式受理前，均协助采购人进行采购意向公开，力促政府采购信息全面、及时、准确发布。

2022年度华容区开标项目表

序号	项目名称	采购方式	开标日期	开标时间	预算价（万元）	中标价（万元）	负责人
1	华容区公卫临床中心采购家具	询价	1.4	9：30	70.79	43.82	夏青松
2	市民文化中心物业管理	竞争磋商	1.5	9：30	66	59.36	夏青松
3	市民文化中心家具采购（第一次）	公开招标	1.25	9：30	68.6	—	高钰婷
4	华容区市民文化中心办公家具采购（第二次）	公开招标	3.3	9：30	68.6	65.747	高钰婷
5	大数据产业园，地大土地储备项目征收跟踪审计服务项目	公开招标	3.15	9：30	213	206	夏青松
6	湖北省看守所物业管理服务（2022年度和2023年度，第一次）	公开招标	3.17	9：30	409.22	—	夏青松
7	湖北省看守所物业管理服务（2022年度和2023年度，第二次）	公开招标	4.12	9：30	409.22	398.9281	夏青松
8	鄂州市华容区发展改革和经济信息化局招商服务采购项目	竞争磋商	4.24	9：30	100	98	夏青松
9	华容区行政审批局政务服务外包项目（论证会）	竞争磋商	5.7	9：30	—	—	高钰婷
10	鄂州市红莲湖新区房屋测量及地籍测绘评估服务	公开招标	5.26	10：00	319	317.25	夏青松
11	华容区行政审批局政务服务外包项目	竞争磋商	5.31	9：30	120	119.76	高钰婷
12	红莲湖旅游度假区红莲湖佳园B区物业服务	公开招标	6.14	10：00	366	365.999	夏青松
13	鄂州市华容区人民法院红莲湖人民法庭附属配套工程施工项目（第一次）	竞争磋商	7.7	9：30	79	—	夏青松
14	鄂州市华容区人民法院红莲湖人民法庭附属配套工程施工项目（第二次）	竞争磋商	7.19	9：30	79	65.6747	夏青松
15	鄂州市红莲湖新区棚户区二期项目造价咨询服务（结算审计）	竞争磋商	7.26	9：30	168	33（%）	夏惠玲
16	鄂州市红莲湖新区棚户三期项目造价咨询服务（跟踪审计及结算审计）	公开招标	7.27	10：00	673	30.1（%）	夏惠玲
17	华容区乡镇便民服务中心政务服务外包项目	竞争磋商	9.13	9：30	170	160	夏惠玲
18	华容区保障性安居工程及青云还建小区项目跟踪审计服务	竞争磋商	9.29	9：30	98	89	夏惠玲
19	省看守所监所维修整改项目	竞争磋商	10.20	9：30	397	396.5	夏惠玲
20	华容高中男女生宿舍空调采购	竞争磋商	11.15	9：30	40.2	36.8	夏青松

【风险防控】 加强廉政风险排查，针对重点项目、关键节点，结合岗位职责权限，采取主动排查、科室联查、领导督查等方式，全面查找交易过程中的廉政风险点，有针对性落实防控措施，堵塞交易风险漏洞，促进廉洁交易。强化制度执行，建立并落实定期廉政学习教育、专家抽取双随机、全员轮岗交流、重要职能流程化管理、机房后台维护管理和一般业务双人复核审查、重要工作三人审批、下一个环节复核上一个环节工作、严格入库企业资格审查等制度机制，规范了权力运行。

【营商环境】 充分履行公共资源交易中心职能职责，为各方市场主体打造公平竞争的平台交易服务。坚持“依法采购、优质服务、规范操作、廉洁高效”的指导思想，同时做好营商环境评价指标填报工作，由中心主任主抓，安排专人负责，对标对表严格按照政府采购 5 个填报工作指标及招标投标 3 个填报工作指标，精心收集整理填报资料和案例，准确理解各项指标内涵，现场会商分析，确保填报内容能够全面准确反映区公共资源交易中心在优化营商环境、服务和保障经济高质量发展过程中的创新举措和实际成效。

【文明创建】 持续推进文明创建工作，深入村、社区开展宣传“诚实守信”“反对浪费，崇尚节约”“宣传身边好人”“人居环境整治”“我们的节日・重阳”“开展楼栋革命”等创文工作

机关干部进社区发放创建文明典范城市“文明养宠”宣传单

10余次，制作7部宣教PPT，主动购买垃圾桶5个，积极参加清理垃圾杂物、清除墙面“牛皮藓”等活动，发放“公筷公勺”“文明养宠”“反诈骗”等宣传资料 300 余份。

【学习培训】 紧扣主业主体责任，“线上+线下”相结合，积极组织中心全体成员注册“省采招云”学习系统进行线上学习+考试，系统学习各类项目交易应用的法律法规政策依据、业务范围、执行标准和交易流程。为实现新旧交易系统顺利切换，举办全区政府采购培训会，会上宣讲集中采购政策，介绍新系统流程操作，组织各采购单位参加市开办专题讲座，提供上门业务指导服务。

机关事务

2022 年，华容区机关事务服务工作始终围绕中心、服务大局，以“两手硬两战赢”目标任务，着力抓好节约型机关创建，持续推进集中统一管理和法治化、标准化、信息化建设，以高质量服务保障助推华容各项事业高质量发展。

【公务用车管理】 加强公务用车监督平台建设，对全区 10 家保留公车单位和区公车管理中心的 63 台公务用车加装 GPS 定位系统，全面提升公务用车的监管与服务水平。加强对公务用车用油和维修保养的监管。严格落实所有平台车辆加油一张卡，实行专人保管、专人加油，严格“先申报、后审批、再维修”程序。分期组织司勤人员进行安全知识和交通法规培训，全年未发生交通安全事故，确保了公务出行安全高效。加强公务用车监管和专项清理工作，每逢节假日加强公务用车监督，坚决杜绝公车私用等违规问题发生。

【办公用房清理】 全面普查清理党政机关办公用房，对存在的问题发出整改通知，督促各单位按照办公用房管理标准整改落实。严格贯彻

执行党政机关办公用房管理办法规定，统筹协调办公用房，确保全区办公用房布局优化、使用规范、规划科学。持之以恒抓整改，全年中心专门成立调研组调研全区50余家行政事业单位，督促各相关单位做好办公用房的使用和问题整改工作。

【机关食堂管理】 认真做好食堂管理服务，履行接待职能，发挥“窗口”作用，克服就餐人数多、菜量难把握等困难。认真研究每日菜谱，合理搭配膳食，严把食品安全关。坚持按规矩办事，认真遵守接待规范和工作纪律，严格制度管理，实行一餐一单一函，从优从俭不超标，切实做到不铺张浪费。

【会务服务保障】 全年协助完成省市区及各部门的各类会议200余场次，确保各项会议部署落实。各大会议期间，科学调配会议室，确保各类学习教育会议和全区各单位周四集中夜学等学习和会议顺利进行。

【疫情防控】 统筹协调做好公务用车保障服务工作。在抗击新冠疫情战斗中，公车平台充分发挥保障作用，进一步优化车辆调度，强化平台服务，增强公务出行保障能力，重点保障防疫工作用车需求。为满足疫情防控工作需要，公车平台10余名驾驶员全员上阵，24小时全天候保障疫情防控工作用车。中心为全区50余家单位全年提供口罩、酒精、消毒液等防疫物品。

【办公区管理】 强化区政府大院内环境卫生、绿化养护和安保工作，注重日常维护，按照文明典范城市创建、公共机构节能等工作要求，加大环境整治力度，不断改善机关办公环境，确保机关办公运转高效。做好日常维修维护，秉承第一时间响应原则，确保区政府大院水电畅通安全。

【公租房管理】 强化安全监管，对公租房安全环境进行评估，公租房设有监控摄像头16个，加装入户门禁系统，确保住户安全。强化公租房租用合同管理，定期督促各租户及时签订租用合同，按规定及时收缴租金和水电费，公租房使用和管理进一步规范。

【资产管理】 从资产管理等各项基础工作入手，结合全区行政机关办公实际需要，科学制定资产采购计划，严格规范执行采购手续，有力提升资产监管水平，确保国有资产安全不流失。

中国人民政治协商会议华容区委员会

概　述

2022年，华容区政协常委会在中共华容区委坚强领导和区人民政府大力支持下，坚持以习近平新时代中国特色社会主义思想为指导，深入学习贯彻习近平总书记关于加强和改进人民政协工作的重要思想和中央政协工作会议精神，始终紧跟核心、紧守初心、紧扣中心，始终聚焦区委区政府中心工作，切实履行政治协商、民主监督、参政议政职能，圆满完成区政协九届一次全会会议确定的各项工作任务。

【区政协九届二次会议】　中国人民政治协商会议华容区第九届委员会第二次会议于2022年12月28日至29日在区图书馆会议中心举行。本次会议是在全区上下深入学习中共二十大会议精神之际召开的一次十分重要的会议。会议期间，委员们听取并讨论副市长、区委书记彭波代表中共华容区委所作的重要讲话；听取并审议通过区政协主席熊枝江同志代表九届区政协常务委员会所作的工作报告，审议通过区政协副主席万向东同志所作的关于九届一次会议以来提案工作情况的报告；列席区第九届人民代表大会第二次会议，听取和讨论区长龚骏同志所作的《政府工作报告》及其他报告。会议圆满完成各项议程，是一次民主求实、团结鼓劲的大会。

会议一致赞同副市长、区委书记彭波代表中共华容区委所作的重要讲话。讲话充分肯定区政协的各项工作，对全区各级政协组织和全体委员、各界人士提出了殷切期望和工作要求：要坚持党的领导，贯彻落实新思想；要牢记新的使命，不断展示新作为；要凝聚新的能量，全面开启新征程。委员们深受鼓舞，表示要认真学习、深刻领会、贯彻落实。

会议认为，过去的一年，九届区政协常委会团结带领广大政协委员，以习近平新时代中国特色社会主义思想为引领，认真学习贯彻党的十九大和二十大精神，坚持团结和民主两大主题，进一步解放思想、积极探索，紧紧围绕区委区政府中心工作认真履行职能：以政治建设为统领，确保政协正确政治方向；以学习教育为抓手，增强委员参政议政能力；以活动开展为载体，推动政协组织凝心聚力；以调查研究为手段，促进政协委员履职尽责；以社会和谐为目标，激励委员为民建言献策；以团结民主为主题，充分发挥政协纽带作用；以强基固本为基础，加强政协机关自身建设。努力树立“团结和谐、民主协商、活跃活泼、奋进有为”新形象，人民政协各项工作得到了稳步推进、成效显著。

会议强调，新思想引领新时代，新目标开启

新征程。2023年，全区各级政协组织和广大政协委员，要高举中国特色社会主义伟大旗帜，深入学习宣传贯彻中共二十大精神，践行团结民主两大主题，着力推进政治协商民主建设，不断提高政治把握能力，主动适应新时代经济社会发展新态势；不断提高调研协商能力，充分利用新时代协商民主履职主渠道；不断提高服务群众能力，全面集合新时代增进民生福祉大智慧；不断提高合作共事能力，广泛凝聚新时代改革发展一切正能量；不断提高科学履职能力，持续增强新时代政协事业发展新生机。

会议号召，全区各级政协组织和广大政协委员，要更加紧密地团结在以习近平同志为核心的中共中央周围，以习近平新时代中国特色社会主义思想为指引，在中共华容区委的坚强领导下，在社会各界的支持配合下，不断开拓创新，发挥优势，切实履职，着力建设更加透明、更加包容、更加进取的人民政协，为加快建设现代化滨江临港产业生态新城而努力奋斗！

常务委员会工作

【坚持党的全面领导】 区政协始终把握正确政治方向，坚持把党的领导作为必须恪守的根本政治原则，认真贯彻落实党中央关于政治协商工作的方针政策和决策部署，依规依章程组织开展人民政协政治协商，牢牢把握人民政协政治属性，对党中央决策部署和省委市委区委工作要求，第一时间召开会议传达学习，研究贯彻落实举措。始终坚持民主集中制，严格执行重大事项请示报告制度，重要协商活动报区委批准，重要工作执行落实情况及时报告。认真学习贯彻中共十九届六中全会和中共二十大精神，深刻领悟“两个确立”决定性意义，努力提升政治判断力、政治领悟力、政治执行力，以实际行动坚决做到“两个维护”。以党的政治建设为统领推进政协党的各项建设，实现党的组织对党员委员的全覆盖、党的工作对政协委员的全覆盖，以党建强政治、带队伍，促履职、增团结。

【以服务为中心】 人民至上是党的根本立场，区政协始终把增进人民福祉、促进人的全面发展作为履职出发点和落脚点。对全区经济社会发展和群众所关注的难点、热点问题，先后组织政协委员就全区疫情防控、民营经济发展情况、村级债务化解的工作情况开展专题调研。开展“一下三民”“一线协商·共同缔造”活动，努力畅通民意解忧助困，用心用情为群众办实事，全年班子成员领办好事实事13件。联合农工党鄂州市委会开展送医送药送健康知识“三下乡”活动。政协机关干部积极参加“送温暖·献爱心”社会捐助、数字公益节“慈善一日捐”等公益活动。按照区委总体部署，在做好本职工作的同时，自觉投身经济建设和社会发展主战场，推进重点项目建设、河湖长制、抗旱救灾、文明创建等中心工作。深入乡镇、村组、企业和重大工程建设现场，详细了解情况，出谋划策和帮助解决问题，确保区委的决策在政协落到实处。广大政协委员积极参与服务社会的主战场，委员企业彤诺电子鄂州有限公司捐赠200万元防疫物资，政协委员张中云为华容镇福利院捐赠约6000元物资，政协委

9月22日，区政协党组书记、主席熊枝江（前排左三）调研民营经济发展

员杨文明为华容区社会福利中心捐赠基础生活用品，以实际行动展现了政协委员为民情怀和使命担当。

【发挥民主协商作用】 有事好商量、众人的事由众人商量，找到社会意愿和要求的最大公约数，是人民民主的真谛。区政协常委会始终围绕践行全过程人民民主，着力加强专门协商机构建设，在协商中促进团结合作、广泛凝聚共识、实践人民民主，最大限度地汇聚发展动力。充分发挥政协人才荟萃、智力密集优势，谋发展大局、议发展大事、献发展大计。对标对表新时代政协工作新任务新要求，认真落实年度协商计划，以全会协商、专题协商、提案协商、一线协商等多种形式，聚焦区域经济高质量发展和持续增进民生福祉，就党政重视、群众关心、政协有能力参与的问题，持续强化调查研究，广泛吸纳有相关从业经历的委员、具有代表性的界别群众参加协商活动。全年召开专题议政性常委会会议 2 次、专题协商会议 4 次、协商式监督 5 次，对口协商和界别协商 3 次。先后组织政协委员就全区疫情防控、乡村医疗人才队伍建设、村级债务化解、民营企业发展等开展专题调研，就公检法工作、学前教育、红色文化资源建设等重点工作开展专项视察，就乡村振兴、农村养老体系建设、农村饮水安全、教育“双减”等工作开展“协商在一线”活动。通过实地调研、视察和面对面协商，政协委员、基层群众把问题、困难和想法摆出来，政府部门把政策、措施和路径讲出来，切实增强了沟通交流，凝聚了共识合力，在真诚协商中找到了破解难题的方法和途径，全年提出合理化意见建议 80 余条被相关部门吸收和采纳，有力助推了全区经济社会高质量发展。区政协九届一次会议期间，积极组织委员高标准开展讨论交流和面对面协商活动，委员提出全区经济社会高质量发展意见建议 8 类 50 余条，特别是提交了多篇关于促进实体经济发展的提案，转交相关部门研究并全部办理落实。

组织区政协委员调研乡村振兴工作

【履职能力建设】 区政协坚持以队伍建设为抓手，以制度建设为保障，以作风建设为重点，以推动工作提质增效为目标，全面加强自身建设，着力把人民政协制度优势转化为社会治理效能。以规范履职方式、完善履职内容和提升履职实效为着力点，围绕新时代人民政协工作新部署新要求，突出党建引领，加强思想政治宣传，完善党组理论学习中心组学习制度。统筹安排好协商议政会议和视察考察调研等活动，组织委员有序参与履职活动。配齐配强配优专委会力量，让专委会基础性作用得到更好发挥。本着“突出界别、全员入委，优化结构、增强合力”的思路，将全体委员编入专委会，让委员个体优势有效转化为整体优势。积极搭建协商议政平台，各专委会依托微信交流群、委员工作室等载体，开展学习交流，以工作创新、联动开放、专业质量和服务保障，着力打造“一委一品”工作新格局。强化机关干部队伍建设，深入开展“干部上讲台提能大行动”，加强机关干部教育管理、培养锻炼、监督考核，健全激励干部担当作为的措施办法，不断激发机关生机活力，有效解决了基础工作薄弱、业务力量脆弱等问题。深入开展“三问三治三提升”活动，实行重点工作模块化、工作责任清单化、具体事项精准化管理，压实工作责任，提高工作标准，不断自我加压，严格督导落实，“忙起来”已成为政协工作常态。倡导“严、细、深、实、快”工作作风，持续转变文风会风，文件制定力求简要可行，会议安排坚持简约俭朴。持续改进调查研究和视察考察工作，合理控制团组规模，优化人员组成，通过一线调研、协商、视察等方法提高质量。始终坚持把纪律规矩挺在前面，广大委员和机关干部自觉遵章守纪，严格执行中央八项规定及其实施细则精神，力戒形式主义、官僚主义，永葆政协良好形象。

【管理服务】 着力提升换届后委员的政治把握能力、调查研究能力、联系群众能力、合作共事能力。坚持把请进来与走出去相结合、集中培训与分级分类培训相结合，区政协采取现场教学和课堂授课相结合方式，组织部分委员赴重庆西南大学参加政协委员履职能力提升培训班学习，组织农业农村界委员参加中央一号文件精神培训研讨。着力丰富履职载体，围绕加强政协协商与基层协商有效衔接，广泛收集社情民意信息，加快事项办理反馈，积极搭建委员思想宣传、学习研讨、基层协商、谈心联谊等有效平台，巩固拓展社情民意联络站点，努力打造“协商在一线”品牌。全区建成政协委员工作室 12 个，成为联系群众的“便民服务站”。制定委员履职考评办法，探索建立委员履职档案，完善履职台账，详实记载委员出席会议、参加视察调研以及在专项工作和重大任务中担当尽责等履职内容，年终对委员履职情况汇总分析，并向委员所在单位和有关部门通报。发挥政协常委带头作用，修订完善政协常委履职评估制度，按要求提交履职报告。调动和发挥专委会基础性作用，制定出台专委会工作规则。坚持一个月一次集中学习、主题党课、半年一次组织生活会，党组成员坚持以普通党员身份参加支部主题党日活动。

【常务委员会会议】 1 月 12 日，政协华容区委员会召开第九届第一次常委会议，区政协党组书记、区政协主席熊枝江主持会议并讲话。区政协副主席彭金玲、潘定伟、胡敦全、万向东、全体区政协常委和各政协联络组负责人出席会议，副区长陆宏军、陈瑶列席会议。会议专题学习《中国共产党第十九届中央委员会第六次全体会议公报》《中国共产党关于党的百年奋斗重大成就和历史经验的决议》和习近平总书记《关于〈中共中央关于党的百年奋斗重大成就和历史经验决议〉的说明》。传达学习习近平总书记在全国政协新年茶话会上的重要讲话精神，中共中央办公厅印发《关于加强和改进新时代市县政协工作的意见》的通知，湖北省委第十一届十次全会通过《中共湖北省委关于进一步加强党的政治建设坚持“两个确立”做到“两个维护”的决定》，湖北省政协关于印发《中国人民政治协商会议湖北省委员会协商工作规则》的通知和湖北省政协关于印发《政协湖北省委员会办公厅关于提升反映社情民意信息工作效能的若干措施》的通知，湖北省政协关于印发《政协湖北省委员会关于加强和促进凝聚共识工作的实施意见》，中国共产党鄂州市第八次代表大会精神和市政协九届一次全体会议精神。协商通过《关于基层社会治理中人民调解工作情况的调研报告（讨论稿）》《关于加强教师队伍建设工作情况的调研报告（讨论稿）》；协商通过《政协华容区第九届委员会各专门委员会主任建议名单（草案）》《区政协常委会 2022 年工作要点（讨论稿）》和《政协华容区第九届委员会委员分组（草案）》。区政协常委，各（乡）镇政协联络组负责人、区纪委监委、区委政法委、区信访局、区司法局、区妇联、区教育局、区人社局、区财政局、区委编办负责人参加会议。

7 月 15 日，政协华容区委员会第九届常委会第二次会议召开，区政协党组书记、区政协主席熊枝江主持会议。区政协副主席彭金玲、潘定伟、胡敦全、万向东出席会议。会议学习《中国共产党政治协商工作条例》。传达学习习近平总书记6月28日在湖北武汉考察时的重要讲话精神、中国共产党湖北省委员会第十二次代表大会精神。听取区纪委监委工作情况通报。审议通过《全体会议工作规则》《常委会议工作规则》《专门委员会通则》《委员履职考评管理办法》《提案工作规则》。就《关于加强乡村医疗卫生人才队伍建设情况的调研报告（讨论稿）》进行协商讨论。

12月22日，政协华容区委员会第九届常委会第三次会议召开，区政协主席熊枝江主持会议。区政协副主席彭金玲、潘定伟、胡敦全、万向东出席会议。会议传达学习中国共产党第二十次代表大会精神。协商通过《关于加强固定资产有效投资促进经济趋稳向好工作情况的研报告（讨论稿）》《关于我区民营经济发展情况的调研报告》《关于我区化解村级债务情况的调研报告》。听取区政府办公室关于政协提案办理工作情况的报告。

12月22日，政协华容区委员会第九届常委会第四次会议召开，区政协主席熊枝江主持会议。区政协副主席彭金玲、潘定伟、胡敦全、万向东出席会议。会议听取各联络组关于2022年工作总结和2023年工作计划的汇报。审议《区政协九届二次会议议程、日程（草案）》《区政协九届二次全会议程有关建议名单（草案）》《区政协常委会工作报告（征求意见稿）》《区政协提案工作报告（征求意见稿）》。

12月29日，政协华容区委员会第九届常委会第五次会议召开，区政协主席熊枝江主持会议。区政协副主席彭金玲、潘定伟、胡敦全、万向东出席会议。各政协联络组汇报《政府报告》等报告讨论情况。听取《关于区政协九届二次会议提案审查情况报告（草案）》。审议区政协九届二次会议《常委会工作报告决议（草案）》《提案工作报告决议（草案）》《政治决议（草案）》。

【提案目录】

2022年区政协优秀提案目录

编号	提案标题	提案人	提案分类
1	关于改善华容实验小学校门口交通拥堵建议	张　群	城建交通
2	推进葛店镇与武汉对接主干道建设的建议	张　航	城建交通
3	关于华容镇兴华路至金明大道设立交通减速设施和村湾标识牌的建议	夏燕莉	城建交通
4	关于规范使用老年代步车上路行驶的建议	李安良	城建交通
5	关于缓解庙岭转盘交通状况的建议	胡群芳	城建交通
6	积极推进武汉鄂州交通一体化发展的建议	张溪鸣	城建交通
7	关于交通安全及道路安全	沈三峰	城建交通
8	关于提高段店镇镇容镇貌改善的建议	陈国栋	城建交通
9	如何解决我区域内停车难问题的建议	严　慧	城建交通
10	关于华容公园全域覆盖免费无线网络的建议	陈　枭	城建交通
11	关于改善农村还建房办理房屋所有权证问题建议	陈　涛	城建交通
12	关于如何推进华容区文体事业发展的建议	方学兵	卫生健康
13	关于提高居民健康素养，构建健康中国的建议	熊学虎	卫生健康
14	关于加强公共场所母婴室建设的建议	李　婷	卫生健康

续表

编号	提案标题	提案人	提案分类
15	关于提升基层医疗机构疫情防控救治能力的建议	熊正柱	卫生健康
16	关于瓜圻村基础设施发展情况的几点建议	余四惠	农村农业
17	关于破解农村小型建设项目程序复杂的建设	朱响元	农村农业
18	关于深入开展撂荒土地治理，确保耕地应耕尽耕的建议	姜芷晨	农村农业
19	关于加大对农民合作社帮扶力度的建议	高细香	农村农业
20	关于进一步保障粮食安全的几点建议	叶佳兴	农村农业
21	关于农村人居环境持续整治的建议	金敏结	农村农业
22	关于有序组织合作社做好产业规划的建议	杨文明	文化教育
23	关注农村学生的家庭教育	李　霞	文化教育
24	关于提高华容区公办幼儿园办园水平的建议	倪海东	文化教育
25	关于促进中小学体育教学改革的几点建议	李永刚	文化教育
26	关于加强婴幼儿教育的建议	高子越	文化教育
27	浅谈农村教育现状和原因分析及其改进策略建议	程　霞	文化教育
28	关于减轻中小学教师非教学任务负担的建议	方　欣	文化教育
29	关于进一步增强青少年身心健康的建议。	李　卓	文化教育
30	关于如何开展中小学生的劳动教育建议	姜红霞	文化教育
31	关于解决中小学教师住房问题的建议	李　丹	文化教育
32	关于加快推进红莲湖大数据云计算产业园数字化建设的建议	赵泽刚	经济发展
33	关于华容镇积极对接葛华一体化发展的建议	章　琳	经济发展
34	关于加强推进三江港多式联运示范工程建设的几点建议	孟　琪	经济发展
35	关于通过邻域渗透模式提升庙岭镇区域经济建设	代晓漫	经济发展
36	关于大力推进我区装配式建筑发展的建议	孙奎利	经济发展
37	关于合理延长华容红绿灯时长问题的建议	姜　敏	综合治理
38	关于加强华容区企业消防安全的建议	彭素珍	综合治理
39	关于持续开展文明典范城市创建工作的几点建议	张振刚	综合治理
40	关于加强农村养老服务的建议	孙向泽	综合治理
41	关于企业人才培育与人才引进的建议	胡　壁	综合治理
42	关于推进华容区政府公物仓建设的建议	朱响元	综合治理
43	关于庙岭集镇网格乡村振兴的建议	刘　娟	综合治理
44	关于关注全区未婚大龄男青年婚姻问题的建议	王巧玲	综合治理
45	关于进一步规范药品价格执行的建议	田　秀	综合治理
46	关于进一步细化加深对精神病人的管控建议	余　灿	综合治理
47	关于推进共同缔造建设幸福家园的建议	蔡　莹	综合治理
48	关于进一步改善人居环境的建议	姜项胜	综合治理

纪检监察

概 述

2022年，华容区纪检监察机构忠实履行党章和宪法赋予的职责，弘扬伟大建党精神，永葆自我革命精神，充分发挥监督保障执行、促进完善发展作用，坚定不移正风肃纪反腐，推动纪检监察工作高质量发展，为全区经济社会持续保持良好的发展态势提供了有力保障。

【区第九届纪律检查委员会第二次全体会议】 1月28日，中共华容区第九届纪律检查委员会第二次全体会议召开。会议总结2021年全区党风廉政建设和反腐败工作，研究部署2022年工作。副市长、区委书记彭波出席会议并讲话。区委常委、区纪委书记、区监委主任张远刚代表区纪委常委会作工作报告。

彭波指出，过去的一年，全区各级党组织和纪检监察机关坚决贯彻落实中央决策部署和省市工作要求，扛牢压实“两个责任”，坚持问题导向，强化监督执纪问责，反腐败斗争形成压倒性态势并巩固发展。彭波强调，要深入领会新要求，强化政治定力不放松；要坚定信心，始终勇毅执着；要保持清醒，始终初心不改；要学思践悟，始终行稳致远。要深刻认识全面从严治党的历史意义，牢记“六个必须”，领悟“九个坚持”，落实“七项部署”，持续优化政治生态。彭波强调，要准确把握新部署，全面从严治党纵深推进。坚定政治方向，保持政治定力，做到态度不变、决心不减、尺度不松，一刻不停、一严到底推进党风廉政建设和反腐败斗争，推动全面从严治党向纵深推进，为打造武鄂同城化“加速器”，推进城乡融合高质量发展保驾护航。

全会审议通过了张远刚代表区纪委常委会所作的工作报告。

全会指出，2021年全区纪检监察干部坚持唯干唯实惟先，忠诚履职尽责，充分发挥监督保障执行、促进完善发展作用，推动纪检监察工作高质量发展，为全区疫后重振取得决定性成果、“十四五”良好开局提供了坚强保障。

全会号召，要在市纪委监委和区委坚强领导下，牢记初心使命，忠诚履职尽责，以赶考的心态、战斗的状态、奔跑的姿态，奋力谱写新时代纪检监察工作高质量发展新篇章，为打造武鄂同城化“加速器”、加快建设现代化滨江临港产业生态新城提供坚强保障，以优异成绩迎接党的二十大胜利召开！

吴新明、熊枝江、陈长青、卢山、饶瑶、姜昭怀、叶圣海、廖小红等区“四大家”及副县级以上领导出席会议，区纪委监委班子成员，区纪委委员，乡镇（新区）党政主职，区直部门负责人，区特约监察员，区纪委监委机关、派出纪检监察组、巡察办全体干部参加会议。

与会党员干部和公职人员签订了拒绝酒驾醉驾承诺书，自觉增强纪律意识和守法意识，坚决遏制酒驾醉驾违纪违法行为发生。

纪检监察

【政治监督】 聚焦“三新一高”等国之大者和省之要事、市委区委重点工作，聚焦“疫情要防住、经济要稳住、发展要安全”要求，持续深化政治监督。针对疫情防控问题，印发专题通报 19 期，处分 6 人。开展优化营商环境和稳增长监督，立案查处 5 人。做实区优化营商环境“马上办”督查品牌，“点题式”监督，帮助企业解决问题 12 个。加强开发区建设腐败问题“查改治”、粮食购销、违规建豪宅和基层建门楼等专项监督。严明政治纪律和政治规矩，查处违反政治纪律案件 2 件。加强廉政意见把关，提出否定性意见 43 人次。

举办“学习二十大 建功新时代”演讲比赛

【领导班子监督】 督促 10 名乡镇及区直单位党委（党组）书记在区委常委会（扩大）会议上述责述廉，整改问题 34 个。针对主体责任落实、疫情防控、清廉建设等工作，开展区纪委监委负责人同下级“一把手”谈话，实现对 44 家区管党组织谈话全覆盖。对 5 个乡镇、10 个区直单位党组织开展政治生态分析研判。

【作风建设】 对违规吃喝、违规收送礼品礼金、违规发放津补贴或福利等顽瘴痼疾反复敲打，对“精致走账”、快递送礼、“空白公函”吃喝等隐形变异问题露头就打，查处享乐主义、奢靡之风问题 19 起，处理处分 19 人。对文件多、会议多、检查多、报表多和政策执行“一刀切”、层层加码、责任“甩锅”等问题靶向纠治，查处形式主义、官僚主义问题 7 起，处理处分 7 人。持续开展作风建设“三问三治三提升”行动，发现并督促整改问题 42 个，制发通报 5 期。把“当下改”与“长久立”结合起来，聚焦作风背后的管理、责任和制度问题，督促推动地方和部门完善津补贴发放、开会发文、公务用车、公务接待等制度规定，在全区范围内统一公务接待公函。

【反腐败斗争】 全区纪检监察机构立案 133 件，结案 131 件，处分 120 人，分别同比增长 6.4%、7.4%、1.7%；依法留置 4 人，移送检察机关 9 人；立案审查调查行贿人员 3 人；对乡科级干部立案 23 件，处分 22 人。深挖彻查重点领域腐败，严肃查处了段店镇财政所原主任舒某等严重违纪违法案件。在高压震慑和政策感召下，41 人主动投案或主动交代问题。

【以案促改】 贯通办案、整改、治理，常态化开展处分决定宣布，对查处的典型案件落实“三书一报告”制度，督促案发单位开展“以案五说”。针对监督检查、审查调查发现的漏洞和短板，发出纪检监察建议书 146 份，推动各相关地方和部门健全完善一系列制度机制。督促段店镇、华容镇、财政系统等案发单位召开“以案促改”暨领导班子专题民主生活会，以身边案教育身边人。

【清廉建设】 建立健全清廉建设“六个一”协调推进机制和班子成员包保示范联系点制度，打造、区级示范联系点 13 个。督促各载体牵头单位制定考核细则，加强对创建工作的联系与指导。大力开展党风廉政建设宣传教育月活动，督促各级党组织召开警示教育大会，举办廉政书画展、文艺演出40余场。开展一把手“谈纪说法”、年轻干部“三个一”等活动。

【整治不正之风】 找准服务保障乡村振兴和纪检监察工作的结合点、发力点，聚焦“两不愁三保障”、脱贫摘帽后“四个不摘”开展监督检查6次，运用第一种形态处理6人。推进“1+5”群众身边腐败和作风问题专项整治，督促7家牵头部门向社会公开承诺，推动整改问题113个，运用第一种形态处理53人次，处分6人。运用“大数据监察系统”对惠民政策落实情况开展监督，核查问题线索458条，退缴资金2.45万元，运用第一种形态处理76人次，立案2人。践行“五共”理念，持续加强下基层实践活动、共同缔造等作风监督。

【基层监督】 强化“县统筹抓乡促村”工作机制，整合基层监督力量，制定《华容区村（社区）纪检委员（监察信息员）管理考核办法》，加强农村党风廉政建设。探索对段店镇孙彭村集体“三资”提级监督，督促制定村级“小微权力”清单。蒲团乡探索利用纪检委员（监察信息员）、村务监督委员会、“五老”人员等力量，打通基层监督“最后一米”。

【干部监督】 严格遵守《华容区纪检监察干部“十不准”》，对“八小时”内外加强监督。向区人大常委会报告区监委专项工作，健全特约监察员制度，举办“走进监察委”开放日活动，邀请审计部门对机关2019—2021年财务进行审计并加强整改。动态更新全区纪检监察干部廉政档案。加大严管严治、自我净化力度，对5名纪检监察干部予以批评教育和帮助。

【规范化建设】 全面落实党建工作责任制，推动党史学习教育常态化长效化，深入开展模范机关创建。区纪委监委被省委评为“全省纪检监察系统先进集体”，6次获得市级、区级集体或个人荣誉称号。深化全员培训，突出实战练兵，通过轮岗交流、挂职锻炼、跟班（案）学习、开办青年论坛等途径，提高工作本领。加强信息化建设，完成内网分级保护整改。严格执行监督执纪执法工作规定，落实办案安全“五个责任”“八个严禁”，确保执纪执法权受监督、有约束。

开展“强体魄 展风采”健步走活动

政治巡察

2022年，华容区委巡察工作认真贯彻落实中央和省委市委关于巡视巡察工作要求，按照上级巡视巡察指示精神，落实好常规政治巡察和配合市级交叉巡察反馈等专项巡察，深入推进全面从严治党向基层延伸、向纵深发展。

【巡察综述】 完成八届区委巡察全覆盖，开启九届区委第一、二轮巡察，同时把重点指向

区委巡察组在华容镇廖铭村开展巡察动员会

基层，把力量放在基层，着力推进巡察向村延伸。第一轮组建2个巡察组，组织开展6家区直部门常规巡察；第二轮组建3个巡察组，配合市委巡察开展上下联动，对3个乡镇48个村（社区）党组织开展常规巡察。

【巡察问题整改落实】 按照巡察整改工作要求，坚持“问题导向、突出重点，统筹兼顾、标本兼治，全面整改、务求实效”的原则，压实整改主体责任，实行巡察整改一张清单到底制度、反馈制度、日常整改监督机制、督查通报机制、巡察结果公开制度。压实被巡察党组织主体责任，跟踪督促被巡察单位落实整改方案、整改责任、整改任务和整改措施。对九届区委第一轮巡察发现的脱贫攻坚、生态环境、违反中央八项规定精神和“四风”方面的问题及损害群众利益的普遍性问题，及时移交并督促即知即改、立行立改，巡察整改率98%。

【自身建设】 发挥“统筹协调、指导督导、后勤保障”职能定位，坚守政治巡察定位，坚持问题导向，创新方式方法，不断推进巡察工作高质量发展。健全完善巡察组长库和人才库，注重配备纪检监察、组织、财政、审计、信访等方面人员，在库组长库人员26人、专业人才库人员13人、优秀年轻干部库人员20人。加强巡察队伍日常管理，将抽调巡察干部纳入年度专项考核。强化巡察干部思想教育和业务培训，先后组织参加市委巡察机构培训35人次，2人参加市委巡察工作。

军　事

人民武装

2022年，华容区人民武装工作坚持以习近平新时代中国特色社会主义思想为指导，深入贯彻习近平强军思想，紧紧围绕上级决策部署，举旗铸魂固根本、练兵备战向打赢、强基固本夯基石、正风肃纪净生态、守正创新谋发展，努力推动党管武装工作高质量发展。

【理论武装】 着眼党的二十大召开的特殊政治要求，始终将政治建设摆在首位，通过“正思想、把方向，抓学习、打基础，铸军魂、提士气”，不断打牢思想政治建设基础。认真落实党委中心组理论学习制度，精细制定学习计划和方案，确保每月有计划、有教案、有交流，坚决做到理论上、思想上、政治上、行动上紧紧跟随党中央、中央军委和习近平主席步伐。结合庆祝建军95周年，扎实开展“忠诚维护核心，矢志奋斗强军”主题教育，严格按照专题组织学习，确保规定动作不落环节，不断激发人员学习热情。持续抓好党的二十大精神学习宣贯，研究制定学习办法和措施，进一步拓展学习教育受众，让广大武装工作者成为践行党的二十大精神的先锋。组织召开“四严四整”专题民主生活会、“讲政治、明大义、守底线”专题组织生活会、学习贯彻党的二十大精神专题组织生活会，在深刻自我剖析、查摆问题中进一步统一思想、增进团结、共同提高。

【练兵备战】 按照民兵建设“十四五”规划要求加快推进民兵工作高质量发展，始终贯彻实战化训练要求，抓紧抓实全区备战准备和民兵建设。按照战备要求，进一步规范完善战备值勤室、战备库房、指挥通信设施等，与地方公安、应急等部门建立健全应急体系，充分发挥好民兵网格员作用，实现军地情报共享共知。按照省军区兵器室、弹药室规范化达标建设标准要求，有序推进招标建设，圆满实现“两室”达标。严抓细抠民兵组织整顿，持续优化民兵组织结构，分批次组织全区基干民兵集合点验，圆满完成全区740名基干民兵编组任务。坚持从难从严从实开展训练，严密组织各类防汛、防火、防震等应急演练，5月，军地联合在蒲团乡拾湖港白水塘段堤坝开展2022年度防汛应急实战演练，应战应急能力得到检验和进一步提升。8月份，在鄂州

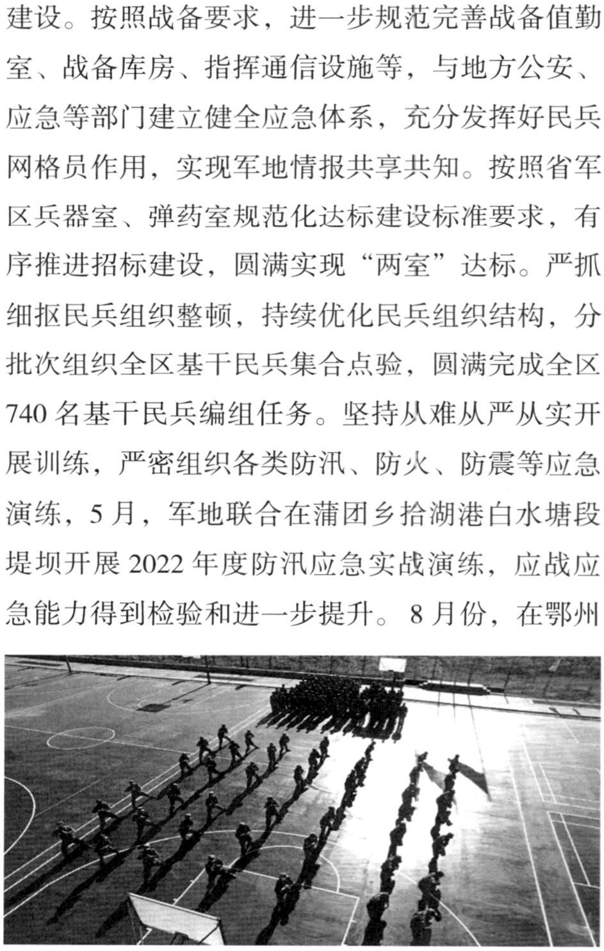

在鄂州电子科技学校举行民兵军事训练汇报表演

电子科技学校组织136名基干民兵圆满完成年度军事训练任务，并进行科目汇报演示，演训成果得到军地一致好评。

【国防动员】 坚持向“新”聚力，着力构建以新需求为牵引、新技术为重点、新能力为核心的打仗型国防动员。按照“应统尽统”原则，组织开展国防潜力调查，召开动员部署会1次、业务培训会2次和数据会审1次，实地走访调研辖区重点企事业单位23家，打好军地联动编兵基础。抓好兵役登记，在春季征兵前顺利完成兵役登记任务，联合区委宣传部积极开展征兵宣传发动，坚持廉洁征兵、阳光征兵、精准征兵，大力抓好体检政考和役前训练，圆满完成征兵任务，实现无廉洁征兵反映、无安全事故、无责任退兵。积极协调区政府推进征兵服务站建设，军地先后7次召开联席会研究建设事宜，成立专班每周督导建设进展，如期完成建设达标验收。深入开展国防教育，结合国防教育月活动，特邀国防教育讲师团专家、陆军勤务学院教授黄海波为党政机关干部作专题讲座，组织优秀退伍老兵进校园开展国防教育，大力提高全民国防意识，激发爱国情怀。

开展国防教育进校园活动

【从严治军】 坚持以党的二十大前后安全稳定工作为主线，以“百日安全”活动为抓手，坚持用上级精神引领、用模范行动规范、用创新工作引导，确保部队高度集中统一和安全稳定。聚焦“17个要素”统筹开展酒驾清查、微信清理、社团排查、“四严四整”教育整训活动和百日安全活动，定期围绕关键环节进行全面检查，以严实举措织牢安全工作“一张网”。扎实开展保密安全专项整治和微信专项整顿活动，经常性开展保密自查、学习失泄密案件通报、观看警示教育片，组织所属人员清理违规涉密微信聊天记录、公众号和手机软件，持续向专武干部和民兵强调保密工作要求，防止微信、抖音等App发布传递军装照片和传发涉密文件行为，杜绝保密工作“上紧下松”。坚决落实上级关于新冠肺炎疫情防控系列部署要求，第一时间传达学习疫情防控重要文件，根据疫情形势变化，调整常态化防控措施并抓好落实，构建内部“零感染”的铜墙铁壁。

【双拥共建】 充分发挥自身优势，积极参建参治，主动承担急难险重任务，服务全区发展大局。联合区退役军人事务局做好悬挂光荣军属牌匾、送立功喜报、优待证发放等工作，军地联合开展“最美退役军人”评选活动，不断增强军人军属的尊崇感。积极发挥双拥领导小组作用，全年妥善处理涉军维权事件5起，通过解决好军人后顾之忧，让军人更好安心服役。进一步拓展脱贫攻坚成果，定期了解包保村现实情况，做到脱贫不脱政策，强力推进巩固拓展脱贫攻坚成果同乡村振兴有效衔接。做好年度援建经费预算，先后向段店镇中咀村拨付援建经费5万元用于道路提档升级，向华容镇凉亭村拨付援建经费3万元用于乡村道路修葺，并定期开展消费扶贫。一年来，面对疫情反复来袭，协调区应急管理局为防疫执勤卡点搭建帐篷10余顶。积极发挥民兵作用，组织参与地方疫情防控、防汛救灾、文明创建等工作，军民鱼水情持续巩固深化。

退役军人事务管理

2022年，华容区退役军人事务管理工作坚持以习近平新时代中国特色社会主义思想为指导，学习贯彻习近平总书记关于退役军人工作的重要指示精神，全区退役军人事务管理工作取得新成效。

【基本情况】 华容区退役军人事务局是华容地区针对退役军人提供服务、管理、保障功能的机构，主要负责军队退役士官、退役士兵的移交安置工作和自主择业退役军人服务管理，待遇保障工作，组织开展退役军人教育培训、优待抚恤等，指导全区拥军优属工作；负责烈士及退役军人荣誉奖励，军人公墓维护以及纪念活动等，褒扬彰显退役军人为党、国家和人民牺牲奉献的精神风范和价值导向。

【服务体系】 建立区镇（乡）村（社区）三级退役军人服务中心、站 81 个。区委编办核定区局行政编 3 个（设局长 1 名、副局长 1 名），核定全区中心服务站全额拨款事业一类编制 19 人（区级服务中心 5 人、乡镇服务站 14 人），区级服务中心 4 人在编在岗，乡镇服务站 14 人在编在岗。各乡镇党委明确各村支部书记为退役军人服务站站长，并配备 1 名专职服务人员。

【移交安置】 全年接收退役军人报到36人，妥善完成相关档案、保险续接、信息采集等任务，3 名符合安置政策的退役士官全部带编安置到区直部门一类事业单位。帮助 10 人参加学历教育，继续接受普通本科、成人本科教育。组织 76 名未就业退役军人参加市区退役军人招聘会，12 名退役军人找到满意就业岗位。

【拥军优抚】 不断提升优抚保障水平，各类优抚资金均按月准时发放。全年发放优抚资金 1416.13 万元，为 195 名因疾病导致家庭生活困难的退役军人提供医疗救助 33 万元，为 247 名生活困难退役军人提供“解四难”帮扶 43.2 万元，发放义务兵家庭优待金 71 人 205 万元、一次性就业经济补助 38 人 48.15 万元。严格落实“六必访”，在春节、“八一”等节日开展各类走访慰问活动，实现对复员、三属、残疾军人、“两参人员”慰问全覆盖，对其他类优抚对象及困难退役军人家庭按 20% 比例慰问。开展走访慰问立功受奖军人家属活动，为全区 68 名立功受奖的现役军人家属送上慰问品、慰问金和立功奖状。扎实开展褒扬纪念，全面启动县级以下英雄烈士纪念设施整修工作，对 12 座零散烈士墓进行修缮管护。在华容镇彭楚藩烈士纪念馆组织第九个烈士公祭仪式，告慰烈士英灵。

华容区退役军人和其他优抚对象优待证首发仪式

【权益维护】 积极稳妥做好退役军人信访矛盾化解，全年接待来访退役军人 176 批次 334 人，做好政策解释工作。认真办理各类来信来访转交件，全部按照信访条例相关规定化解回复。全年全区无一例非访和非法聚集，退役军人群体大局稳定。全区完成建档立卡信息采集，优待证申领、发放工作。

【选树推介】 落实区乡镇村三级常态化服务联系制度，岁末年初定期走访慰问，了解服务对象生活工作情况和思想动态，帮助解决实际困难。选树全区 2022 年度“最美退役军人”9 名，组织开展退役军人先进事迹宣传等活动。

法　治

概　述

2022年，华容区法治工作紧紧围绕党中央决策部署和省委市委区委工作要求，全面统筹推进平安建设各项工作。深入开展“十大专项行动”，建立健全城乡基层治理新格局，治安形势持续向好，全区连续四年没有发生重大案件，没有发生规模性聚访滋事和重大群体性事件，没有发生重大暴力恐怖事件，没有发生群死群伤重大公共安全事故和个人极端案事件，没有发生重大涉鄂涉稳舆情炒作，人民群众获得感、幸福感、安全感不断提升。

【社会稳定】 严格按照“一个主导、三个转变、两个决不能”要求，做好风险处置、矛盾化解、源头防范“三篇文章”。在党的二十大召开期间，启动平安稳定工作战时机制，成立维稳专班，严格落实领导干部带班和24小时值班制度。深入开展矛盾纠纷“大排查、大化解”专项行动，全方位、全领域、深层次排查化解矛盾风险，有效推动易引发“民转刑”“刑转命”案件和婚姻、家庭、邻里、权属、债务等矛盾纠纷化解，严防极端案事件发生。

【平安建设】 深化“平安乡村（社区）”“平安医院”“平安学校”“平安家庭”等平安创建活动。充分调动各乡镇、区直各单位党员干部、综治挂点单位、网格员、村干部、民辅警、志愿者等2000余人开展“平安创建敲门行动”。持续推进“雪亮工程”建设，启动“雪亮工程”三期项目，投入600余万元在全区村（社区）、政府、医院、学校、幼儿园、车站、高速路口等重要部位新建500余个视频监控探头，立体化社会治安防控体系不断完善。创新建设基层数字乡村治理服务一体化平台，整合基层乡镇人、地、房、物、事、情、组织等信息，统筹乡村治理、乡村服务等资源。以GIS可视化地图的形式将网格信息、事件等信息作为统一的可视化呈现，打造新型、智慧的基层乡村治理和乡村服务创新模式，有效打通服务群众“最后一米”，平安华容建设数字化、智能化、现代化水平实现全面提升。

组织开展《反有组织犯罪法》宣传进社区活动

【网格管理】 创新实施农村网格化管理改革，推进农村网格员专职化，公开招录聘用148

名专职网格员，有效提升农村网格化管理能力和水平。全面厘清区乡镇村（社区）三级综治中心的功能定位，提档升级蒲团乡、庙岭镇、临江乡综治中心，建设集社会治安综合治理、矛盾纠纷排查化解、公共法律服务、应急管理指挥“四位一体”综治（网格）中心。夯实基层社会治理堡垒，试点推行建设“1+3+N”模式“平安驿站”，把“平安驿站”打造成为村（社区）便民利民、政务服务的“主阵地”，实现矛盾联调、问题联治、平安联创，让群众反映诉求、解决矛盾“只跑一地、只进一门”，真正实现服务群众零距离。

区委政法委机关干部下基层关爱老人

【专项行动】 常态化开展扫黑除恶斗争。持续保持对黑恶势力违法犯罪的高压态势。全年受立 9 类涉恶犯罪案件 24 起，抓获犯罪嫌疑人 124 人，审理被告人陈某焱等 20 人恶势力犯罪集团案件。深入开展信息网络领域、自然资源领域、交通运输领域、工程建设领域等四大行业整治工作，接续教育、金融、市场流通等新三大行业整治，有效净化了治安环境，创造了稳定的社会环境，保障了人民群众安居乐业。严厉打击各类养老诈骗行为，成立区平安建设领导小组专项行动办公室，下设综合、打击、整治、宣教四个工作组，组织开展打击整治养老诈骗专项行动。

【国安防邪】 强化统筹协调、督促落实和督查问效，坚决维护国家政治安全。深入开展“走百乡进千村入万户”“无邪教村创建”等活动，加强对重点对象管控，实施防范打击“法轮功”“全能神”等邪教组织专项行动，有效防范化解政治安全领域风险。

【基层组织建设】 实施“枫桥式”政法基层组织创建工程，汲取“矛盾不上交、平安不出事、服务不缺位”的“枫桥经验”精髓，按照“因地制宜、创新推动，从严从实、优中择优”的原则，培育、评选、命名段店、庙岭派出所为“枫桥式”派出所，临江人民法庭为“枫桥式”人民法庭，庙岭、蒲团司法所为“枫桥式”司法所，庙岭镇、蒲团乡综治中心为“枫桥式”综治中心”。同步组织开展“华容区最美政法干警”“党的二十大安保维稳先进集体”“十佳网格员”选树活动。

【中心工作】 坚持以习近平新时代中国特色社会主义思想为指导，全面贯彻党的二十大精神，以习近平法治思想为引领，以市域社会治理现代化为牵引，以平安建设为主线，以法治建设为根基，坚持党对政法工作的绝对领导，坚定不移把党的领导贯彻到政法工作各方面，永葆政法机关绝对忠诚、绝对纯洁、绝对可靠的政治本色。深入实施“巩固政法队伍教育整顿成果 加强政法队伍政治建设三年行动”，扎实开展政法领导干部“政治轮训”，创新举办“华容政法大讲堂”。

公　　安

鄂州市公安局华容区分局内设综合大队，办案大队两个职能部门，下辖华容、庙岭、段店、临江、蒲团 5 个基层派出所。履行华容区除道路交通管理、监所管理和出入境管理等以外的公安行政职能。2022 年在编公安民警 70 人，职工 17 人。

【安保稳定】 围绕主题主线，全面防风险、保安全、护稳定。动态管控重点人员、重点群体，及时处置涉稳预警线索，“研交办督结”更加高效。全年77名驻村（社区）民辅警动态排查矛盾纠纷292件，有效化解2件重点信访事项，落地稳控串联聚访苗头，没有出现失控失管情况，党委领导、综治信访公安主推、多部门联动的“1+3+N”维稳化解机制更加凸显。

庙岭派出所进校园讲法治课

【打击效能】 全年打击处理1041人，同比上升87%，盗窃、电诈发案同比分别下降59.8%和39.1%，现行案件破案率达58.2%，各项数据均创华容公安历史之最。成功破获列为国家“122”机制办挂牌督办和国家移民管理局“獴猎行动”部督案件“5·13”特大跨境赌博案。

【法治环境】 实行涉企案件优先查办机制，有效处置涉企警情12起，及时打掉2个盗窃工地柴油和建筑材料犯罪团伙，组织查处2起以讨要工资为由扰乱生产秩序案，维护民企业正常生产经营秩序。及时斩断华容一条非法销售汽油链条，涉案汽油200余吨（刑拘3人）。签订3个赋权事项承接确认书，推行涉企快速审批办理制度，落实“四减”举措，对公章刻制业、旅馆业等特种行业许可审批及企业公章备案进行简化。

【队伍建设】 深化巩固教育整顿成果，扎实开展“一下三民”实践活动，解决群众“急难愁盼”问题134个。从“穿衣戴帽、言谈举止、环境卫生”等小事小节着手，对队伍管理、作风建设常抓不懈。全年提拔重用11人次，35名民辅警受到记功嘉奖，13个单位受到省公安厅、市局表彰奖励，极大激发了队伍生机活力和干事创业热情。

警员进社区开展救助服务活动

【荣誉】

荣誉（2022年1月1日至2022年12月31日）

受奖单位	负责人	颁奖单位	荣誉称号
庙岭派出所	谢亚军	省委平安办、省人社厅	平安湖北建设先进集体
庙岭派出所	谢亚军	省公安厅	全省公安执法办案先进集体
华容派出所	李志刚	省公安厅	全省公安机关党的二十大安保维稳成绩突出集体
区公安分局	黄世笛	市公安局	集体三等功
庙岭派出所	谢亚军	市公安局	集体三等功
临江派出所	周国全	市公安局	集体嘉奖
华容派出所	李志刚	市公安局	集体嘉奖
段店派出所	肖　鹏	市公安局	集体嘉奖

检　察

2022年，华容区人民检察院始终坚持以习近平新时代中国特色社会主义思想为指导，全面贯彻习近平法治思想，深入学习党的二十大精神和习近平总书记系列重要讲话精神，认真落实最高检“质量建设年”和省院“素能提升年”要求，严纪律、强素质、创一流，着力打造特色检察、品质检察，依法能动履职，以检察工作高质量发展推动华容经济社会高质量发展。

【刑事检察】 全年受理各类刑事审查逮捕

案件 454 件 848 人，批捕 408 人；受理各类刑事犯罪审查起诉案件 632 件 991 人，起诉 675 人；监督立案 17 件，追捕漏犯 21 人、追诉漏犯 16 人、漏罪 6 件，监督撤案 12 件。大力纠治侦查活动违法行为，办理侦查活动违法监督案件 61 件，办理刑事审判活动违法监督 5 件次。办理刑事执行监督案件 49 件，其中，暂予监外执行监督 17 件、刑事执行违法活动监督案件 8 件、监外执行和社区矫正监督案件 17 件、财产刑执行监督案件 7 件，发出纠正违法通知书 36 份。

公开开庭审理被告人陈某焱等 20 人涉嫌非法拘禁罪、寻衅滋事罪一案

【民事行政检察】 受理行政诉讼监督案件 39 件，办结 36 件，其中，针对审判活动违法行为发出检察建议 10 件，法院均采纳；针对行政非诉执行活动发出检察建议 10 件，法院均采纳，另一件在办；针对行政违法行为监督案件，发出检察建议 35 件，均回复采纳。推动民事诉讼监督持续深化，受理民事诉讼监督案件 20 件。

【公益诉讼检察】 受理公益诉讼案件线索 54 件，立案审查 54 件，办结 48 件。严格落实“八号检察建议”，积极开展安全生产专项活动，办理安全生产领域案件 9 件，在建筑垃圾违法倾倒填埋专项行动中，清理固体废弃物 15 吨。贯彻落实长江“十年禁渔”政策，探索建立“专业化监督 + 恢复性司法 + 社会化治理”生态检察工作机制，对一起非法捕捞类犯罪案件提起刑事附带民事公益诉讼，开展增殖放流活动，督促增殖放流鱼苗 6 万余尾。

【未成年人保护】 全年审查起诉侵害未成年人合法权益案件 8 件 9 人，依法起诉 7 件 7 人。持续落实“一号检察建议”，维护校园安全，在案件办理过程中，及时向相关职能部门制发检察建议，全面推进强制报告制度和入职查询制度落实落地。进一步推进“春晓工作室”未成年人检察品牌创建，建成全市首家未成年人帮教基地，实现专业化办案与社会化保护相结合。

全市首个家庭教育指导服务站揭牌

【控申检察】 全年受理各类群众信访事项 49 件，对符合受理条件的 19 件均依法受理，均办结；对不符合受理条件的 30 件，直接办理回复 23 件，转交其他部门办理 7 件。严格落实领导包案制度，检察长带头接访案件 8 件，领导包案办理 8 件。办理民事支持起诉案件 2 件，办理司法救助案件 10 件，发放救助金 8.2 万元。

【优化营商环境】 将优化法治化营商环境工作列为检察机关“一号工程”，全年办理涉市场主体案件 41 件 85 人，不批捕 35 人，不捕率 59.32%。办理涉市场主体审查起诉案件 19 件 26 人，其中，不诉 7 人，不诉率 43.75%，最大限度降低办案对企业发展的影响。加大涉市场主体案件查封扣押冻结法律监督、挂案清理、虚假诉讼监督、行政监督检察、申诉案件清理和监督等专项活动工作力度，为企业发展提供法治、公平的法治化环境。深入开展涉案企业合规改革，办理相关案件2件，持续探索合规监管模式，帮助企业合规发展。

【代表委员联络】 建立专人负责与人大代表和政协委员联络机制，定期走访省级以上人大代表，听取意见，改进工作，走访、联系省级以上人大代表15次，完成上级检察机关交办联络工作6次。邀请代表委员视察评议检察工作，对代表委员的建议和来信逐件进行登记、督办，并及时反馈。推动全国人大代表赵锡伟“邀请家长参与法治宣传活动”建议、省人大代表陈晓林“为科技企业开展知识产权保护知识讲座”建议、市人大代表吴新明“加强养老诈骗”普法宣传建议等建议落地落实。

【队伍建设】 全面落实素能强检，深入推进青年干警成长工程，成立青年干警读书会，集中学习分享，开展案例研讨、演讲比赛等岗位练兵活动，促进干警理论水平和业务能力提升。组织干警参加市院公文写作竞赛、模拟庭审辩论赛等，全年组织参加学习和岗位练兵活动20余期，助力干警专业水平快速提升。

【从严治检】 学习宣传贯彻党的二十大精神，开展集中研讨、学习、交流活动10余期，教育引导干警深刻领悟“两个确立”的决定性意义，持续增强“四个意识”、坚定“四个自信”、做到“两个维护”。通过“以政治说办案、讲工作”、检察理念故事汇活动，引导干警深入贯彻新时代司法检察理念，将“讲政治”贯穿检察办案全过程，努力实现“政治效果、社会效果、法律效果”有机统一。坚持严管就是厚爱，全面推进党风廉政建设。通过集体学习党纪党规、观看警示教育片、观摩职务犯罪庭审、参观廉政教育基地等党风廉政教育，以案示警、以案促改。全面宣传“自查从宽、被查从严”政策，引导干警深入自查，整治顽瘴痼疾54个，建立完善规章制度66项，坚决铲除顽瘴痼疾滋生温床。

法 院

2022年，华容区人民法院在区委坚强领导和区人大及其常委会有力监督下，在区政府、区政协和社会各界大力支持下，坚持以习近平新时代中国特色社会主义思想为指导，深入学习贯彻党的二十大精神，深入贯彻习近平法治思想，忠实履行宪法法律赋予职责，紧扣为党的二十大胜利召开创造安全稳定的政治社会环境这条主线，积极践行司法为民、公正司法，以审判为中心的各项工作取得新成效。全年受理各类案件5385件，结案4660件，结案率86.54%。区人民法院被省委表彰为全省政法队伍先进单位。

【扛牢政治责任】 依法惩治刑事犯罪，维护社会安全稳定。全年受理刑事案件258件，结案251件，结案率97.29%。常态化开展扫黑除恶斗争，公开开庭审理恶势力集团、恶势力团伙犯罪案件各一件。严惩职务犯罪，保持惩治腐败犯罪高压态势，审结贪污贿赂、渎职等职务犯罪案件6件；严惩危害公共安全、侵犯公民人身权利犯罪，审结故意伤害、贩卖毒品、寻衅滋事等犯罪案件105件，维护社会和谐稳定，保障群众安居乐业；依法打击破坏市场经济秩序犯罪，审结非法经营、强迫交易犯罪案件13件，维护市场经济秩序；依法审理利用邪教组织破坏法律实施罪2件2人，严惩邪教犯罪分子。坚持宽严相济刑事政策，对初犯、偶犯等具有法定、酌定从宽情节或认罪认罚的依法从宽处罚，判处非监禁刑98人。着力化解行政争议，助推法治政府建设。受理行政和非诉执行案件294件，结案258件，结案率87.76%。据市政府法制办统计，行政案件实质性化解率达到50%以上，涉行政案件信访率下降近70%。与政府（法制办）、检察院建立行政诉讼案件、非诉行政执行案件联动机制，集中清理行政公益诉讼生效裁判、非诉行政执行案件的履行情况，促进行政机关依法履职。行政机关负责人出庭应诉率达 98.8%。开展涉房地产领域风险防范专题调研，并向区委区政府提出专项报告。对于重点行政案件，向被诉行政机关的主管机关和同级监察机关发出司法建议 4 份。提升多元解纷质效，赋能基层社会治理。主动融入党委领导的社会治理体系，加强司法协作，通过强化诉前调解、诉调对接等，构建递进式多元纠纷解决体系。在全市基层法院率先入驻区矛调中心。与区总工会建立劳动纠纷诉调对接机制，深化诉源治理，进一步开展多元解纷。物业纠纷化解成效显著，加大诉前调解力度，近 200 件物业纠纷案件在诉前得到实质性化解，并探索以少量诉讼案件的裁判结果与执行效果，助推源头治理。对华汇公司涉网络平台借贷引发的系列纠纷，坚持多元纠纷化解矛盾，在区委的领导下，联合协调区直行政主管部门、各乡镇加强疏导引导，以法律事务团队清收为主导方式，尽可能将矛盾纠纷化解在非诉程序。

案件庭审现场

【聚焦中心大局】 同行共创营商环境。开通涉企案件“绿色通道”，将涉企案件经济影响评估纳入办案流程节点，推动评估制度全面落实落地。在刑事案件中依法对涉案企业家采取非羁押措施，让民营企业主感受到司法温情。组织专班完成“保护中小投资者”“办理破产”“执行合同”三项营商环境指标网上填报工作。在执行潮团公司土地整体拍卖一案中，积极履行《武汉城市圈执行协作框架协议》，与武汉中院开展执行司法协作，同时全力支持区政府招商引资产业优化布局调整。对原告鄂州某房地产公司与被告东莞某地产有限公司合同纠纷案，采取联动化解、实质化解、精准化解等措施，促成案件稳妥审理执行，最大限度地保障了多方当事人的利益。同舟共渡疫情难关。在“4 · 10”主城区实施静态管理及全区“8 · 29”“11 · 25”输入突发疫情期间，组成六个突击队，连续下沉包联社区，参与社区管控、卡点执勤等防疫志愿服务，班子成员带班值守高速互通及相关交通卡口，紧急支援市直相关部门 400 米护栏板、40 张折叠床；选派 5 名年轻党员投入古城社区疫情防控、志愿者服务等工作，华容区人民法院的旗帜引领共同“战疫”，在城区人民心中树立起良好形象，得到区委肯定和赞扬。为保证疫情防控形势下的审判工作不停歇，发布《关于疫情防控期间诉讼服务有关事项倡议书》《疫情防控常态化措施十四条》，通过“互联网 +”工作模式，充分利用电子送达、“云”庭审、“云”调解、线上执行等方式开展办案，智慧赋能、数据跑路，确保司法为民“不掉线”。同心共建诚信社会。承办的“建立健全政务诚信诉讼执行协调机制”，被确定为市级改革创新事项，通过数据共享机制，形成多部门、多手段，联合对行政机关、事业单位、国有企业、村委会等四类主体失信被执行人，进行信用惩戒。持续加大强制执行力度，兑现胜诉当事人合法权益，推进诚信社会建设。全年受理执行案件 1787 件，结案 1531 件，结案率 85.67%，执行到位标的 5.61 亿元。有财产可供执行案件在法定期限内实际执结率达 99.4%，无财产可供执行案件终本合格率达 100%。常态化开展信用惩戒，全面查控财产

5000余件次，限制离境和高消费554人次，纳入失信被执行人名单1804人。司法公开网拍171起，成交金额33.16万元。

【站稳人民立场】 保障民生福祉提升获得感。全年受理民商事案件3046件，结案2620件，结案率86.01%。建立社会广泛参与的家事纠纷多元调解机制，维护家庭和睦、社会和谐，审结婚姻家庭、继承等案件229件。发挥商事审判调节社会关系的作用，全面贯彻平等保护不同所有制主体要求，审结合同类纠纷1573件，劳动人事争议纠纷80件，物权纠纷23件，侵权责任纠纷321件。经最高人民法院批准，自5月1日起，集中管辖全市标的额为500万元以下的第一审知识产权民事、行政案件，审结知识产权案件47件。不断创新工作机制，加大调解工作力度，调解撤诉案件1103件，实现办案法律效果和社会效果的和谐统一。发出首份人身安全保护令，对受到家庭暴力威胁的当事人进行人身安全保护。加强法庭建设提升便捷感。贯彻落实省委办公厅《关于加强全省人民法庭规范化建设的意见》，推动人民法庭规范化建设提质增效。把好“布局”关，打造各具特色亮点法庭。以群众需求为导向，不断优化人民法庭区域布局，着力构建“人民法庭+巡回审判点+法官工作室”“三位一体”司法服务模式，打通司法“末梢神经”，打造“半小时”诉讼服务圈。坚持“一庭一策”，打造“一庭一品”，红莲湖法庭以加强诉源治理助推基层治理，重点关注红莲湖云计算大数据产业园等重点项目，服务现代制造业和现代旅游业，集中管辖恒大及其关联公司案件、劳动争议纠纷案件。临江法庭以服务现代农业、现代物流业助推乡村振兴，关注三江港多式联运物流园、台湾杏福产业生态园、农产品加工园等重点产业，集中管辖道路交通事故损害责任纠纷案件。把好“便民”关，延伸职能参与“共同缔造”。当好法治参谋，开展法治讲堂、民情恳谈等活动倾听群众心声。针对村级印章管理、债务清理、小区物业管理等方面存在的问题，向地方政府及有关部门发出司法建议3份。精准对接群众司法需求，妥善审理婚姻家庭、乡邻纠纷、民间借贷、人身损害赔偿等基层易发多发案件536件，调撤率达55.26%。积极服务乡村振兴战略实施，临江法庭审理胡某等6人诉村组承包地征收补偿费用分配纠纷案，红莲湖法庭当庭调解一起涉诉金额达2300万元的建设工程买卖合同纠纷案件。把好“保障”关，不断夯实基层基础建设。功能齐全、设施完备的红莲湖法庭建成并投入使用，临江法庭基础设施、物质装备得到进一步改善。大力推进“智慧法庭”建设，升级人民法庭网络基础设施，通过湖北微法院、多元调解平台、云上法庭等多平台多渠道，引导当事人网上立案、诉前调解、线上调解、远程开庭，让数据多跑路、群众少跑腿。法庭线上立案263件，在线调解295件，远程庭审137件，电子送达5100人次。解决急难愁盼提升满意度。推动“一下三民”实践活动走深走实，坚持应下尽下，结合共同缔造、乡村振兴、“双千”活动、文明典范城市创建等，班子成员带领在职党员干警下沉一线，深入群众听民声访民情察民意，关注企业和群众“急难愁盼”问题，摸清群众愿望诉求，收集民情民意民愿，搜集群众诉求26条，市场主体建议15条，排查出风险隐患6件。根据市场主体需求，在市中院葛店开发区人民法庭挂牌成立全省首个涉企案件巡回审判点，为辖区企业提供更方便的巡回审判、法律咨询、法治宣讲等司法服务。开展法官联系重点企业活动，协调解决企业生产、经营、建设中的困难和问题20余个。围绕群众关心的法律问题，开展防养老诈骗、妇女儿童权益保护等宣讲12次，为群众释疑解惑，引导群众依法维护自身权益，把服务群众落到实处。

临江法庭开展法治教育进学校活动

【锻造过硬队伍】 举旗定向强化政治建设。坚持以习近平新时代中国特色社会主义思想为指导，深刻领悟“两个确立”的决定性意义，不断增强“四个意识”、坚定“四个自信”、做到“两个维护”。把学习宣传贯彻党的二十大精神作为当前和今后一个时期首要政治任务，召开党组会、党组理论学习中心组集体学习会、支部主题党日专题学习党的二十大精神，组织党员、青年干警撰写心得体会、交流发言，通过深入学习领会，引导干警切实将思想统一到党的二十大精神上来，激起干警坚定信心和磅礴力量，投入到法院各项工作中。深入贯彻落实《中国共产党政法工作条例》，严格执行重大事项报告制度，主动向区委报告人民法庭建设、拉练整改、重大敏感案件处理等工作情况。正风肃纪常抓廉政建设。紧紧围绕清廉法院创建，坚定不移把全面从严治党向纵深推进。深入开展党风廉政建设宣教月、司法作风突出问题集中整治等专题教育，坚持在强化和改进作风上持续用力。组织观看《围猎陷阱》等警示教育片，组织干警旁听 3 起职务犯罪案件庭审，引导干警修身守正，筑牢自身防腐拒变的思想防线。持续推进肃清流毒影响整治，营造风清气正的政治生态。持之以恒正风肃纪，从严从实执纪问责，用第二种形态处分干警 1 名，用第一种形态处理干警 5 名。对违纪违规行为或者被上级法院督察通报的干警进行扣分追责，同时纳入公务员平时管理考核和年终绩效考核。固本强基推进能力建设。以拉练整改为契机，不断加强审判业务建设，着力提升干警理论水平与业务能力。充分发挥教育培训作用，积极开展新出台法律及司法解释培训，组织干警参加“法官大讲堂”、华容区“政法大讲堂”等业务培训。重视对青年干警培养，研究制定干部队伍建设五年规划，加大对 13 名优秀青年干警培养力度，为青年干警成长“定调子”。落实从优待警政策，全年 12 人次提拔重用、晋升法官等级或晋升职级。开展庭审观摩、优秀庭审和裁判文书评选、精品案件评比、审判执行质效通报等活动，激励干警提高业务素质和技能。在面临重重困难的情况下，案件发改率同比下降 5 个百分点，审判执行质效进一步提升。在案多人少矛盾突出的情况下，奋力实现结案数量大幅提升，获市法院通报表扬。

司　法

2022 年，华容区司法工作坚持以习近平新时代中国特色社会主义思想为指导，深入学习贯彻党的二十大精神，立足“一个统筹，四大职能”职责定位，为全区提供优质高效的法律服务和坚强有力的法治保障。华容区荣获全省优化营商环境改革先行区、全省普法先进单位。

【依法治区】 起草《2022 年依法治区工作要点》，召开区委全面依法治区委员会第四次工作会议，成立华容区社区矫正委员会，稳步推进行政复议体制改革。全年清理区政府规章、规范性文件 109 件，出具重大行政决策合法性审查意见书 28 份，办理行政复议 5 件，代理区政府出庭应诉 10 件。完成全区行政执法人员的证件换发工作，每月开展行政执法案卷评查工作，评查行政执法案卷 27 份，选送 6 份案卷参与市局评查。

【法治政府建设】 在全市率先启动政务服务标准化建设，26个职能部门事项纳入区政务服务中心综窗办理，政务服务“一张网”实现区镇村三级全覆盖。全区事项总体承诺时限较法定时限压缩80%，“最多跑一次比例”事项达100%，真正实现政务服务“只进一门”。加快推动电子证照扩大应用领域，上线19项“一事联办”办事主题，全面铺开电子证照签章。

【社会管理创新】 全区组织开展矛盾纠纷排查258次，排查各类矛盾纠纷695件，调处成功682件，调处成功率98%以上，尤其是9件9人非正常死亡等重大疑难纠纷都得到及时有效调处。开展审前社会调查56件，严格把好“入口关”，依托定位管理系统对53名在册社区矫正对象进行监管，做到无脱管漏管和重新犯罪情况发生。不断加强对刑满释放人员的安置帮扶，全年接受刑释解矫两类人员502名，均得到妥善安置，帮教率达100%。

【公共法律服务】 全年办理法律援助案件86件，咨询总数524人次，为受援人挽回各类经济损失170余万元，实现“应援尽援、应援优援”。推动“互联网＋公共法律服务”，投资15万余元为区公共法律服务中心（站）配备6台公共法律服务智能桌面设备，整合优化服务资源，实现线上线下融合服务。77个村15名驻村法律顾问举办法治讲座62场，参与调解纠纷503件，审查合同259份。

5月24日，华容区司法局开展“诚信为本，守法经营”主题普法宣传活动

【普法依法治理】 利用重要时间节点开展法治宣传活动70余场次，投资30余万元在段店镇百席村、中咀村打造法治文化阵地2个，在全区范围内培育“法律明白人”205名、“农村学法用法示范户”56户，为全区32所中小学配备法治副校长。营造了良好法治舆论氛围，全年发放各类宣传手册18万余份，接受法律咨询2.33余万人次，争取财政资金36余万元，在百席村、中咀村两个全国民主法治示范村打造完成法治文化广场。

【优化营商环境】 开展法治化营商环境专项督查行动，推进“新官不理旧账”治理。深入推进公平竞争审查政策实施，建立包容审慎“两轻两免”清单。积极开展升级版“双千”活动，帮助企业解决资金、电力、物流等问题130余件。“涉企行政执法案件经济影响评估制度”“说理式执法”等多项改革项目，入选全省优化营商环境改革先行区名单。全力开展“华容区探索涉企行政执法案件经济影响评估制度”省级优化营商环境先行区创建。

群团组织

总 工 会

2022年，华容区工会工作在区委区政府的坚强领导下，始终坚持以习近平新时代中国特色社会主义思想为指导，学习宣传贯彻党的二十大精神，围绕中心、服务大局，不断改进作风、主动谋划，积极建会、务实建家，主动担当、尽职尽责，增强工会凝聚力，圆满完成了年度各项工作任务。

【弘扬劳模精神】 组织开展优秀职工和技术工人省内疗休养活动，84人分两批赴神农架参加5天4晚的疗养行程，得到广大职工的好评，取得良好的社会效应。全总召开大会热烈庆祝“五一”国际劳动节，枫树线业公司职工姜亚娟荣获“全国五一劳动奖章”。在省五一奖状和省工人先锋号的评选中，鸿泰钢铁公司和华中数控鄂州公司分别获得“湖北省五一劳动奖状”和“湖北省工人先锋号”荣誉。湖北枫树线业公司倍捻值车工袁兰芳荣获“湖北产业工匠人才”称号。华容镇总工会和鄂州富晶电子公司工会主席王贤赟分别荣获全省“安康杯”先进单位和优秀个人。启动市级劳动模范、先进工作者摸底清理和违法违纪情况审查工作，对全区39名劳模是否存在违法违纪问题和违规享受劳模待遇问题进行清查。

【优化营商环境】 支持企业健康发展，扎实做好“六稳”工作，全面落实“六保”任务，区总工会返还15家小微企业工会经费5.28万元。扎实开展“职工爱心消费助农兴农，促进乡村振兴与共同富裕”活动，组织广大职工购买脱贫地区农副产品129.6万元。充分发挥集体协商制度在构建和谐劳动关系方面的基础性作用，指导协助14家企业签订工资集体协商专项集体合同，其中华姐社会工作服务中心工会作为全区集体协商典型培育单位，在全区第二届职工代表大会上审议并通过《华姐社会工作服务中心集体合同》等“1+3”四项合同。

【劳动技能竞赛】 7月1日，在区图书馆举行“建功十四五·奋进新征程”2022年华容区职工非遗剪纸大赛暨“安康杯”竞赛启动式，70名选手参加活动，现场评出金剪刀奖1名、银剪刀奖3名、铜剪刀奖6名、优秀奖20名。在非公企业中开展以班组、车间为单位的岗位技能竞赛，有力促进了职工素质的提升、企业的和谐发展。湖北枫树线业有限公司、鄂州富晶电子有限公司连续五年开展劳动竞赛，培养了一大批优秀技术骨干。

【阵地建设】 筹资22万余元，新建110平方米的湖北丽美药用包装有限公司“职工书屋”，充分发挥组织、教育、引导、服务职工的阵地作用。筹资 2 万元，与“共同缔造”试点华容镇楚藩社区按照联合建、补助建的方式，新建两个微阵地。建立户外职工爱心驿站，购买冰柜免费为交警、环卫工人、志愿者等一线工作人员提供矿泉水和饮料，授牌建立职工书屋，更新书柜设备，购买新书 500 余册。

区总工会设置“华容大姐”爱心驿站

【干部培训】 深入贯彻省十二次党代会决策部署，进一步适应工会工作新要求，切实提高机关、事业单位贯彻落实中央八项规定精神和省委市委实施办法执行力，确保财政资金和工会经费合法合规使用。6 月 17 日，举办全区基层工会干部培训班，会议邀请市总工会财资部、区纪委、区财政局相关负责人，就严格执行中央八项规定精神、职工爱心消费扶贫政策解读和基层工会经费管理使用等内容授课，乡镇、区直机关事业单位及重点企业工会干部 110 人参与学习。

【帮扶慰问】 开展“暖心五送”活动，为留在鄂州过年的在岗务工人员送年货礼包、送防疫物资、送团圆年饭、送爱心流量，送温馨电影。为鄂州鸿泰钢铁有限公司、湖北三和管桩有限公司和台湾杏福农业生态园留守在一线 150 余名职工送去年饭 16 桌。全区发放年货礼包 210 份，电影票 300 张。春节前夕，走访慰问区城管大队城管环卫困难职工，鄂州鸿泰钢铁、湖北枫树线业、鄂州富晶电子、湖北强森魔芋等公司困难职工代表和劳模代表，为他们送去新春祝福。全年慰问各类困难职工和劳模代表 164 人 14.4 万元。开展单亲女职工慰问活动，“六一”前夕，慰问枫树线业、富晶电子、强森魔芋等 4 家企业及学校单亲困难女职工 7 人，送去 2100 元慰问金和价值 1400 元学习用品。开展“送清凉”活动，筹资 7.4 万元购买防暑降温物资送到 24 家区直一线单位、重点企业、重点项目和高速路口防疫卡点。开展“金秋助学”活动，助力 16 名困难职工子女圆梦大学校园，发放助学慰问金 5.5 万元。完成武汉城市圈职工医疗互助申报工作，全区 47 家单位、中小学和卫生院完成缴费，1256 名职工网上申报。

共 青 团

2022 年，华容区共青团工作在区委区政府的坚强领导下，在上级团委的精心指导下，坚持聚焦思想引领，围绕中心、服务大局、志愿服务、群团改革等重要领域，进一步统一思想、开拓创新，充分发挥共青团组织的助手作用，努力开展共青团工作新局面。

【聚焦思想引领】 举办中学青少年马克思主义培养工程培训班。组织胡林中学新团员在毛主席视察临江纪念馆举行集中入团仪式，提升青少年团员的荣誉感与使命感。组织全区青年宣讲团、“红领巾巡讲团”开展党史学习教育和党的二十大精神宣讲 50 余场，覆盖学校、村（社区）、企业。在全区青年、团员、少先队员中组织学习“青年大学习”网上主题团课、“红领巾爱学习”短视频主题队课等思政文化课，参学率位处全市前列。

【围绕中心大局】 组织动员全区各级团组织成立 10 余支青年突击队，积极参与政策宣传、入户摸排、疫苗接种、卡口值守等工作。积极对上争取将因染疫导致困境人员子女纳入“希望护航关爱行动”，对其提供长期定向关爱帮扶。出台《华容区深化社区（村）青春行动计划助力美好环境与幸福生活共同缔造活动实施方案》，以韩畈村、华容社区为试点，开展“青力缔造”。指导返乡创业青年申报省“新农人”“青创贷”项目。联合人社、财政等部门推动项目落地见效，为创业青年提供贷款 7 笔 122 万元创业就业支持。

【服务青少年】 举办青少年“希望家园”暑期班。广泛吸纳团员青年、“返家乡”大学生参与“暑期希望家园”活动，全年招募大学生志愿者们和“返家乡”志愿者 130 余名，覆盖 11 所学校，组织全区 700 余名留守儿童开展课业辅导、安全自护、防溺水知识宣讲、心理辅导等活动。定期开展“双结双促·情暖四季”关爱留守儿童主题活动。通过“希望工程”“中建三局助学活动”“希望工程圆梦行动”等助学基金筹款 14 万余元，帮助困难青少年 130 余人，通过“九九公益日”为困难留守儿童筹集 47 个“微心愿”礼包。结合全年重点时间节点，开展系列的志愿服务活动 20 余场，组织青年志愿者开展常态化疫情防控、保护母亲河、青少年普法系列志愿服务活动 30 余场。以团结、引导、服务青年为工作立足点，关心青年婚恋交友，利用“520”、七夕等节日，组织开展青年交友联谊活动，每月举办青年读书分享会提升青年文化素养。组织单位和个人参加全省全市共青团系统评优活动，全区 10 余名少先队员、少先队辅导员和少先队大队荣获全市年度优秀少先队员、优秀少先队辅导员和优秀少先队集体，4 名优秀少先队员获得省级红领巾奖章四星章，华容镇实验小学获得全省四星章集体中队，多名优秀团员团干和多个优秀团支部荣获市级荣誉，1 名优秀团干荣获省级荣誉。

“华动青春·缘在杏福”葛华青年交友联谊会活动

【强化自身建设】 以全省县域共青团基层组织改革试点为契机，扎实落实改革清单，提升团组织战斗力。加强专职团干部队伍建设，聘用青少年事务社工 2 名，聘请区少先队总辅导员一名。推动《党建带团建工作要点》落地落细。全年发展学生团员 215 人。电子团员档案实现应建尽建。完成“智慧团建”系统的数据清理、学社衔接、支部整顿工作。落实团干部双重管理制度，下发《关于进一步加强团干部配备管理工作的通知》，加强基层团干部管理。紧扣全区党风廉政宣教月实施方案开展活动。组织开展“廉洁文化进校园，清风正气润童心”主题教育系列活动，通过主题队会话廉洁、廉政黑板报、廉洁书画等方式宣传廉洁文化。

妇　联

2022 年，华容区妇联深入学习贯彻落实党的十九届历次全会和党的二十大精神，围绕区委区政府中心工作，充分发挥桥梁和纽带作用，紧盯“政府所急、妇女所需、妇联所能”，深入开展关爱帮扶、维护妇女儿童合法权益活动，持续助力妇女创业创新。突出家庭家教家风建设，推动形成家庭文明风尚。强化妇女组织建设和阵地建设，使妇联组织真正成为“坚强阵地”“温暖之家”。

【组织建设】 坚持以党建带妇建，不断强“三性”去“四化”。稳步推进基层妇女人才体系建设，2022 年初全区乡镇村（社区）全部完成基层妇联组织换届，妇女组织注入了新活力。全区村“两委”中女性96人，9名女性当选村级党组织书记，占比达到12%。强力拓展阵地。新建4家妇女儿童之家。组织开展选优树模活动，注重培树模范妇女典型和优秀巾帼志愿组织，全区涌现一大批优秀典型女性，华容镇韩畈村党支部书记、妇联主席万利军被评为“全国巾帼建功标兵”，区退役军人事务局副局长汪红桂被评为省“三八红旗手”；芦洲村副书记、妇联主席柯爱云，枫树线业有限公司女工吕利平再获省“最美巾帼奋斗者”，华容区实验小学被评为“全省巾帼建功先进集体”；区检察院龚晓梅家庭被评为2022年“全国五好家庭”，华容镇实验小学王芳家庭、段店镇任春香等5个家庭荣获2021—2022年“鄂州最美家庭”称号，庙岭镇李慧敏家庭、杨兰家庭等11户家庭获鄂州最美家庭提名奖，华容镇廖福生家庭、临江廖佳星等10户家庭分获区级“文明家庭”“最美家庭”。同时，区级还推评10户“清廉家庭”，形成“培育一个、带动一批、影响一片”的辐射效应，不断激发了广大妇女干事创业的蓬勃热情。

【思想引领】 始终高举习近平新时代中国特色社会主义思想伟大旗帜，强化思想政治建设，讲政治、守规矩，强能力、硬作风，不断凝聚听党话、感党恩、跟党走的强大妇女力量。深入开展党的理论宣讲。组建全区妇联系统巾帼宣讲队，组织优秀妇女代表、各乡镇、村妇联主席、妇联执委，深入开展党的十九届六中全会、党的二十大、习近平总书记考察湖北重要讲话精神和省十二次党代会精神宣讲，开展党的创新理论宣讲等主题宣传教育活动20余场，广泛凝聚了妇女思想。多形态开展学习教育。全年组织开展“巾帼心向党·喜迎二十大”“喜迎二十大，精彩她'奋斗”“我奋斗家国美”故事汇等主题活动宣讲、庆祝“三八”国际劳动妇女节、“书香润德”、读书分享会、诵读会等系列活动40余场次。

【服务发展】 组织全区妇联系统开展“美丽庭院”创建活动，在全区推评50户“美丽庭院”，通过“美丽庭院晒一晒”，引导巾帼志愿者、妇女群众通过美化庭院积极参与房前屋后、村居环境整治等活动，努力推动“共同缔造”和“幸福家园姐妹共建”走深走实。广泛组织开展爱国卫生运动、文明典范城市创建、垃圾分类等活动，促进形成广大妇女群众积极参与美好环境与幸福生活共同缔造的良好局面。助力耕地弃耕撂荒整治，引导广大家庭节粮兴粮，筑牢粮食安全的全民防线，组织开展“巾帼兴粮节粮”行动，倡导“光盘行动”，开展爱粮节粮、绿色健康生活宣传，发放节粮宣传单。组织开展“妈妈民艺”、手机短视频拍摄、手工发卡制作等培训，帮助农村留守妇女掌握手工技能，助力妇女群众就近就业、自主创业。开展“乡村振兴 巾帼赋能”妇女能力提升活动，内容涵盖理论学习、读书分享、兴趣培养等内容，服务妇女群众900余人次。

【关爱维权】 开展困难妇女走访慰问关爱活动89人3.77万元，走访慰问51名困境留守儿童，送去慰问金1.53万元；开展“把爱带回家——送法到家 让孩子健康成长”2022寒假儿童关爱服务活动和“爱心妈妈”结对帮扶走访关爱活动。组织实施“让爱留守你我同行”关爱农村留守困境家庭公益项目，开展实用技能培训、亲子关爱陪伴、兴趣培养、暑期辅导、节日关爱等活动14场，为500名儿童和家庭送去温暖关爱。关注青少年心理健康，为华容中学、胡林中学、段店中学、庙岭中学和蒲团中学5所学校504名女生送上青春期心理建设课程；对接湖北航空技术学校需求，为80名师生送去心理健康培训课堂。扎实开展婚调工作，保障妇女儿童权益。坚持有案必调、调解在前。针对重点案件中的重点弱势群体，跟踪案件进展，及时关注维护妇女儿童权益。深入开展特殊困难群体摸排和矛盾化解维稳工作。组织开展综合婚姻家庭矛盾排查和困境留守妇女儿童及特殊群体情况摸排统计，对重要风险隐患人群实行包保到人，对重点个案跟踪关注。强化线上线下法治宣传教育。将禁毒、网络安全、儿童安全自护、防诈骗、家庭矛盾调解讲座等法治宣传，常态化嵌入进农村、进社区、进学校，不断提高广大妇女群众、未成年人法治意识和能力。

【家风家教】 深入开展清廉家庭建设“六大行动”，开展“树清廉家风·创最美家庭”家庭助廉活动，选树推评清廉家庭，开展家风传承和清廉家庭助廉活动40余场，引导全区广大家庭崇廉倡廉、学廉践廉。实施“家庭家教家风”项目。开展农村困境智障和心理问题儿童走访探视，跟踪了解情况，开展一对一跟踪帮扶心理疏导，在全区开展30人的具体个案咨询，跟踪走访120人次，结合个案探访开展15场家风培育和宣讲活动，形成关爱、教育、帮扶、指导、宣讲一体机制。切实做好困境心理问题儿童、妇女和家庭教育帮扶和心理疏导工作。做好家庭文明建设宣传。线上持续推出“家庭教育促进法系列解读”“家爱学院”家庭教育公益讲座学习，线下组织开展“喜迎二十大·家风代代传——我的家风故事”征集和“万户家庭讲家风故事”音视频拍摄工作，征集家风征文243篇，音频16篇；邀请市家庭教育指导师进村湾、进社区、进学校开展家庭教育指导帮助。

举办“家风故事分享会”系列活动

【模范人物及单位】

姓名	所在单位	职务	颁奖单位	荣誉称号
龚晓梅	区检察院		全国妇联	全国五好家庭
万利军	华容镇韩畈村	党支部书记、村妇联主席	全国妇联	全国巾帼建功标兵
汪红桂	区退役军人事务局	副局长，区妇联执委	省妇联	全省三八红旗手
柯爱云	临江乡芦洲村	党支部委员、村委会副主任、妇联主席	省妇联	全省最美巾帼奋斗者
吕利平	湖北枫树线业有限公司	细纱值车工	省妇联	全省最美巾帼奋斗者
华容实验小学	华容镇		省城乡妇女岗位建功活动领导小组	全省巾帼建功先进集体

工　商　联

2022年，华容区工商联在区委区政府的坚强领导下，在市工商联和区委统战部的精心指导和各有关部门的支持和配合下，坚持以习近平新时代中国特色社会主义思想为指导，以迎接、学习、宣传、贯彻党的二十大为主线，紧扣“两个健康”，充分发挥党和政府联系民营经济人士的桥梁和纽带作用，围绕中心、服务大局，不断开创工商联事业发展新局面。

【政治建设】 着力加强思想政治建设，把深入贯彻落实习近平新时代中国特色社会主义思想作为首要政治任务，深化民营经济人士理想信念教育。认真学习贯彻党的十九届历次全会及党的二十大精神，组织开展2次民营企业“法律知识培训暨商会大讲堂”学习宣讲活动，50余人次参加徐达明纪念馆和湖北大别山革命传统红色基地现场教学，开展工商联系统党员干部和广大民营经济人士线下培训学习3次，不断提高工商界人士政治判断力、政治领悟力、政治执行力，坚定基本经济制度、“两个毫不动摇”、促进“两个健康”等大政方针长期不变的信心。

【民企服务】　积极为企业纾困解难，深化涉企政府部门联系合作，与区人社局开展“春风行动”就业服务和招聘活动，精准服务企业用工需求，构建和谐劳动关系。为校企联动搭建桥梁，协助深化湖北航空技术学校、鄂州大学与丽美包装、中都建材、华中数控等企业校企对接合作，为民营经济持续健康发展、创新转型发展提供全覆盖的要素保障、全链条的精准服务。加强与民营经济人士的联系服务，开展“民企大走访、同心促发展”暖企活动，邀请省联投、武汉东湖高新红莲湖项目、交投集团三江港公司负责人，实地考察三和管桩、华恒景利建材、永祥新型建材、中都、砼安绿色建材等企业，为区内经济良性循环提供了良好条件。下沉企业开展“一下三民心”实践活动，组织辖区内电子及塑料行业相关上下游企业负责人彼此到相关企业实地考察交流。枫树线业、联腾电子、富奈塑业、其容科技、华中数控和彤诺电子等企业，实地了解企业工艺流程和运行情况并座谈，对企业合作、降低成本和产业发展等相关问题交流探讨，共谋合作发展，部分企业现场达成合作意向。

【优化环境】　持续助推优化民营经济发展环境。印刷惠企政策100余册，全面宣传贯彻落实区委区政府持续优化营商环境的重大政策举措，进一步建立健全区委统战部全体干部职工联系重点民营企业、商会机制，收集并解决企业发展中面临的困难和发展建议12条。加强政企沟通，深化“亲清”新型政商关系座谈会长效机制，组织2次企业家座谈会，面对面听取企业家的意见建议，现场为企业纾困解难。按照“四有”标准推进区非公有制企业投诉服务中心规范化建设，进一步提升企业知晓率，全区注册量1800余家，全年受理企业诉求6件并及时转办回复。

【履行社会责任】　积极推进“光彩事业”，引导和支持广大民营经济人士切实投身社会公益事业和光彩事业，履行社会责任。开展“金秋助学”行动。疫情防控期间，全区民营企业积极响应号召，纷纷捐款捐物，3家企业捐款7000元资助6名困难中小学生点亮贫困学子梦想；10家企业捐赠防疫物资200余万元，支持一线抗疫；2家企业给福利院、社会弱势群体送去春节爱心物资。

民企捐赠价值200万元物资助力疫情防控

【清廉民企建设】　着力加强法治教育和清廉民企建设。以建设清廉民企为抓手，不断加强民营企业的清廉文化教育，推动民营企业强化清廉文化教育培训，提升企业高管和企业职工的责任意识、廉洁意识，引导民营企业合法经营，守住不行贿、不欠薪、不逃税、不侵权、不逃废债的底线。联合区发改局打造湖北枫树线业、三和管桩、区城投等清廉企业示范点3个，与区检察院、区司法局、区公安分局和区法院4家单位建立沟通联系机制，持续开展法律三进、民营企业法治体检等活动，促进企业清廉健康发展。

【组织建设】　深化工商联所属商会改革发展，持续推进工商联所属商会建设，完善党建指导员机制，开展党建工作常态化督察，推动临江乡和蒲团乡2个乡镇商会完成登记。在湖北华恒景利建材有限公司、鄂州市志超生态农业科技有限公司成立华容区新的社会阶层人士实践创新基地、私营企业人士之家和非公经济人士之家，创新活动载体，扩大会员覆盖面，为企业交流互通、发展共赢提供舞台。

【参政议政】 促进民营经济人士健康成长，聚焦区委区政府高度重视、民营企业普遍关切的重大问题，发挥民营经济代表人士“智库”作用，引导民营经济人士积极参政议政，指导工商界人大代表和政协委员加强和改进重点调研、重大建言、人大建议、政协提案、参与立法、信息专报和反映社情民意信息工作，全年提出建设性提案、议案 20 余件。支持工商联执委担任各部门行政、司法监督员，助力党政机关进一步改进工作作风、提高服务质量，不断优化营商环境。

侨　联

2022 年，华容区侨联在区委区政府的坚强领导下，在市侨联的关心指导下，坚持以习近平新时代中国特色社会主义思想为指导，深入学习习近平总书记关于侨务工作重要论述和要求，把握正确的政治方向，牢牢把握凝聚侨心侨力同圆共享中国梦这个主题，紧紧围绕全区发展大局和中心工作，坚持“以侨为本、为侨服务”工作原则，最广泛地团结、引领和服务广大归侨侨眷和海外侨胞，紧跟新时代、展现新作为，努力开拓侨务工作新局面。

全区现有华人华侨 66 人、留学生 14 人。主要分布在美国、德国、新加坡、澳大利亚、加拿大、法国、日本、英国等国家和地区，主要从事教育、科研、翻译、经商等工作。全区有归侨 1 人、侨眷 83 人。

【侨联换届】 华容区第二次归侨侨眷代表大会于 11 月 8 日顺利召开，大会选举产生了区侨联第二届委员会委员、常务委员及 4 名班子成员。大会审议并通过冷胜勇同志代表华容区侨联第一届委员会所作的工作报告，会议号召全区各级侨联和广大归侨侨眷勠力同心，为建设现代化滨江临港产业生态新城、实现中华民族伟大复兴作出侨界新的更大贡献。

【温暖侨心】 认真开展为侨服务工作，春节、端午、中秋等传统节假日期间开展走访慰问，关心关爱全区重点归侨侨眷家庭。增强与归侨侨眷之间的联系与沟通，不定期对归侨侨眷上门走访，营造良好的尊侨爱侨、依法护侨氛围。美国华侨赵小燕博士奶奶去世，其父亲和她本人在美来不及回国，区侨联一行到华容镇杨田村看望其家属，并送上慰问金。

【爱心义诊】 10 月 17 日起，“侨爱心 · 光明行”惠民性公益项目走进各乡镇，由鄂州市爱尔眼科医院组织专业团队为全区群众提供免费眼科检查服务，为困难眼疾患者实施免费白内障手术，帮助更多困难眼病患者重见光明。“侨爱心 · 光明行”开展爱心义诊 59 场，义诊 971 人，免费白内障手术 3 台。

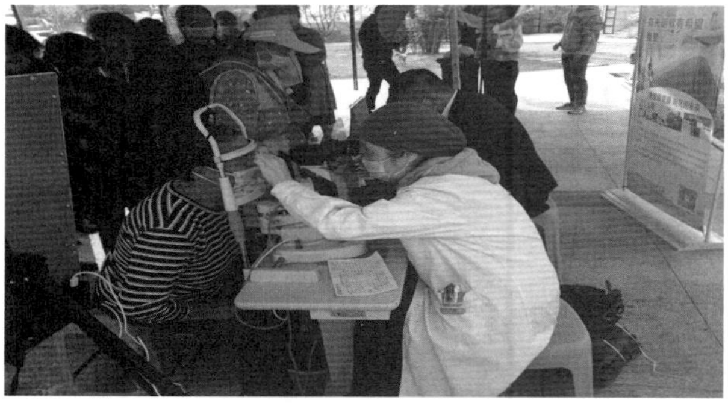

“侨爱心 · 光明行”在华容社区开展眼科义诊

【再获佳绩】 第 22 届世界华人学生作文大赛华容高中 8 名学生获奖，其中，获一等奖 1 人、二等奖 3 人、三等奖 4 人，6 名老师获优秀指导奖，区侨联为获奖同学送去购书卡，鼓励他们不断加强阅读与写作，全面提升语文及综合素养。区侨联联合华容高中将继续组织学生参加第 23 届世界华人学生作文大赛，向世界阐释推介更多具有中国特色、体现中国精神、蕴藏中国智慧的优秀文化，持续讲好华容故事，传播好华容声音。

【侨法宣传】 积极营造浓烈宣传氛围，结合春节、端午、中秋、“侨爱心·光明行”等活动，加强侨法知识宣传，发放《中华人民共和国归侨侨眷权益保护法》宣传手册，在“华容区侨之家”微信群推送涉侨政策法规知识。10月底，在全区开展侨情调查，联合基层统战人员、村委（社区）干部到村、小区实地摸排，并做好重点人士的材料收集、整理、归档，加强与新移民、出国人员与其亲属的联系，完善区侨情资料库，确保全区侨情资料、数据更加真实、准确、全面，为开展海外联谊和招商引资、招贤引智夯实了基础。

【华创会和侨之家建设】 完成2021年华创会签约华侨光电产业园新侨科技项目上报，并对2022年参加华创会的涉侨企业及人才项目进行摸底。华容镇楚藩社区侨之家完成复评结果报告工作，并通过省侨联考评工作组检查。

残　联

2022年，华容区残联坚持以习近平新时代中国特色社会主义思想为指导，深入学习贯彻党的二十大精神和习近平总书记系列重要讲话精神，以各乡镇为依托，认真履行“代表、服务、管理”职能，全区残疾人各项事业迈上新台阶。

【社会救助】 春节期间慰问100户困难残疾人家庭，发放慰问金3万元。做好困难残疾人生活补贴和重度残疾人护理补贴工作，为1646名残疾人发放困难残疾人生活补贴139.62万元，为3263名残疾人发放重度残疾人护理补贴379.08万元。加大扶残助学力度，为12名应届贫困残疾人家庭大学生提供助学金1.45万元。实施“阳光家园”居家托养服务计划，依托第三方社会工作服务中心，为全区50名智力、精神、重度肢体残疾人提供居家上门服务。为2288名丧失劳动能力的残疾人落实医疗保险补贴，为2328名重度残疾人落实养老保险补贴，为符合条件的残疾人办理“爱心公交卡”15张。

【康复服务】 认真贯彻落实残疾儿童康复救助和家庭生活补助制度，先后对85名0—15岁残疾儿童提供康复救助86.77万元、家庭生活补助28.05万元。安排残疾人流动服务专车，为残疾人免费配发轮椅、拐杖、盲杖、助听器等辅助器具107余件（套）。依托5家村（社区）残疾人康复室，为辖区残疾人提供免费、便利训练300余次。开展第23次全国爱耳日宣传活动，发放宣传册100余份，服务200余人次。投入60万元，对全区100名困难重度残疾人家庭和80岁以上持证残疾人进行家庭无障碍改造。

【就业创业】 开展“春风行动”就业宣传活动，积极宣传残疾人就业创业扶持政策，发放宣传单80余份。组织残疾人参加电子商务培训班，21人取得电子商务师（四级）职业技能等级证书。为1名自主创业残疾人发放省级创业扶持资金1万元，为2名自主创业残疾人发放市级创业扶持资金1万元。为19名持职业技能等级证书的残疾人发放技能提升补贴3.8万元。培育残疾人技术能手5名，发放一次性扶持资金1万元。举办残疾人“优质蛋鸡养殖、电子商务及抖音带货”农村实用技术培训班，100名贫困残疾人及其家属参加培训。深入推进残疾人大学生就业创业，组织残疾人、残疾大学生参加“残疾人大学生专

华容区残疾人文化进社区活动之“关爱残疾人·情满中秋节”蒲团乡专场

场直播招聘会”。对 1394 名残疾人开展就业年龄段未就业状况调查，对 5565 名残疾人开展残疾人基本状况调查。加大残疾人就业保障金征收力度，全面推进按比例安排残疾人就业工作。

【文体宣传】 丰富残疾人的精神文化生活，组织开展残疾人“文化进社区”活动 5 场 80 余人，组织 50 名残疾人参加文化进家庭“五个一”（看一本书、看一次电影、游一次园、看一次展览、参加一次文化活动）活动。提升盲人社会参与水平，组织开展第 39 个国际盲人节活动，营造全社会理解、尊重、关心、帮助残疾人的浓厚氛围。选送运动员参加全省第十一届残疾人运动会，姜胜磊取得田径类投掷项目标枪第三名的好成绩。

红十字会

2022 年，华容区红十字会在区委区政府的坚强领导下，在区人大区政协及市红十字会关心帮助和社会各界的大力支持下，以改革为契机，以打造群众身边的红十字会为目标，凝心聚力、攻坚克难，着力推动各项工作高质量发展。

【成立机构】 根据《湖北省红十字会改革方案》（鄂政办发〔2020〕1 号）及市委编委《关于区级红十字会机构编制事项调整的通知》（鄂州编字〔2021〕36 号）精神，5 月华容区红十字会正式成立，落实人员 5 人，其中常务副会长 1 名（会长由区领导兼任）、秘书长 1 名，工作人员 3 名。根据《中华人民共和国红十字会法》《中国红十字会章程》相关要求，区红十字会依法依规积极开展应急救护培训，普及应急救护、防灾避险和卫生健康知识，参与、推动无偿献血、无偿捐献造血干细胞和遗体器官捐献等“三救”核心业务工作，大力弘扬红十字人道、博爱、奉献精神。

【职能工作】 开展“一下三民”实践活动，积极开展“五进”活动，与市红十字会携手武汉亚心总医院、武汉亚洲心脏病医院在全区举办大型义诊。组织开展“为爱导航，关爱贫困、留守儿童快乐健康成长”捐赠活动，落实“关爱失智老人”项目，建设临江乡新港村“博爱家园”项目，不断提高广大市民对“无偿献血、捐献造血干细胞和人体器官捐献”工作的认知和参与度。建立博爱华容微信公众号，印发红十字简讯 25 期，重点宣传红十字特色活动，让更多人了解红十字、走近红十字、加入红十字。全区红十字志愿者从机构改革前的 10 名发展到 1000 余名。

区红十字会深入基层开展关爱失智老人志愿服务活动

开放引进

招商引资

2022年，华容区招商引资工作深入贯彻市委市政府确定的武鄂同城化发展“加速器”发展定位，深入推进相关产业延链补链强链工程，持续“招大引强”“招名引优”。结合县域经济发展，明确葛店华容区域“一体化”发展战略，整合两地“存量”资源，优化资源配置，共创发展“增量”，共谱武鄂同城化、葛华一体发展新篇章。

调整八大产业招商专班，区委区政府主要领导多次带队赴上海、浙江、安徽、深圳、厦门、成都、武汉等地开展招商活动。精心制作华容区招商宣传片，设计印刷投资指南2000本。主动对接参与武鄂同城化发展规划编制，围绕光谷龙头企业扩产转移和配套产业，加强与工信部中小企业经营管理领军人才集成电路产业及应用高级研修五班、武汉市集成电路产业协会联系，共同打造“光芯屏端网”万亿产业集群，成功举办华容区智能制造产业园集中签约仪式。全年全区新签约银联数据中心、未来荟城市综合体等亿元以上项目22个，其中，100亿元项目1个、50亿元以上项目2个、10亿元以上项目4个，签约总金额300.02亿元，圆满完成全年新签约任务，在全市招商引资考核中排名第二。

3月28日，华容区智能制造产业园10个企业集中签约，签约35亿元

2022年度华容区招商引资完成情况表

签约总金额　（亿元）	50亿元（含）以上	10亿~50亿元	100亿元以上	亿元以上
300.02	2	4	1	15

项目建设

2022年，华容区项目建设以“百日会战”“百日攻坚”行动为抓手，加快推进一批重大项目建设。全年新开工亿元以上项目10个，新竣工亿元以上项目9个。

2022 年度华容区新开工亿元以上项目表

序号	项目名称	投资主体	建设地点	总投资
	合计			316.22
1	红莲湖大数据云计算产业园智慧园区新基建项目	湖北联投华容投资有限公司	庙岭镇	3.41
2	华中数字产业创新基地一期	鄂州数云创新建设开发有限公司	庙岭镇	5.50
3	华中智谷	湖北长江三江港区域投资开发有限公司	华容镇	20.00
4	Envision（易美逊）品牌研发及销售项目	武汉金华兴智能系统集成有限公司	庙岭镇	1.00
5	显示结构件及精密模具配套项目	深圳市其荣兴科技有限公司	庙岭镇	1.00
6	安玺岩土工程有限公司总部配套产业项目	湖北安玺岩土工程有限公司	庙岭镇	1.50
7	龙湖·昱光之城商务区	武汉厚德置业发展有限公司	庙岭镇	70.00
8	红莲湖大数据云计算产业园	省联投华容区投资有限公司	庙岭镇	90.00
9	华宇昌泰高端装备式项目	湖北华宇昌泰科技有限公司	华容镇	10.35
10	三江港枢纽集疏运基地	湖北长江三江港区域投资开发有限公司	临江乡	14.20
11	市冷链物流骨干基地项目	湖北长江三江港区域投资开发有限公司	临江乡	10.88
12	三江港智慧能源项目	湖北长江三江港区域投资开发有限公司	临江乡	3.00
13	湖北华侨光电产业园一期新侨科技项目	鄂州华侨科技有限公司	庙岭镇	1.00
14	红莲湖数码城及高科技产业孵化中心二期改扩建	武汉彤翰电子有限公司	庙岭镇	2.00
15	华中数控高端智能装备产业园项目	华中数控鄂州分公司	庙岭镇	5.50
16	枫树纺织科技园	湖北枫树线业有限公司	华容镇	10.00
17	利用城镇污泥及河湖淤泥脱水成型一体化制备净水功能材料技术与装备	鄂州铭创新海生态科技有限公司	段店镇	1.00
18	高性能特种砼材技改项目	华新水泥有限公司	段店镇	1.50
19	湖北长江现代物流产业集聚示范区现代物流园（一期）	湖北长江三江港区域投资开发有限公司	临江乡	13.45
20	船用 LNG 水上加气站建设	湖北富地富江能源科技有限公司	临江乡	3.80
21	湖北交投新材料配送中心	湖北交投致远有限公司鄂州分公司	蒲团乡	1.40
22	三和管桩装配式建筑预制构件	湖北三和管桩有限公司	段店镇	2.20
23	湖北杏福农业台创园文创街	湖北杏福农业开发有限公司	段店镇	2.90
24	湖北现代农业科技创新与集成示范基地	湖北省农科院	蒲团乡	10.00
25	城市配套市政道路一期工程（六条市政道路）	湖北长江三江港区域投资开发有限公司	临江乡	2.65
26	城市配套水系治理一期工程	湖北长江三江港区域投资开发有限公司	临江乡	10.00
27	辉煌大道	红莲湖管委会	庙岭镇	1.10
28	鄂州一类水运口岸	湖北长江三江港区域投资开发有限公司	临江乡	2.34
29	文昌大道（三期）工程	华容区住建局	华容镇	1.25
30	三江大道（鸿泰至孙彭段）改造工程	华容区交通局	华容镇 段店镇	1.58
31	红莲湖新区棚户区三期	红莲湖管委会	庙岭镇	7.15
32	庙岭中学	红莲湖管委会	庙岭镇	1.20
33	铁咀社区	湖北长江三江港区域投资开发有限公司	华容镇	2.36

外贸出口

2022年，华容区外贸出口35087万元，同比增长-8.4%；外贸进口2294万元，同比增长6.3%。

2022年度华容区外贸企业出口情况统计表

序号	企业名称	本年累计（万元）	上年累计（万元）	同比增长 ±%
1	湖北枫树线业有限公司	20601	23887	-13.8
2	湖北强森魔芋科技有限公司	3994	4392	-9.1
3	彤诺电子鄂州有限公司	10015	9198	8.9
4	湖北华众建设有限公司	19	610	-96.9

经济综合管理

宏观经济管理

2022年，华容区在市委市政府的坚强领导下，坚持以习近平新时代中国特色社会主义思想为指导，积极应对中长期结构性转型与短期稳增长、控风险的多重挑战，坚持创新驱动发展，积极构建新发展格局，全面完成年度各项工作目标任务，实现“十四五”良好开局。

【宏观经济】 全年实现地区生产总值153.41亿元；完成财政总收入10.43亿元；累计完成固定资产投资114.7亿元，同比增长52.78%。完成规上工业产值285.89亿元，同比增长7.95%；完成技改投资15.69亿，同比增长41.47%；完成新（小）进规工业企业7家；完成限上社零额10027.1万元，同比增长23.38%。主要经济指标增速均达到或超过全市平均水平。县域经济高质量发展综合评价取得历史最好成绩，位列全省23个一类县市区第11位，较上年度跃升8位。葛店镇、庙岭镇、华容镇蝉联“全国综合实力千强镇”。新增高新技术企业19家、科技型中小企业56家，省级“院士专家工作站”达到9家。华中数控荣获全省科技型中小企业创新奖，胜利软管、恒福节能等5家企业上榜专精特新“小巨人”。全面兑现落实中央和省市一揽子稳经济政策和接续措施，办理留抵退税1.46亿元、缓税1.32亿元。制定出台《华容区助力企业纾困解难 促进县域经济高质量发展的办法（试行）》，安排1.2亿元资金助企纾困解难。签约银联数据中心等22个亿元以上项目，总投资300亿元。新开工综合智慧能源等亿元以上项目24个，实施富晶电子等技改项目25个，华宇昌泰等7个项目竣工投产。新（小）进规工业企业7家。三江港一类水运口岸通过省级预验收。鄂东煤产品交易国际贸易中心（湖北）揭牌投运。鸿泰钢铁入选2022年度湖北民营企业100强。彤诺电子入选全省制造业单项冠军企业，华中数控智能高速五轴数控机床入选全省制造业单项冠军产品。天和机械、华中数控认定为省级“两化融合”试点示范企业。

未来荟城市综合体未来城开工建设

【工业经济】 工业经济稳步提升。全年全区规模以上工业产值实现285.89亿，同比增长9.09%；完成工业技改投资16.15亿元，同比增长

56.05%。实施产业转型升级。聚焦传统产业转型升级，扎实推进“技改提能、制造焕新”行动，积极推动钢铁、建材等传统产业向智能化、绿色化、高端化方向转型升级，实施鸿泰钢铁绿色工厂、华新水泥高性能特种砼材、枫树线业高品质纱线生产线等工业技改项目33个。积极引导分布零散的传统建材企业向园区集聚。支持三和管桩、华宇昌泰等企业以智能自动化引领建材行业转型升级，支持丽美药包等软管企业抱团发展、做大做强。大力实施中小企业成长工程，拟新（小）进规企业7家。创新能级持续提升。充分发挥毗邻武汉科技创新中心资源优势，积极引进战略性创新平台，持续深化“产学研”合作，鼓励富晶电子、枫树线业、华中数控、彤诺电子等骨干企业开展关键核心技术攻关，积极引导企业走“专精特新”创新发展之路，获批省级专精特新企业5家，培育专精特新中小企业申报6家。做大做强数字经济。深入实施数字经济引领工程，聚焦工业互联网、5G、人工智能、区块链、北斗等数字经济前沿领域，以光谷东数字经济产业园为载体，大力推进数字产业聚集，着力打造全省数字产业化引领区。聚焦产业数字化，大力实施“上云、用数、赋智”行动，推动企业数字化转型和“两化融合”试点示范企业持续递增。

【商贸流通】 全年全区限额以上消费品零售额10027万元，同比增长23.4%。分消费类型，批发零售额13692万元，同比增长-5.3%；住宿餐饮额4676万元，同比增长4.94%，其中，餐费收入3136.3万元、同比增长36.8%，商品销售额198.1万元、同比增长-55.8%。外贸出口35087万元，同比增长-8.4%；外贸进口2294万元，同比增长6.3%。

【科学技术】 深入学习贯彻党的十九届六中全会和党的二十大精神，全面学习领会习近平总书记考察湖北讲话精神，坚定创新驱动发展战略，紧扣目标任务，加压奋进，科创能力显著提升，科创成果加速转化，科创主体不断壮大，科创生态持续向好。全区规上高新技术产业增加值3.7亿元，同比增长64.8%；高新技术企业发展到37家，培育科技型中小企业111家，均较2021年翻了一番；规上工业企业建设研发机构26家，省级“院士专家工作站”达到9家，技术合同成交额达8.83亿元，争取国家和省市科技项目资金1520万元。彤诺电子、华中数控等5家企业通过湖北省专精特新“小巨人”企业认定；枫树线业、爱邦辐照等一批企业与武汉纺织大学、华中科技大学深入开展校企合作，实现科技成果高效转化。

华容区高新技术企业名单

序号	单位名称	证书编号	认定时间	所在乡镇
1	理工光大造船鄂州股份有限公司	GR202042000522	2020	临江乡
2	湖北万祺新型材料有限公司	GR202042004813	2020	蒲团乡
3	湖北万硕新型材料有限公司	GR202042003592	2020	庙岭镇
4	湖北鑫吉药用包装股份有限公司	GR202042003489	2020	段店镇
5	武汉华中数控鄂州有限公司	GR202042003167	2020	庙岭镇
6	湖北奔阳汽车零部件有限公司	GR202042004491	2020	庙岭镇
7	湖北天和机械有限公司	GR202042002239	2020	蒲团乡
8	鄂州市乐猪农牧机械制造有限公司	GR202142002064	2021	华容镇
9	武汉爱邦高能技术有限公司	GR202142002277	2021	庙岭镇

续表

序号	单位名称	证书编号	认定时间	所在乡镇
10	湖北丽美药用包装有限公司	GR202142001759	2021	段店镇
11	鄂州市胜利软管股份有限公司	GR202142001341	2021	段店镇
12	彤诺电子鄂州有限公司	GR202142002314	2021	庙岭镇
13	武汉粤成环保通风设备股份有限公司	GR202142005985	2021	庙岭镇
14	湖北华恒景利建材有限公司	GR202142002308	2021	华容镇
15	湖北枫树线业有限公司	GR202142002841	2021	华容镇
16	湖北博悦佳实业有限公司	GR202142003177	2021	庙岭镇
17	湖北尚彩新材料科技有限公司	GR202142005204	2021	段店镇
18	湖北交投致远新材科技有限公司	GR202142006405	2021	临江乡
19	鄂州市国伟建材有限责任公司	GR202242000560	2022	段店镇
20	鄂州品泓生物科技有限公司	GR202242001054	2022	蒲团乡
21	武汉新天地塑木包装有限公司	GR202242001152	2022	庙岭镇
22	鄂州三江东顺船业有限公司	GR202242001171	2022	段店镇
23	湖北永祥新型建材有限公司	GR202242001215	2022	华容镇
24	鄂州三江港宏文包装有限公司	GR202242001349	2022	段店镇
25	湖北恒福节能科技有限公司	GR202242002115	2022	华容镇
26	湖北富奈塑业有限公司	GR202242003030	2022	华容镇
27	湖北鑫融工贸有限公司	GR202242003982	2022	庙岭镇
28	武汉新方正塑业股份有限公司	GR202242003997	2022	庙岭镇
29	武汉敏锐机械有限公司	GR202242004058	2022	华容镇
30	湖北鸿茂矿渣微粉有限公司	GR202242004083	2022	华容镇
31	湖北前川金属制品有限公司	GR202242004228	2022	庙岭镇
32	湖北汉唐电力器材有限公司	GR202242004954	2022	华容镇
33	鄂州市华龙塑业有限公司	GR202242005932	2022	段店镇
34	湖北再越软管包装股份有限公司	GR202242006377	2022	临江乡
35	武汉林华建材科技有限公司	GR202242006407	2022	临江乡
36	湖北城涛建材有限公司	GR202242006673	2022	庙岭镇
37	恩道格农业发展鄂州有限公司	GR202242008213	2022	临江乡

【供销】 全区供销社系统坚持三农宗旨，积极推进农业生产社会化服务。围绕农民生产生活需要，坚持公益性与经营性服务相结合，建设华容供销龙潭新型“庄稼医院”，每年可向农民提供 4 大类 300 余种高效优质化肥和农药，并免费为农民提供植保、病虫害咨询、测土配方施肥、农机服务、新技术推广咨询等综合性农业服务，为农业增产增收可持续发展提供有力保障。在做好化肥、农药、种子等农资供应传统供销业务的同时，积极拓展新型业态，依托蒲团供销三农服务中心、农机专业合作社等服务主体，推进机耕、机种、植保飞防和机收等社会化服务，全年新增面积 2.8 万亩次社会化服务。引导专业合作社规范发展。按照做大做强龙头企业和做优做活农民

专业合作社的思路，领办引办农民专业合作社5家，培育的大农人农机专业合作社被评为2022年度全省供销社系统农民专业合作社示范社。强化供销基层服务体系建设。围绕供销社综合改革，夯实供销为农服务基础，新建上倪村级综合服务社，临江、庙岭、葛店3家供销三农服务中心，为农民常态化提供公益性与经营性服务。积极推进县域流通服务网络工程建设，按照市供销社新农超、新供销、新体系建设工作部署，与市供销社、市规划设计院联合进行"一镇一超市"规划选址，建设葛店供销助农帮扶馆。积极参与助农帮扶，促进"特""优"扶贫农产品销售，上架200余个品种。

2022年度华容区主要农资销售情况统计表 单位：吨

尿素	碳酸氢铵	过磷酸钙	复合肥	农药	农地膜	钾肥	合计
1420	3050	1920	4850	70	145	190	11645

统　计

2022年，华容区统计工作深入学习习近平总书记关于统计工作重要讲话和指示批示精神，全面贯彻落实党中央、国务院决策部署和省市各项工作要求，以提高统计数据真实性为中心，以全面依法治统为保障，以统计服务为抓手，圆满完成全年各项工作目标任务。

【基础建设】 针对统计人员变动较为频繁、统计基层基础不牢问题，持续加强服务业、工业等工作基础较为薄弱的专业基层统计人员力量。全区5个乡镇均配备专兼职统计人员2人，落实固定办公场所及办公设备。区直各部门均明确1人负责本部门统计数据的收集及提供，保障各项统计工作人力需要。

【决策服务】 围绕全区中心工作，着力抓好统计咨询服务和统计资料的开发应用。编印《华容区2021年国民经济和社会发展统计资料》，为区委区政府及社会各界及时了解全区经济运行情况提供方便。加强经济形势预测预判，围绕"六稳""六保"，从产业、行业、区域、时间等多维度加强经济运行情况动态监测，全年上报各类统计分析12篇、统计信息5篇，质量和数量均明显提高。积极参加区政府调研活动，参与《政府工作报告》数据提供和审核工作。配合全区企业申报名牌产品、著名商标、高新技术企业、生态农业村等工作，及时出具相关证明材料。

【联网直报】 深入推进"四上"企业一套表网上直报，加强业务培训指导，扩大宣传覆盖面，全面完成2021年报和2022年定期报表的联网直报工作。坚持"四个不准"，"四上"企业联网直报率100%。狠抓统计基本单位名录库建设及"四上"企业名录库更新和维护，按季度及时更新"四上"名录库，适时将达到"四上"规模企业纳入名录库，切实做到"先进库，再出数"。严格落实"四上"企业和投资项目入库审批，组织专业人员深入实地调查，规范流程，认真审核企业申报材料，从严把关、从严审核，确保各类调查对象应统尽统。全年全区直报在库联网"四上"企业141家，其中，新增进规7家。年度联网5000万元以上固定资产投资项目32项，新增19项。

【法规建设】 深入全区所有"四上"企业，通过调查调研、业务培训等方式，落实必讲统计法、必讲数据质量要求。采取有力措施，让广大调查对象支持、理解、配合统计工作，促进统计调查工作有效开展。充分运用统计开放日、国家宪法日、《统计法》颁布日等时间节点，集中开展以统计法为主要内容的统计法治宣传教育活动，促进公众了解统计、走近统计、感受统计。认真查阅企业相关基础台账数据，填写数据核查表，并与网上直报数据比对，掌握第一手真实资料。通过网上直报平台，实时监控企业报送数据异常情况，深入企业开展统计数据质量检查、电话调查询问，对发现的统计违法案件线索，严格按要求整改，督促完善相关档案资料。全年核查“四上”企业20余家，其中对6家企业进行统计执法和“双随机、一公开”检查。

【业务培训】 选派专人参加上级各类培训班，以学习培训提升业务水平。按照年初制定的业务培训工作计划，除组织全区相关统计人员参加上级培训外，自行组织各专业培训，涉及工业、投资、贸经、能源、科技，人口变动调查和统计法律法规、综合核算分析等专业性统计业务内容，让广大统计员更加熟练网上直报及统计指标填报操作。突出对乡镇新换统计人员和“四上”企业统计专员的工业、固定资产投资业务及法律法规相关知识培训，提高“四上”统计专员的统计能力，不断夯实统计基础、提升数据质量。

民生调查

2022年，华容区民生调查工作坚持以习近平新时代中国特色社会主义思想为指导，坚持以把牢数据质量为核心，认真落实上级各项安排部署，不断夯实队伍建设，着力营造“为民调查、崇法唯实”良好调查环境，努力开创基层调查工作新局面。

【基础建设】 积极打造“市—区—乡镇—村”四级联动调查体系。发挥“点长”作用，通过乡镇点长带动村级辅调员及调查户。结合“一下三民”活动认领任务清单，建设统计调查站，打牢基层统计调查工作硬件基础。通过制作调查点网络图、辅调员职责图，涵盖各乡镇调查工作分管领导、统计站负责人、点长，以及各调查网点辅调员姓名、联系方式、职责分工，并制牌上墙。分期分批开展专业培训，严格做到“先培训后上岗、没培训不上岗”。完善制度建设，做到各专业调查工作有章可循，让基层统计调查走向制度化、规范化。

【能力建设】 加强业务人员能力建设，着力提升统计工作水平。依托“干部上讲台提能大行动”活动，对照职能分工，分人分类学习各项业务知识，不断调动干部职工学习的积极性和主动性。推荐1名业务人员参加国家统计局教育培训中心举办的基层统计人员线上技能培训班，选派1名队员参加联合国亚太统计研修所（SIAP）网上教学培训班并通过结业考试。通过不断充实业务知识，统计基层基础综合能力持续提升。

【数据质量】 强化数据生产管理，保障数据质量。严格执行调查制度，结合实际进一步修订完善《华容队数据质量审核评估办法》，与时俱进完善基层调查制度机制，规范工作流程，业务质量稳步提升。华容区人民政府办公室印发《区人民政府办公室关于印发华容区2022年住户调查大样本轮换工作方案的通知》，对标对表完成信息核实、一图两表、摸底调查、落实样本、开户记账等重点环节工作，做好新老样本有序衔接、平稳过渡。完成年度居民收支调查，加强样本轮换后续管理。农业农村调查专业保质保量，对主要农作物实割实测、农作物面积遥感测量、主要畜禽监测数据进行实地核查，检查基础工作台账，重要数据进行常态化跟踪监督，真正实现“数出有源，有错必纠”；工业生产者价格调查精益求精，准确把握新基期价格调查面临的报表制度要求，加强调查网点企业动态维护，不断提升基础工作业务规范化水平；实施扩样后的劳动力调查，贯彻落实劳动力调查“三个百分百”要求，实现调查人员、调查设备和调查宣传品全到位。

【调查研究】 锚定社会经济热点问题，细研定期调查数据趋势，聚焦政策落实落地情况，按照全省经济信息要点调研要求，及时搜集汇总第一手数据，撰写具有针对性、可用性和时效性的分析材料，为政府决策提供参考服务。围绕经济发展和民生改善，发挥“轻骑兵”优势，做好快速调查、及时反映。全年开展专项调查20项，撰写信息被总队内网采用17篇，国家局内网采用8篇。编发《华容调查信息》2期，及时呈送区委区政府领导审阅，主要领导均作出阅后批示。

华容队队员到畜禽规模户调查走访

【统计法治】 坚持依法统计依法治统，强化法治宣传力度。华容队与区统计局加强协作，积极向区委区政府领导汇报，3月3日，在区委常委会（扩大）会暨“四大家”联席会议上专题学习《关于更加有效发挥统计监督职能作用的意见》；与区统计局联合印制《统计法律法规宣传手册》折页，组织开展国家安全日等重要时间节点集中宣传；面向调查对象深入开展法治实践活动，上门发放《统计法律事务告知书》《致调查户的一封信》。积极配合统计执法检查。一方面选派1名持证人员参加总队统计执法检查工作，以练提能，提高依法统计意识和统计执法水平；另一方面主动开展住户、农产量、畜禽、工价等专业基础工作自查，发现问题及时整改到位，积极接受湖北调查总队执法检查组执法检查，进一步夯实统计基础，切实发挥统计监督职能作用。

【城乡居民收入】 全年全区（含葛店开发区）实现城镇常住居民人均可支配收入37275元，增速6.2%，增幅高于全省平均水平（5.8%）0.4个百分点，高于全市平均水平（6.1%）0.1个百分点。实现农村常住居民人均可支配收入24614元，增速7.8%，增幅低于全省平均水平（7.9%）0.1个百分点，高于全市平均水平（7.6%）0.2个百分点。全区农村常住居民人均可支配收入增速较城镇高0.4个百分点，城乡居民收入差距逐步缩小，居民收入稳中向好、前景可期。

【粮食生产】 全年全区（含葛店开发区）粮食总产量7.65万吨，同比下降0.86%。其中，早稻产量0.12万吨，同比下降6.56%；夏粮产量0.62万吨，同比上涨4.31%；秋粮产量为6.9万吨，同比下降1.20%。粮食种植总面积18.21万亩，同比上涨0.51%。其中，夏粮种植面积3.05万亩，同比上涨0.72%；早稻种植面积0.31万亩，同比下降7.50%；秋粮种植面积14.85万亩，同比上涨0.65%。

【生猪生产】 全年全区（含葛店开发区）生猪存出栏实现恢复性增长，生猪存栏16.03万头，较上年增长0.05万头，增长0.33%；出栏27.13万头，较上年增长1.30万头，增长5.04%。全市三区排名第二位，生猪存栏恢复到正常年份生产水平。

市场监督管理

2022年，华容区市场监督管理工作坚持以习近平新时代中国特色社会主义思想为指导，按照区委区政府和上级业务部门的决策部署，坚持稳中求进工作总基调，立足新发展阶段，贯彻新发展理念，构建新发展格局，统筹疫情防控和市场监管工作，持续优化营商环境，坚决守牢食品药品和产品质量安全底线，营造公平竞争市场环境，有力促进全区各类市场主体健康有序发展。

【市场主体】 2022年末，全区市场主体16526，覆盖18个行业。

2022 年度华容区市场主体分布情况表　单位：个

所属乡镇＼主体类型	企业	个体	农合	合计
华容镇	1243	4650	184	6077
段店镇	501	1426	116	2043
临江乡	517	1350	106	1973
庙岭镇	1228	3417	132	4777
蒲团乡	347	1171	138	1656
合计	3836	12014	676	16526

2022 年度华容区市场主体行业分布情况表　单位：个

行业	市场主体数
农、林、牧、渔业	2829
采矿业	5
制造业	923
电力、热力、燃气及水生产和供应业	18
建筑业	969
批发和零售业	7228
交通运输、仓储和邮政业	569
住宿和餐饮业	1370
信息传输、软件和技术服务业	125
金融业	6
房地产业	209
租赁和商务服务业	584
科学研究和技术服务业	221
水利、环境和公共设施管理业	75
居民服务、修理和其他服务业	1197
教育	44
卫生和社会生活	17
文化、体育和娱乐业	137

2022 年度华容区农民专业合作社分布表　单位：个

乡　镇	华容镇	段店镇	临江乡	庙岭镇	蒲团乡
农合户数	184	116	106	132	138

【质量技术监督】　强化质量基础建设。推进质量基础设施“一站式服务”建设。设立质量基础设施“一站式”服务窗口、服务站。咨询受理计量服务、质量管理服务、知识产权服务等，全年服务企业 25 家、28 次，帮助企业解决质量问题数量 10 个。持续提升质量水平。聚焦重点消费品、工业产品和大宗生产资料开展“提质强企”行动，聘请检验机构、行业协会、科研院所专家，找准行业通病和质量短板，实施“一品一策”“一企一策”，通过质量分析、技术答疑等方式，对企业改进生产研发、技术控制提出建议，为全区 10 家企业提供技术服务。指导枫树线业公司申报湖北省第九届长江质量奖，完成专家组评审；指导同源种养殖专业合作社申报湖北省蔬菜绿色种植标准化试点。扎实开展质量监管。区市场监管局加强特种设备和产品质量安全监管，根据省市局工作部署安排，组织开展特种设备安全监察系统数据清理工作，全面建立特种设备基础信息库，全年清查辖区特种设备 1451 台，下达监察指令书 47 份，均立行立改，完成闭环管理。做好双随机抽查工作，对 9 家食品企业进行食品相关产品质量安全双随机抽查，未发现质量安全问题。

【质量安全监管】　聚焦生态环境、安全防护、民生消费等重点工业产品质量安全，开展水泥、烟花爆竹、电动自行车等重点工业产品专项检查，对 8 家获证企业进行了常态化监督检查，责令 7 家存在问题的单位整改到位。以校园周边的超市和文具店为排查重点，重点检查市场内经营单位其文具包装及标识是否规范，是否依法标注产品名称、生产厂名、厂址、执行标准、相关警示语、使用注意事项等，出动执法人员 36 人次，排查超市 3 家、商店 4 家、文具店 9 家，发现危险文具激光笔 17 个，执法人员当即责令文具店经营者立即整改，停止销售并下架。开展塑料污染专项治理。制定《鄂州市华容区加强塑料污染治理专项行动实施方案》，邀请省质检院鄂州分院的专家陪同指导，坚持以点带面，重点围绕禁止生产、销售厚度小于 0.025 毫米的塑料购物袋和厚度小于0.01毫米的聚乙烯农用地膜；禁止生产、销售一次性发泡塑料餐具、一次性塑料棉签；禁止生产、销售含塑料微珠日化产品。专项行动共出动执法人员40余人次，张贴、发放塑料宣传海报200余份，检查农膜销售单位5家、商超18户、药店8家，未发现销售违规塑料制品。有序推进全区车用乙醇汽油封闭推广使用。为改善生态环境，创造健康有序的市场环境，区市场监管局按照市市场监管局的部署要求，积极组织开展车用乙醇汽油封闭推广使用市场监督检查，出动执法人员23人次，检查加油站9家。开展非医用口罩质量专项整治行动。行动期间出动执法人员65人次，检查经营户30户，督促2家经营者补充完善进销货台账记录以及供货方的资质信息，暂未发现其他涉及产品质量安全的相关问题。

【食品药品管理】 常态化做好27家冷链食品经营单位和37家药店的疫情防控工作。构建“互联网＋快速检测”模式，建成5个基层所快检室、2个农贸市场快检室、1个放心肉菜超市快检室、1个种养殖基地快检室等9个快检室。创新“互联网＋明厨亮灶”监管新模式，完成全区55家学校食堂和庙岭镇餐饮示范一条街13家商户共68家餐饮单位建设，实现明厨亮灶，精准监管。开展食品安全“守底线、查隐患、保安全”九大专项行动，排查出风险隐患1084个，完成整改1084个，其中，网络餐饮外卖专项整治行动责令改正15家，下线3家，移送问题线索立案查处4家，约谈2家平台负责人；校园周边食品安全专项整治行动责令改正26家。全年开展监督抽检食品520批次，对15个批次不合格的问题线索进行移交，抽检结果公示率和不合格产品处置率100%。对全区药品医疗器械经营场所进行全覆盖监管，督导上报药品不良反应147例，医疗器械不良事件9例，查办食品药品相关违法案件55件。

加强市场巡查，维护涉疫药品价格稳定

【消费者投诉及处理】

2022年度华容区消费者投诉及处理情况统计表

投诉举报数	调处成功数	调处成功率	回访数	回访率	消费者满意数	消费者满意率
438件	416件	95%	438件	100%	430件	98%

应 急 管 理

2022年，华容区应急管理工作坚持以习近平新时代中国特色社会主义思想为指导，在区委区政府坚强领导下，树立底线思维，强化安全发展，全面落实国务院安委会15条硬措施，扎实开展应急管理各项工作，全年发生安全生产事故1起、死亡1人，未发生因灾伤人亡人事故，为加快建设现代化滨江临港产业生态新城提供了坚实的安全保障。

【重点行业监管】 开展危化品（烟花爆竹）专项检查，发现隐患339项，整改完成339项，整改率100%。查处非法经营、储存烟花爆竹行为1起，取缔1家无证经营，收缴各类烟花爆竹120件，行政处罚0.11万元。查处非法经营、运输危险化学品等违法行为立案6起，行刑衔接案件4起，取缔非法储存危险物品点5处，各类危险物品罚没入国库11.55万元，行政处罚4.2万元。开展烟花爆竹守法经营宣传，下发《致全区广大经营户的一封信》1000份，出动流动宣传车

80 余次。全年未发生危险化学品及烟花爆竹安全生产事故。

【安全生产监管】 压实企业主体责任，制定《华容区生产经营单位全员安全生产责任清单》，指导督促企业层层签订安全生产责任书，推进各类企业建立安全岗位责任制“一企一清单”。完成安全生产领域隐患排查治理“三年行动”，对全区 128 家工贸企业建立“红橙黄蓝”风险等级“四色管理”机制。在临江乡试点建立企业个性化风险清单，推行风险告知牌制度。严格落实行政执法“三项制度”，编制年度执法计划 87 家，按照安全生产执法手册检查标准入企开展执法检查，查处隐患 592 条，整改 592 条，整改率 100%。开展工贸行业专项整治以及“百日清零行动”，检查企业 41 家，查出隐患 367 条，整改完成 367 条。

【防汛抗旱及防灾减灾】 查险除险，完成拾湖港内港堤坝滑坡修复。开展抗洪抢险实战演练，5 月 8 日，5 家单位 120 名民兵在蒲团乡拾湖港白水塘段紧贴实战参加演练。启动抗旱四级应急响应 1 次，动用抗旱设备 899 台套，灌溉面积 14.98 万亩，全区人畜饮水未受影响。抓好防灾减灾示范村创建，杨田村、肖叶村、瓜圻村被评为全省防灾减灾示范村。圆满完成全区地震统一安全评价。初步完成全国第一次自然灾害风险普查。

2022 年 10 月 3 日，在长江黄柏山闸开沟引水抗旱

【森林防火】 进村入户开展森林防火宣传。印发宣传单 5000 张，张贴防火戒严令 4000 张，出动宣传车流动宣传 80 余次。在进入林区的主要道路、交通要道、村庄设立防火宣传牌、横幅和标语。健全森林防火的各项规章制度，层层落实森林防火责任制，定期组织开展检查督促，及时做好隐患排查治理。全年组织森林防火演练 2 次。

【救灾及物资保障】 全年发生自然灾害灾情 2 次，其中，风雹 1 次、干旱 1 次，全区累计受灾人口 3000 人，受灾农作物面积 909 公顷，农村居民住宅一般性损坏 25 户 61 间，直接经济损失 1408.5 万元。完成冬令春荒救助对象 1004 户 2302 人，下拨各级冬春救助资金 41.41 万元。根据区疫情防控需要，向各乡镇（社区）紧急调运棉被 516 床、帐篷 257 顶、折叠床 487 张、棉衣 422 件。

消防救援

2022 年，华容区消防救援工作在区委区政府的坚强领导下，坚持“稳中求进、固本拓新”工作总基调，守牢队伍内部、火灾形势“两个稳定”，全面推进政治能力、作战指挥、治理体系、基层基础“四项建设”。紧盯年度重点工作和责任清单，狠抓支部班子的引领示范，大力夯实经费保障与加强装备建设，全面筑牢社会面火灾防控能力，消防工作和队伍管理再上新台阶，为全区经济建设营造了良好的消防安全环境。全年区消防救援大队接警 655 次，出动车辆 1096 辆次，出动消防人员 6031 人次，抢救被困人员 55 人，抢救财产价值 1039 万元。其中，火灾 157 起，同比下降 38.94%，直接经济损失 27.9 万元。全年未发生亡人火灾事故。

【组织领导】 始终把强化队伍管理放在首要位置，结合前期干部调整，明确人员分工，重新划分人员职责，严格落实队伍管理各项制度。坚持抓早抓小，及时发现问题、整改问题，大队主官多次深入所辖站点开展督导检查，对存在的管理漏洞及时督促整改落实。积极推进组织架构和管理机制上的正规化、制度化建设。

【思想教育】 始终坚持政治统领，强化党建引领，加强班子建设。创新形式，多次召开专题会议重温习近平总书记重要训词精神，通过集体研讨、专家视频授课等方式，深入学习领会党的各项精神要义，使全体指战员牢记嘱托、强化使命担当、推动转型升级。始终把党史学习教育作为贯穿全年的重大政治任务，以“我为群众办实事”“基层安全万里行”“下基层暖民心”为落脚点，开展专题党课、读书分享会、纪念建党百年华诞、“红色之旅”、祭奠先烈、橱窗展板、文化长廊、志愿服务、文娱活动等活动30余次。依托党史学习读书班、周例会、专题会等载体，通过开展重温入队誓词、手抄训词、向队旗宣誓、学习大讨论等活动，深刻领会内涵，汲取精神营养，在广泛互动中找准学习贯彻精神的切入点和结合点。大队党支部圆满完成“条令纲要学习月”专题研讨月活动、“牢记领导训词、永做忠诚卫士”等5个专题研讨，全年集中开展学习研讨活动13次，收集集体研讨材料60余篇。每月按要求组织开展支部主题党日活动。充分发挥先进典型的感召引领作用，积极营造崇尚英雄、争当先进的浓厚氛围，通过党员先锋岗评选，组织向陈陆、肖文儒等先进典型学习，以身边榜样力量激发士气斗志。

【廉政建设】 坚持守牢底线正清风。不定期组织全体指战员开展党风廉政教育、队伍管理警示教育、法规法纪教育、安全常识教育和疫情防控教育，组织全体指战员观看《零容忍》《警钟》《第三视角看安全》等警示教育片，并开展主题讨论，通过集中讨论、谈个人体会、讲亲身感受等方式，增强指战员的红线意识、规矩意识。开展廉政教育活动5次、安全形势分析会12次、安全教育12次，深入红莲湖消防站、华容小型站开展督导检查25次。

【基础建设】 全力推进基层消防力量建设。区应急救援指挥中心已进入室内装修和道路管网建设阶段，预计2023年全面投入使用；红莲湖消防救援站围墙“三室合一”完成建设并投入使用。大队按照十四五装备规划，开支160万余元为消防站采购各类器材装备315件套。率先在全市完成消防救援所建设任务，全区5个乡镇全部成立消防救援所，明确工作人员20人，其中，10人为行政事业编制、5人为派驻专职消防员、5人为镇街工作人员，临江乡、庙岭镇、华容镇消防救援所采购灭火救援装备并投入使用；部分社区全部建成消防工作站，所有的村均建成志愿者消防队。全年各消防救援所总体运行良好，在二十大安保、燃气安全、三合一门店、经营性自建房、“环保油”整治、特殊群体关照等专项整治和消防宣传中发挥了重要作用，实现消防工作延伸到“最后一米”。

【火灾防控】 吸取火灾教训，紧盯抓牢薄弱环节。“双随机”、复查检查420家次，发现火灾隐患339处，督促整改254处，下发责令改正通知书206份、行政处罚决定书11份、临时查封决定书3份。全年监督员进机关培训60次，联勤联训25次，消防人员进重点单位培训36次，消防员进沿街商铺、社区、小区、“三清三查”600余次，清理各类消防隐患369处，辅助执法28次。加强重点风险管控。联合相关部门开展餐饮、商业综合体燃气安全、校外培训机构、足疗行业、通信企业、用户侧电气检查服务、电动车全链条整治等重点行业专项行动。持续联合乡镇为住人沿街商铺、特殊群体免费安装独立烟感报警器。新举措整治沿街商铺。推动全区3家住宿5人以上沿街商铺“开窗行动”，推动47家住宿3~4人沿街商铺开窗，为群众打通了“生命之窗”。全面开展特殊群体关爱活动。在全市率先使用特殊群体关爱微信小程序，全面导入全区特殊群体信息，大队成立两个专项小组，联合网格员深入特殊群体家庭开展帮扶关爱工作，为特殊群体发放灭火器200余个。扎实开展高层建筑消防安全整治。根据省市高层建筑专项整治方案，对全区高层建筑进行排查，发现隐患问题365处，制定整改措施158条，并将问题清单分行业分类函告物业协会。全面铺开自建房隐患整治。发动网格员、民警等基层力量开展自建房排查，摸排底数1027家，对271家隐患较大自建房进行复核。打造“119就在您身边”华容品牌。联合“华容大姐”创新消防宣传新模式，“蓝焰牵手”志愿服务队深入150家单位、2000余家商铺、50余个村、20余个小区开展宣传培训，服务群众7万余人次。

常态化加强防火巡查检查

【队伍建设】 坚持训管结合，锤炼队伍打赢本领。始终加强队伍管理教育，认真开展“六个促管”、队伍管理教育专项行动和“两个经常性”工作，持续抓好交心谈心、隐患排查，发挥“六员”骨干队伍作用，队伍内部安全稳定。将训练安全列入全年练兵工作重点，强化全员练兵，规范训练秩序，突出抓好消防员个人安全防护训练、攻坚组实战操法训练、全勤指挥部响应运行训练。全年开展队容风纪检查暨队列训练96次、业务体能训练214次，每月组织全体指战员开展体能普考。全年开展辖区“六熟悉”236次，灭火救援演练192次，修订预案52件。坚持每月安全形势分析、每周工作例会讲评安全，大队党支部包保督查安全，实现了安全管理常态化。采取线上随机抽查、线下召回测酒等方式，切实担负起管酒治酒责任。结合当前队伍突出问题，紧盯“人、车、酒、网、电、密”等敏感领域和关键环节，大队班子成员不定期深入站点开展帮扶和督导10余次，发现解决问题20余条，从源头上堵塞安全漏洞，防止各类事故案件发生。

在华容实验小学举行“119全国消防日”宣传教育活动

【疫情防控】 始终将防疫工作作为重中之重，多次组织召开疫情防控专题会议，加强思想警惕。全面加强物资储备，保证足够两个月用量的物资储备。严格做好人员健康监测，每日开展全员体温测量，做好外来人员扫码登记测温。修订完善涉疫应急预案，严格休假人员疫情防控管理，要求休假人员每日上报体温、位置以及行动轨迹，确保疫情防控无漏洞无死角。利用多种形式开展新冠疫情和其他相关传染病防治知识宣传教育，提高指战员卫生防疫和自我保健意识，预防纠治麻痹思想。

农业农村

2022年，华容区农业农村工作坚持以习近平新时代中国特色社会主义思想为指导，认真贯彻落实中央一号文件和中央及省市农业农村工作会议精神，按照全面实现乡村振兴总体要求，持续推进农业供给侧结构性改革，不断推动全区农业农村经济高质量发展。

农业生产

【概述】 坚决贯彻“藏粮于地、藏粮于技”战略，大力落实粮食安全党政同责，确保粮食和重要农产品稳产保供。全年全区粮食播种面积15.88万亩，粮食产量6.7万吨。生猪存栏15.43万头，蔬菜产量达到335896吨，油菜产量10981吨，淡水产品产量92920吨，主要农作物优良品种种植面积26.71万亩，占主要农作物总面积的97.20%。大力开展农田水利基础设施和高标准农田建设，持续推进农业机械化发展，鼓励新型农业经营主体开展农业生产社会化服务，促进农业规模经营，帮助小农户节本增收。全区农作物耕种收综合机械化率达到74.67%，同比增长0.74%。推进农业绿色发展，通过实施化肥农药“零增长”行动、化肥农药减量增效试验和示范片建设、用肥用药技术培训指导、“农资打假”联合整治行动等措施，推进化肥农药减量增效。全区农作物病虫害绿色防控覆盖率达到47.93%。通过畜禽粪污资源化利用、生猪标准化示范场创建等项目，推进畜禽粪污资源化利用，全区畜禽粪污资源化综合利用率达到100%，规模养殖场粪污处理设施装备配套率100%，畜禽规模养殖场粪污处理实现全收集、全处理、零排放、零污染。全区畜禽养殖粪污综合利用量117281吨，粪污综合利用率100%。围绕全市“一城两地三区四带”农业产业布局，构建具有华容特色的现代农业体系。大力扶持盛丰种业、华泰种业等种业龙头企业做大做强，引领示范带动全区现代种业高质量发展。全区“两品一标”认证累计23个，农业产业化龙头企业近三成通过ISO9000等质量体系认证，近九成获得绿色、有机、地理标识等认证，3/4拥有独立注册商标，注册商标产品数量21个。实施农业产业化“633”工程，推行“龙头企业+合作社+基地+农户”模式，打造粮食、种业、水产、果蔬4条优势农业产业链，探索打造“华容”农产品区域公用品牌。加快推进农业产业化，大场智慧渔业、大山“心”农业等重点项目加快实施。蒲团乡（稻米）入选全国“一村一品”示范村镇。华苑米业“虾稻香米”上榜“中国好粮油”。

【农业经济】 农业经济发展平稳，全年全区农业总产值149279万元（不含林果类），其中，谷物、油料及其他作物总产值31171万元；蔬菜、花卉、菌类总产值103596万元。全区农产品加工业总产值实现195629万元，同比增长7.09%。

2022年度华容区各种农作物面积产量统计表

农作物品种	面积（万亩）	产量（万吨）
粮食作物	15.88	6.7
油料作物	10.57	1.66
蔬菜	10.00	33.59
水果	2.00	3.85

【农业发展投资】 进一步加大针对农业发展投资政策奖补力度，在用地、用电、用水、用气、融资等方面给予明确支持。全区新增1家国家级农民合作社示范社、2家省级农民合作社示范社。大力开展农业领域招商引资，区领导到省联投、交投、农垦集团洽谈合作事宜，赴上海、浙江、广东等发达地区学习经验，到海大集团等知名企业招商引资。全年签约蓄水陶土、渔光互补、农业废弃物资源化利用等3个项目，投资1亿元的蓄水陶土项目建成投产。

【农业综合开发】 大力开发种业特色产业。以省农科院现代农业示范基地为基础，借助其科研实力，扶持盛丰种业、华泰种业等种业龙头企业做大做强，引领全区现代种业高质量发展。盛丰杏福联合育种基地完成建设，年繁育四大家鱼可达50亿尾，名优水产鱼苗3亿尾，年可推广养殖面积20万亩。资源整合利用后，种业、养殖、加工、销售全产业链共同发展，带动全区特色种业不断做大做强。大力开发农业加工业，推进农旅融合，培育农业新产业新业态。蒲团华苑米业获评省级农业产业化联合体，段店杏福园旅游区成功创建国家4A级旅游景区。大力开发智慧农业。与省农科院合作，在蒲团乡夏大湖省农科院现代农业示范基地开展数字乡村400亩“无人农庄”建设。与大场科技有限公司合作，在蒲团建立工厂化养鱼大型水产养殖基地，利用高科技公司先进技术支持打造蒲团水产养殖产业园，建设智慧渔业。

【畜牧业】 全年全区生猪存栏16.89万头，母猪存栏1.69万头，出栏26.39万头，超额完成市定目标任务，生猪产能恢复到2017年的95%以上。加强动物疫病排查，排查非洲猪瘟240万头次，未发现非洲猪瘟疑似疫情。加大重大动物疫病防控力度，促进畜禽出栏透明化、源头可追溯，建立养殖场动物防疫情况年报制度及网上申报检疫证制度，春秋重大动物疫病全区疫苗覆盖率达到100%。申报验收2022年生猪调出大县奖励资金项目无害化处理专用冻库项目8家，争取项目资金160.91万元；申报验收鄂州市畜禽粪污资源化利用整县推进项目6家，争取项目资金310万元；申报验收生猪调出大县奖励资金生猪良种引进项目3次，争取项目资金1.99万元；申报验收生猪调出大县奖励资金项目规模化养猪场生猪出栏补助项目33次，出栏补助22093头，争取项目资金55.23万元；申报验收生猪调出大县奖励资金项目新（扩）建生猪规模养殖场建设补助项目3次，争取项目资金20万元。完成重大动物疫病秋季防疫并拨付动物疫苗“先打后补”补助资金26.33万元，拨付养殖环节病死猪收集、储藏、处理补贴经费11.16万元。实现畜禽粪污全收集、全处理。猪价出栏价格全年保持8元以下低价位，人民满意度持续提高。

2022年度华容区畜禽蛋出产及存量统计表

乡镇	生猪存栏（头）	生猪累计出栏（头）	鸡存栏（只）	其他禽类存栏（只）	禽类蛋日出栏（枚）
华容镇	39650	62636	76720	22139	168.2
段店镇	34710	49290	102949	38943	45.8
临江乡	33720	48095	61500	18424	127
蒲团乡	47550	78776	298754	342719	617.9
庙岭镇	13310	25055	61000	28254	25.6
合计	168940	263852	600923	450479	984.5

2022 年度华容区生猪屠宰情况统计表

屠宰场名称	地址	屠宰数量
鄂州市华容区荣昌食品有限责任公司	华容区楚藩路 201 号	19210 头

【蔬菜】 全年全区蔬菜播种面积 9.92 万亩，同比增长 1.33%；产量达到 33.59 万吨，同比增长 0.9%。

2022 年度华容区蔬菜种植面积、产量、产值统计表

农作物品种	面积（万亩）	产量（万吨）
蔬菜	9.92	33.59

【农机管理】 以益农、平安等大型农机合作社为载体，推广水稻、油菜、小麦全程机械化生产技术，推动农机装备产业不断转型升级。统筹推进油菜机播机收、粮食干燥、高效植保、秸秆处理机械化，推广农产品机械化生产加工技术，促进设施农业农机化发展。大力扶持农机专业合作社发展壮大，全区现有农机专业合作社 32 家，其中，国家级示范合作社 4 家、省级示范合作社 5 家、市级示范合作社 10 家，年耕种防收机械作业量 1.52 万公顷；建成 2 万亩水稻全程机械化示范基地 2 个，万亩油菜、小麦全程机械化示范基地 2 个，千亩水稻、油菜、小麦全程机械化示范基地 3 个。认真落实中央惠农补贴政策，支持引导农业机械化全程全面高质高效发展，全年全区实施农机购置补贴 99.21 万元，补贴各类机具 71 台（套），受益农户 58 户。

【农机拥有量和作业量】 全年全区农机总动力 16.87 万千瓦，拖拉机保有量 1441 台，其中，大中型拖拉机 889 台、小型拖拉机 552 台、机引农具 4750 台（套）。实现机整地 26.79 万亩、机械播种 14.55 万亩、机械收获 20.08 万亩、机械插秧 8.1 万亩。全区农作物耕种收综合机械化水平达到 76.18%。

2022 年度华容区农机购置补贴情况一览表

姓名 / 组织名称	乡镇	机具品目	型号	数量（台）	销售价格（元）	补贴金额（元）
蔡良凯	蒲团乡	水稻插秧机	2ZG–ZX8H	1	96000	37000
蔡良凯	蒲团乡	水稻插秧机	2ZG–ZX8H	1	96000	37000
付国辉	蒲团乡	旋耕机	1GLZ–230A	1	72100	18100
华苑粮油	蒲团乡	谷物烘干机	5HDX–32	3	870000	140400
华苑粮油	蒲团乡	谷物烘干机	5HDX–32	3	870000	140400
华苑粮油	蒲团乡	谷物烘干机	5HDX–32	2	580000	93600
胡启炎	蒲团乡	旋耕机	1GQQNZGK–230	1	7300	1700
胡启炎	蒲团乡	旋耕机	1GQN–230	1	7600	1700
胡胜树	蒲团乡	旋耕机	1GQN–230Z	1	7200	1700
牛已未	蒲团乡	联合收割机	4LZ–6G4A	1	132000	29000
牛已未	蒲团乡	旋耕机	1GKNS–230	1	7600	1700
秦三才	华容镇	组合米机	6LN–15/15SF	1	24000	6000
吴细木	蒲团乡	旋耕机	1GQNP–250	1	7700	2100
金建亮	蒲团乡	轮式拖拉机	LY1204d	1	132900	31900
金建亮	蒲团乡	旋耕机	1GQN–230Z	1	7000	1700
廖金炉	华容镇	联合收割机	4LZ–6.0EKQ	1	124000	29000
熊自然	蒲团乡	轮式拖拉机	LX804	1	93000	18000

续表

姓名 / 组织名称	乡镇	机具品目	型号	数量（台）	销售价格（元）	补贴金额（元）
兴兴合作社	临江乡	轮式拖拉机	MY1004S	1	104500	24500
兴兴合作社	临江乡	秸秆粉碎还田机	1JH-180	1	8500	1700
张小安	段店镇	轮式拖拉机	LY1004S	1	122000	24500
李保生	段店镇	轮式拖拉机	MY1004S	1	103000	24500
李保生	段店镇	旋耕机	1GKNS-230	1	7500	1700
熊运江	蒲团乡	旋耕机	1GQNP-200	1	7100	1700
牛已未	蒲团乡	旋耕机	1GQN-230H	1	8000	1700
姜全祥	蒲团乡	轮式拖拉机	LY1004S	1	99800	24500
平安合作社	蒲团乡	秧盘播种成套设备	2BZP-800	1	12000	3600
汪火明	蒲团乡	轮式拖拉机	JD1204-A	1	240000	31900
高细香	临江乡	旋耕机	1GQN-200A	1	7300	1700
李卫卫	蒲团乡	轮式拖拉机	LY1204d	1	150000	31900
兴兴合作社	临江乡	旋耕机	1GQN-230H	1	7500	1700
余双琴	蒲团乡	旋耕机	1GQQNZGK-230	1	6800	1700
余双琴	蒲团乡	埋茬起浆机	1JSN-240	1	8000	1700
余双琴	蒲团乡	秸秆粉碎还田机	1JQ-172	1	7300	1700
余双琴	蒲团乡	埋茬起浆机	1JSL-280	1	8300	2100
杨红军	段店镇	轮式拖拉机	WD904-B	1	82500	21500
杨红军	段店镇	旋耕机	1GQNP-200	1	7300	1700
杨红军	段店镇	旋耕机	1GQN-200A	1	7300	1700
付国辉	蒲团乡	联合收害机	4LZT-5.0ZE	1	99000	29000
高良运	华容镇	轮式拖拉机	LX804	1	93000	18000
高良运	华容镇	旋耕机	1GQN-200Z	1	6900	1700
包有文	临江乡	轮式拖拉机	ME604	1	65500	12000
许从元	临江乡	联合收害机	4LZ-6.0EKQ	1	99500	29000
高细香	临江乡	联合收害机	4LZT-5.0ZE	1	99000	29000
秦火成	临江乡	联合收害机	4LZ-6.0MDQ	1	116000	29000

【农村经济管理】 完成农村集体产权制度改革年度工作任务。全区 77 个村（社区、场）994 个村民小组全部完成清产核资工作，清查资产总额 48461.44 万元，界定农村集体经济组织成员 55090 户 172050 人。成立股份经济合作社 9 家、经济合作社 67 家。累计录入农村集体经济组织成员信息 55155 户 172484 人，其中，庙岭镇 10802 户 33761 人、华容镇户数 14763 户 42949 人、段店镇 11066 户 35397 人、临江乡 11146 户 34641 人、蒲团乡 7378 户 25736 人。统筹推进村级债务化解工作。制定出台《华容区化解村级债务实施方案》，将村级债务化解与乡村治理、发展集体经济、规范“三资”管理相结合，统一部署，规范操作，助力推进农村集体产权制度改革，轻装上阵发展集体经济。全年全区 8 个负债 10 万元以下的村全部清零，23 个负债 10 万元以

上的村提前完成化债任务。扶持壮大新型农业经营主体。制定出台《华容区关于培育壮大农业产业化龙头企业的实施方案》，扶持本土龙头企业发展壮大，打造农业经营主体发展主力军。为21家新型农业经营主体申请贷款贴息115万元，帮助减轻资金压力。全年全区新增省市级示范家庭农场及市级示范合作社13家，另有4家国家级示范合作社通过年度监测工作。加强农村宅基地管理。出台《关于规范全区农村宅基地和农房审批管理的通知》，明确审批管理职责、建房管理责任、宅基地审批条件及建房标准等关键环节，每月调度乡镇宅基地审批情况，全面规范全区农村宅基地管理工作，帮助巩固宅基地改革成果。

2022年度华容区农村经济基本情况统计表

指标名称	计量单位	数量
一、基层组织	—	—
（一）汇总乡镇数	个	5.00
（二）汇总村数	个	76.00
（三）汇总村民小组数	个	700.00
二、农户及人口情况	—	—
（一）汇总农户数	万户	3.52
（二）汇总人口数	万人	17.05
三、汇总劳动力数	万人	6.17
其中：（一）从事家庭经营	万人	3.55
其中：从事第一产业	万人	2.98
（二）外出务工劳动力	万人	4.79
其中：常年外出务工劳动力	万人	3.33
1. 乡外县内	万人	1.19
2. 县外省内	万人	1.30
3. 省外	万人	0.84
四、集体所有的农用地总面积	万亩	73.93
（一）耕地	万亩	66.09
其中：未承包到户面积	万亩	8.20
（二）园地	万亩	0.17
其中：未承包到户面积	万亩	0.00
（三）林地	万亩	0.23
其中：未承包到户面积	万亩	0.00
（四）草地	万亩	0.00
其中：未承包到户面积	万亩	0.00
（五）养殖水面（坑塘水面）	万亩	6.15
其中：未承包到户面积	万亩	0.00
（六）农田水利设施用地（沟渠）	万亩	0.08
（七）其他农用地	万亩	1.20
五、农户经营耕地规模情况	—	—
（一）经营耕地10亩以下的农户数	万户	2.80
其中：未经营耕地的农户数	万户	0.13
（二）经营耕地10~30亩的农户数	万户	0.46
（三）经营耕地30~50亩的农户数	万户	0.26
（四）经营耕地50~100亩的农户数	万户	0.01
（五）经营耕地100~200亩的农户数	万户	0.00
（六）经营耕地200亩以上的农户数	万户	0.00

【自来水】 健全农村饮水应急保障机制，落实农村饮水安全工程“三项制度”“三个责任”，并在网上公示，接受社会监督。畅通农村饮水安全监督举报渠道，公布各级农村饮水监督举报电话。全面落实《华容区农村饮水安全工程运行管理办法》，推动农村饮水安全工程持续利用和良性发展。持续推进农村饮水安全巩固提升工程，提升农村饮水保障能力，截至2022年底，华容镇片区11个村、1个农场、1个湾、1个小区及316国道DN300球墨铸铁管主管网900米全部完成；庙岭镇片区13个行政村、段店镇片区15个行政村、蒲团乡片区9个行政村全部完成；临江乡片区因临江水厂协调原因未能进场施工，计划2023年3月进场施工，10月底完成施工。通过实施农村饮水安全巩固提升工程，彻底解决了供水矛盾问题，水损大幅下降，改善了农民生活条件，提高了生活质量和健康水平。

【水利建设】 农田水利建设实现新发展，重点工程项目加快建设，全年完成投资7850万元。

实施华容区中小河流水系连通综合治理项目（拾湖港二期），完成加固拾湖港白水塘北堤700米，实施桐湖北大堤（二期）整险加固工程，完成加固梧桐湖北堤险段300米，实施2022年度水库移民后期扶持项目，完成蒲团乡瓜圻村余家畈湾清除处理湾内生活垃圾及废弃物150余吨，新建污水沟300米，硬化道路200米，新建绿化花坛20个，村湾植树100棵。加强白蚁防治工作，完成拾湖港北大堤大头海至拾湖桥段1.6千米、五四湖大堤汤家湖农场闸至五四湖渔场段2千米的白蚁治理。

乡村振兴

2022年，华容区乡村振兴工作坚持以习近平新时代中国特色社会主义思想为指导，贯彻落实中央一号文件和中央及省市农业农村工作会议精神，坚持农业农村优先发展，积极推进“三农”工作全面进步，加快实现乡村全面振兴。

【农业产业】 发挥政策引领作用，大力推进农业产业化建设，以农业产业建设推动乡村产业振兴。出台《华容区关于特色产业发展的意见》《华容区2022年“三农”高质量发展奖补方案的通知》，全力扶持特色农业产业发展，鼓励龙头企业、合作社、家庭农场等新型农业经营主体发展特色种植养殖，不断推动农业经济高质量发展。

【乡村建设】 持续推进农村厕所革命，抓好问题厕所整改，落实改厕管护长效机制，全面推进段店镇厕所革命粪污与生活污水一体化治理和资源化利用试点项目，全年农村垃圾综合治理长效机制已经形成，日转运垃圾170吨，57个行政村159个村湾建成污水管网、污水处理终端。建成区乡（镇）村三级农村寄递物流服务体系建设，区内行政村综合服务网点实现全覆盖。

【乡村治理】 积极开展积分制管理试点，推广任务成效清单制，全年推进建成规范化积分制管理试点村5个。段店镇百席村获评第二批全国乡村治理示范村、全国村级议事协商创新实践点单位。探索数字化乡村治理。积极推进乡村数字化、信息化建设，依托国家数字乡村试点，建成1+3+1+1的数字乡村体系。全力推进农村精神文明建设。新时代文明实践中心（所、站）实现行政村全覆盖，成为弘扬传承中华优秀传统文化、抵制封建迷信、破除高价彩礼等陈规陋习的重要活动基地。

【防返贫监测帮扶】 坚持动态监测应纳尽纳，建立常态化走访和集中排查相结合排查模式，实现农村人口监测排查全覆盖，全年新识别监测对象84户251人（脱贫不稳定户11户33人，边缘易致贫户19户53人，突发严重困难户54户165人），落实产业、就业、教育、危房改造、医保等帮扶措施。

【脱贫人口稳岗就业】 脱贫人口外出务工规模保持稳定，全年脱贫人口外出务工人员3709人，比脱贫攻坚期增长7.6%。开发乡村公益岗位650个，持续开展“雨露计划+”资助大中专生676人次，对“雨露计划”毕业生摸底排查，为就业毕业生提供就业培训信息。

【项目库建设】 完成2022年乡村振兴项目库建设，申报管理乡村振兴项目15个。完成2023年巩固拓展脱贫成果同乡村振兴有效衔接资金项目库建设，入库项目170个，资金规模16951.8万元。

【项目建设】 持续加大产业扶持力度。全年各级衔接资金投入4621万元，实施项目63个，其中产业项目16个2188万元，基础设施27个715万元，到人到户补助资金1718万元。段店镇中湾现代蔬菜基地、新港小葱基地、蒲团种业仓储、芦花渔羊草综合体等带动性产业项目相继投入使用。

华容镇芦花村渔—羊—草项目

【智慧防返贫系统】 初步完成智慧防返贫建设，开发系统自动预警、部门预警、农户自主申报和基层干部排查四种监测预警功能，启动监测网上化、电子化走访模式，系统可对农户家庭人口、预警信息、帮扶措施、定期走访等自动归档，生成农户档案。

城乡建设

城乡基础建设

2022年，华容区住房和城乡建设工作认真贯彻落实习近平总书记关于住房和城乡建设工作重要指示批示精神，深入学习贯彻党的十九大和二十大精神，充分发挥“能战斗、敢战斗、善战斗”斗争精神，锚定武鄂同城化发展“加速器”，把党的建设融入到建设工地、房产开发、村镇建设、物业管理等住建领域的各个方面全过程，推进基层党组织全面过硬和全面提升，着力做好建筑工地管控、燃气安全、住房保障、城镇建设、红色物业等重点工作，推动住建事业高质量发展。

【物业管理】 党建引领抓物业管理。建立“区、乡镇、企业”三级上下联动、一贯到底的管理体系，充分发挥党支部战斗堡垒作用和党员先锋模范作用，把基层党建工作与社区物业管理服务有机结合，助力社区和住宅小区综合治理，不断提升居民幸福感和满意度。结合党史学习教育“我为群众办实事”实践活动，切实保障人民群众利益，全区物业管理领域侵害群众利益问题专项整治工作成效明显。强化物业小区常态化疫情防控，各物业企业对每日上岗物业人员测温，做好上岗人员检查记录。按要求对小区进出人员进行测温，做好人员与车辆出入登记。利用小区公告牌、宣传栏进行疫情防控宣传，督促物业从业人员与小区居民出行戴好口罩，做好个人防护。定期对小区公共区域进行消杀，确保小区疫情防控安全。

【房地产市场】 按照上级要求，不断强化房地产市场管理，进一步控制房地产开发规模，整体住房品质逐步提升。根据省住建厅《关于加快解决从事基本公共服务人员住房困难问题的实施意见》，收购恒大金碧天下50套房源，对象主要包括从事基本公共服务的企事业单位及机关人员中在工作地无房及多孩、三世同堂等住房困难家庭进行租赁。认真落实《市人民政府办公室关于印发进一步促进房地产市场平稳健康发展政策措施的通知》鄂州政办发〔2022〕7号文件精神，在支持房地产发展政策和重大项目建设、企业帮扶等方面落实购房补贴政策。自2022年6月16日起一年内，对购买本市新建商品住房的购房人给予购房补贴，在本市购买新建商品住房90平方米及以下的每套补贴1万元，90平方米以上的每套补贴2万元；满足多孩家庭住房需求，对符合国家生育政策的多孩家庭，购买本市新建商品住房的二孩家庭一次性补贴5000元，三孩家庭一次性补贴1万元；加大人才安居保障力度，对在本市就业、创业的，经市委人才办认定的人才，购买本市新建商品住房给予一次性购房补贴。

【城市建设】 持续推进道路工程建设，进一步完善主城区路网框架，促进城区道路互联互通。全区建成主次干道15条，全长31.6千米，面积106万平方米，污水管道38.5千米，道路绿化面积29.3万平方米，主城区“六纵三横”道路框架逐渐成形。紧抓民生实事，提高群众满意度。开展市政管网历史遗留问题专项治理行动，解决南岭街原水利局片区、南大冲片区、廖北湾小区、周杨港周汤村段河道清理及文昌桥污水提升泵站清淤等群众反映强烈的污水治理问题。为进一步提高实验幼儿园小朋友上下学段的交通安全意识，启动华容实验幼儿园等候区改造工程并完工。坚持以项目建设推动城乡建设高质量发展，提档提速城乡建设项目，持续改善人居环境。持续推进主城区雨污分流管网改造工程，实现龙华路、车站路、交通路、华亭路和华新街雨污分开收集排放及市政配套设施更新改造，累计完成投资约4000万元，一定程度缓解了主城区交通压力，进一步完善了主城区雨污分流体系。全力推进文昌大道（三期）建设，车站路至公园路段1400米道路通车，蔡家湾至城际铁路段700米完成土路床铺设，累计完成投资约3000万元。加快推进楚藩大道改造暨风貌提升工程，完成弱电入地、雨污分流、人行道、公交站台及华容卫生院公厕改造，基本完成道路两侧绿化提档升级，累计完成投资约7000万元。大力推进全区保障性安居工程及青云还建小区项目建设，2023年计划实现工程结构主体封顶。

城市提升工程文昌大道一角

【城镇燃气】 2022年是燃气安全整治三年行动收官之年。高度重视燃气安全生产，持续加强燃气安全排查整治，全面排查安全风险隐患，强化管控措施。根据《省安全生产委员会关于印发〈湖北省城镇燃气安全整治“百日行动”实施方案〉的通知》安排，认真贯彻落实“百日行动”工作部署要求，扎实推进燃气安全隐患排查整治，有效防范和遏制各类生产安全事故发生，确保安全生产形势持续稳定。多次组织开展多部门联合检查行动，重点开展检查燃气经营企业安全生产、餐饮场所用气安全，检查工商业用户452家，工商业用户安装燃气泄漏报警器213家，出具整改通知书52份。严厉打击非法经营液化气、无证运载钢瓶、燃气跨区域无证经营、“黑气点”等违法违规行为，全年燃气执法55次，查处非法经营、非法运输等违法行为为8起，收缴煤气罐176个，含不合格钢瓶32个；暂扣无证危化品运输车辆2台，移交公安机关处理5人，行政拘留5人。按要求开展燃气安全知识宣传，发放宣传单2000份，张贴安全牌500份，悬挂横幅20条。

【村镇建设】 开展“擦亮小城镇”行动，组织各乡镇大力实施乡镇基础设施建设、沿街立面美化、综合环境整治等行动，加快补齐乡镇“规划设计、公共环境、公共服务、基础设施、城镇风貌、产业发展、治理水平”短板，加快推进段店镇示范镇提档升级。开展居民自建房专项隐患排查整治，经过归集系统排查录入，全区有自建房63136栋，其中，经营性自建房1110栋，其他自建房62026栋。全区经营性自建房回头看后存在安全隐患的房屋26栋，鉴定率和整治率均达到100%。建立农村低收入群体住房安全动态监测机制，与区民政局、区乡村振兴局数据共享，每月指导各乡镇、村级加强农房日常安全巡查，及时掌握重点对象房屋信息。积极推广农村住宅设计图集，免费发放农房图集 300 本、1《农民自建房安全宣传单》300 张，全区推广农房设计图集应用率 63%。

【建筑市场】 高度重视住建领域营商环境，汲取各地改革经验，放宽工程准入条件，执行承诺制审批，加强事中事后监管，为创建省级改革先行区贡献住建力量。深化制度改革，优化检查模式，结合数字化要求，使用省厅市局监察监管系统，搭配手机 App 监管软件，以区级管理办法和监督检查方案为创新点，建立相适应的监督管理工作体系，将项目类别、企业信用等级和以往监督检查情况等，对项目进行风险进行等级分类，对不同风险等级的项目采取差别化的监督管理模式，根据情况动态调整监督检查频次，采取“双随机、一公开”“互联网 + 监管”“质量安全监管 App”等多样化的监督管理方式，进一步找准监管重点，提升监管效能，减少对企业不必要的打扰。

【质量安全】 以“放管服”改革为契机，采用“互联网 + 监管”模式，执行“双随机、一公开”的检查制度，在减少检查频次的同时，充分采用数字化监管体系和手段，加强智慧化监管。全年监管建设工程项目 32 个，建筑面积 231 万平方米，工程总造价 50 亿元；档案管理备案项目 23 个，其中，房地产项目 15 个、工业项目 8 个，归档资料 1330 卷。全区在建建筑工程质量安全监管覆盖率 100%，交付使用工程合格率 100%。认真组织开展建筑领域“安全生产月”及“红黑榜”检查行动，全年对在建工程开展质量安全检查 38 次，检查施工单位 32 家，监理单位 32 家，起重机械设备塔吊 32 台，施工升降机 21 台，下达隐患整改通知书 91 份，局部停工整改通知书 9 份，发现问题隐患 531 条并全部完成整改。对建筑市场违法违规开发经营行为立案查处 2 起，罚没款，168 万元。全年无质量安全事故。

【建筑科技与节能】 大力推广绿色节能建筑。以省市相关文件为基础，深入践行绿色发展理念，持续推进科技引领，加大应用力度。推广绿色建材应用，全区新建建筑绿色建材应用比例 30% 以上，其中政府投资项目和大型公共建筑应用比例 50% 以上，计划至 2025 年末，全区新建建筑绿色建材应用比例 50% 以上。

【工程改革】 优化住建领域营商环境。深化“放管服”改革，提升行政审批效能。在办理建筑许可环节中，采取“并联审批”“联合验收”“单体竣工验收”“告知承诺制”等系列措施，进一步优化审批流程和压缩审批时限，实现一窗受理、一套申报材料、零跑腿或只跑一次即可办理完成建筑许可审批。减少申请材料，对低风险、一般类等办理事项采取部分材料容缺办理，对事中事后监管能够及时纠正不符合审批条件的行为，且不会产生严重后果的审批事项实行告知承诺制，对政府投资房屋和城市基础设施工程建设项目，推行建设工程规划许可和建筑工程施工许可告知承诺制审批。持续推进“拿地及开工”“五证同发”“多规合一、多测合一”“水电气联动报装”等改革事项，加速提升建筑许可事项办事效率，以更短审批时限和更优的办事流程，为企业办事提供效率更高、成本更低、体验更佳的服务。

城市开发

华容区城投公司 2009 年 4 月成立，注册资金 5500 万元，为国有独资企业。主要经营城市基础设施的投资融资、土地收购储备和开发经营、为中小企业融资、授权经营城建国有资产、城市公共资源特许经营等。

【市政工程建设】　武冈城际铁路交叉工程。工程既有铁路为高架桥，设计左右幅机动车道分别采用钢筋混凝土现浇U形槽下穿铁路桥，长度分别为72米、75米，槽宽均为9.75米；2-D2.4米雨水圆管护涵及2-D1.0米污水圆管护涵穿越铁路采用顶管施工。武九铁路交叉工程。华蒲路与武九铁路交叉处现状为既有净宽10米框架桥下穿通道，利用既有下穿通道，新增两孔斜交框架桥下穿通道（净宽13.5米+6.0米），采用D型便梁加固，架空顶进施工。武石城际铁路（武九客专）交叉工程。工程既有铁路为高架桥，采用钢筋混凝土现浇U形槽环岛下穿铁路桥，长度均为60米，槽宽15.3米。DN1200毫米雨水管2道，采用明挖法施工；DN800毫米污水管1道，DN600毫米污水管1道，采用顶管施工。

2020年7月28日，华容区新天地建设投资有限公司与武汉武铁工程项目管理有限公司签订代建合同，金额4655.37万元。其中，武九交叉节点工程1898.62万元，武石交叉节点工程1298.31万元，武冈交叉节点工程1458.44万元。2020年10月8日开始进场施工，2022年底均已按工程设计要求完工并通车。

【国有资产运营管理】

鄂州市华容区畅达公共汽车有限公司　于2019年经区交通局申请及鄂州市公共交通客运管理处批复成立，实行公车公营模式，开通了202、203两条华容区区域公交线路。为进一步优化线网结构，加强常规公交线路与地铁线路的衔接，提升华容市民出行效率及品质，确保武汉市轨道交通地铁11号线与主城区公交线路无缝对接，2021年1月2日，畅达公汽公司新开通华容客运站至葛店南站的205路公交车。区畅达公汽公司和葛店开发区新市民公司各4辆车，每天运营40班次，两个公司各20班次。线路途经：华容客运站、楚藩大道（丁桥）、光华大道、唯品会、苏宁物流园、陶塘社区、高新三路、创业大道、高新大道、葛店南站（往返）。2021年1月22日，区城投公司下属子公司（畅达公汽公司）与国网电动汽车服务公司签订合同，在华容客运站内安装8套16枪电动汽车充电桩，于11月18日投入运营，在方便公交车充电的同时，也对外开放服务市民。2022年开通庙岭至葛店南站公交。根据前期与交通局和庙岭镇沟通，了解群众需求，规划线路走向和站点设置，206路公交线路获得交通主管部门审核批准。公司通过按揭分期付款方式筹集资金300余万元，财政配套资金200万元，购置7台新能源汽车。206路公交线路于1月18日开通运行，实现庙岭镇与葛店南站地铁无缝对接，方便了红莲湖新区沿线居民出行。206线路经停（循环线路全长50千米）葛店南站、大湾社区、锦绣香江、栈咀尖湾、栈咀村、永昌工业园、庙岭镇政府、庙岭派出所、庙岭集贸市场、吴何社区、恒大童世界、信基丽池、恒大酒店、恒大金碧天下、恒大酒店、信基丽池、恒大童世界、龙湖昱光之城、红莲山庄、大雄社区、红莲湖第三小学、红莲湖高尔夫、大叶村、叶家窑、黄泥畈村。

庙岭至葛店南站206路公交开通运营

华容停车场　由华容区政府投资2000万元兴建，占地面积70余亩，建有大小停车位400余个、值班岗亭3处。目前日均停车量200余台次。2021年重新申请核定停车收费标准，于2021年

8 月 2 日获市物价局核定批准，在更新收费系统后按新收费标准实施。停车场委托第三方物业管理有限公司管理，经营运营正常。

城管执法

2022 年，华容区城市管理执法工作坚持以服务人性化、管理精细化、执法规范化为目标，以全国文明典范城市创建为契机，不断提升城市管理执法队伍政治素质和业务水平，较好完成全年各项工作任务，为促进华容经济社会高质量发展提供了坚强保障。

【城市颜值提升工程】 成立环境卫生保洁情况考核专班，定期对环卫保洁工作进行考核，确保路段保洁、垃圾清扫清运、洒水降尘、公厕冲洗等作业全天候无缝隙覆盖。加强主次干道两侧立面管理，全面清理主城区“牛皮癣”、各类小广告 6000 余条，依法整治私搭乱建亭棚 16 处、占道流动摊贩 2000 处。规范户外缆线架设，清除城区破损广告牌 50 处。区级数字城管中心受理上报案件 4121 件，立案件 4106 件，结案件 4106 件，按期结案率 98.34%。

【城市品位提升工程】 严格压实压细行业部门监管责任和建筑施工单位扬尘防治主体责任，推动空气质量有效改善。2022 年办结行政处罚一般程序案件 46 起，配合公安部门扣押车辆 69 辆、行政拘留 13 人，罚款 46.5 万元；办结简易程序案件 6 起，罚款 3900 元。

【控违查违】 区控违专班每月对主城区、各乡镇的查违、控违情况进行详细统计，对发现问题及时处置。全年全区拆除新增违建房屋和非法违院、占地圈地 11905 平方米，拔除各类抢栽抢种树木 62720 棵，拆除存量违建面积 120 平方米。

【环卫精细化管理】 针对城区环卫作业实际，推进环卫作业市场化改革，对主城区垃圾二次转运、环卫保洁、园林绿化等环卫作业进行重新招标，主城区环卫保洁和垃圾清运工作交由中标公司新安洁环卫公司负责管理，通过市场化运作，主城区公共服务功能和城市管理精细化水平得到进一步提升。

【垃圾分类试点】 按照“示范引领、稳步推进、制度保障、长效管理”思路，对标对表，因地制宜，全面推进垃圾分类示范村建设。依据《华容区城乡生活垃圾分类实施方案》文件精神，段店镇先试先行，已全面完成上湖、陶湖等 9 个村垃圾分类示范创建，村级垃圾分类推进率达到 50%，其他乡镇示范村湾推进率达到 40% 左右。

交通运输

华容区交通要素资源密集，交通区位优势突出，是多式联运枢纽重要城市。武九铁路、武黄和武冈城际铁路横贯东西；沪蓉高速、汉鄂高速、黄鄂高速、武阳高速（在建）、新港高速（在建）、316 国道、吴楚大道穿境而过，与四通八达的县乡村公路形成便捷的交通网络；有铁路车站 4 个，高速出站口 6 个，铁路货运站 1 个（二级枢纽）。全区长江岸线资源丰富，三江港是武汉南岸核心港区、国家一级对外开放口岸、国家多式联运示范工程，可供建设港口岸线 17.8 千米，可建 5000 吨级泊位 112 个。开通城际公交路线对接武汉市。

【交通建设投资】 完成 316 国道（鸿泰至孙彭段）改造工程。路线由西向东布设，起点楚藩大道与华蒲路平交路口，沿线经过李家岗、田家塆、吴家上冲塆、孙彭社区，终点段店镇孙彭村路口，道路全长 1.92 千米。道路在原 15 米的道路两侧各增加 3.75 米机动车道、2.75 米绿化隔离带、4.5 米非机动车道及 4.0 米人行道，改造后，道路红线宽45米。改造工程建设内容包括：道路、排水、强弱电工程、绿化、照明、交通等，2022年7月建成通车。

至2022年底，未来三路建成通车，高新六路、高新七路实现硬联通，新港高速双柳长江大桥连接线工程开工建设，武阳高速即将通车。新港高速，全长约34.72千米，鄂州建设8.97千米，主线全线均为桥梁，项目止于鄂咸高速与黄鄂高速接线处。华容区成立新港高速双柳长江大桥及接线工程协调指挥部，2022年6月6日项目驻地建设开工，现已进入征地拆迁、施工阶段。

【公路建设养护】 结合全区农村公路实际情况，依据上级指示与文件精神要求，制定落实农村公路路长制。全年农村公路新建23千米，提档升级农村公路4千米，县乡道改造2.5千米。全年用于县道日常养护投资180万元，段浦路维修改造投资62.68万元，乡道、村道日常养护投资256.66万元。完成全区11座危桥改造并全部通车。

【公路里程分类统计】 至2022年底，全区境内现有高速公路5条62.03千米（其中：武鄂高速14.02千米，武黄高速19.35千米，鄂黄高速10.7千米，鄂咸高速15.15千米，武阳高速2.8千米）；国道1条24.5千米，省道2条39.87千米，县道17条140.53千米，乡道78条181.74千米，村道732.31千米，合计线路里程1118.95千米。等级公路密度1118.95千米每396.75平方千米，即282.03千米每百平方千米。实现乡镇通三级以上公路率100%，公路通村率、通湾率均100%，通村湾公路硬化率100%。中心城区“五纵五横”路网骨架基本形成。

华容区等级公路、高速公路里程表（截至2022年底）

单位：千米

行政等级	线路里程	高速公路	技术等级					等外	较2020年新增里程
			小计	一级	二级	三级	四级		
高速		62.03							15.15
国道	24.5		24.5	18.2	6.29				
省道	39.875		39.875	14.94	5.83	19.1			
县道	140.55		140.55	6.75	30.98	54.93	47.88		
乡道	181.75		171.65			0.42	171.21	10.11	
村道	732.35		579.37	1.76	0.92	10.81	565.89	152.94	10.2
合计	1118.95		955.9	41.65	44.02	85.26	784.97	163.05	10.2

【公交客运运营】 投入15台新能源公交车，开通运营202路、203路、205路、206路4条城市公交线路。开通城际公交新路1条，完成鄂城至胡林客运班线公交化改造，市公交1路线延伸至蒲团乡集镇。开通客运班线36条，客运总里程225.3千米，运营班线车153辆，建设招呼站115个、候车亭36个，实现全区71个行政村“村村通客车”。

202路。线路全长15千米，为单向循环线路，沿途停靠站点26个，经兴华路、楚藩大道东段、金明大道、振华路，沿楚藩大道返回车站。

203路。线路全长11千米，为单向循环线路，沿途停靠站点20个，经兴华路、楚藩大道、振华路、文昌大道、昌华路，沿楚藩大道返回车站。

205路。由华容客运站至葛店南站，线路全长14.2千米，为单向循环线路，沿途停靠站点

18 个，途经兴华路、楚藩大道、振华路、文昌大道、人民东路、光华大道、陶城大道、电商大道、高新三路、建设大道，在葛店南站与武汉地铁 11 号线衔接。

206 路。由葛店南站至黄泥畈村，线路全长 24.4 千米，为单向循环线路，沿途停靠站点 20 个，途经创业大道、257 省道。服务于红莲湖度假区游客及庙岭镇、创业大道沿线的居住，工业园区居民出行需求。葛店南站作为一个换乘枢纽，可换乘 205 路。

鄂 101 路。鄂州市人民政府与武汉市人民政府为共同促进“武鄂同城一体化发展”，经湖北省交通运输厅同意并核批设立的一条武鄂城际公交客运线路，由鄂州市华容起点站，途经葛店、

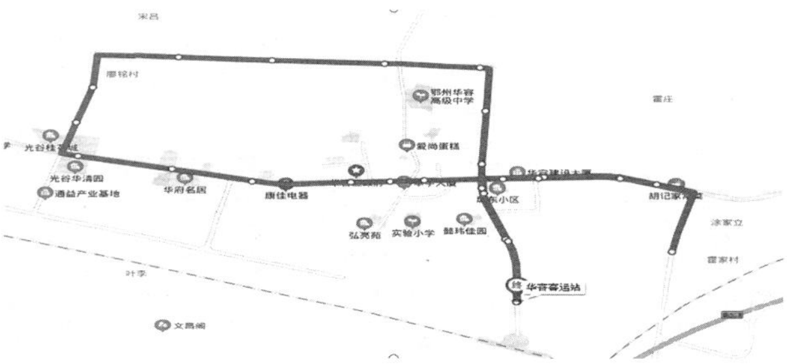

公交 203 路线路图

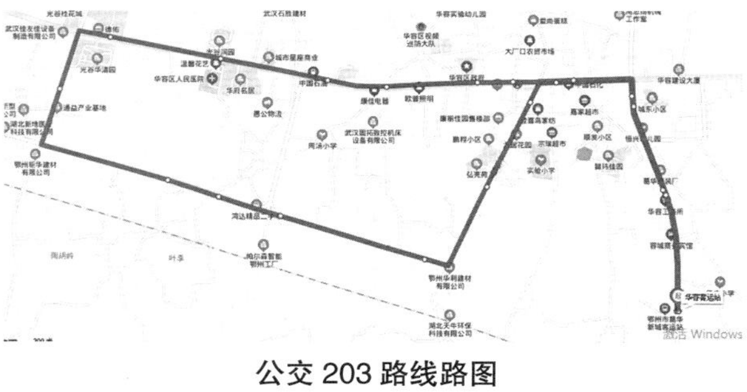

公交 203 路线路图

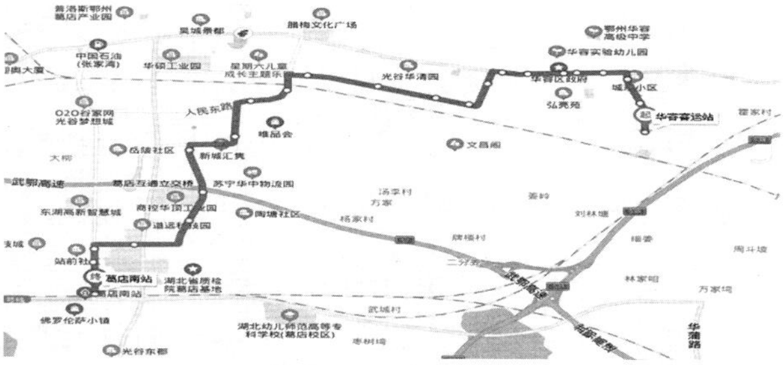

公交 205 路线路图

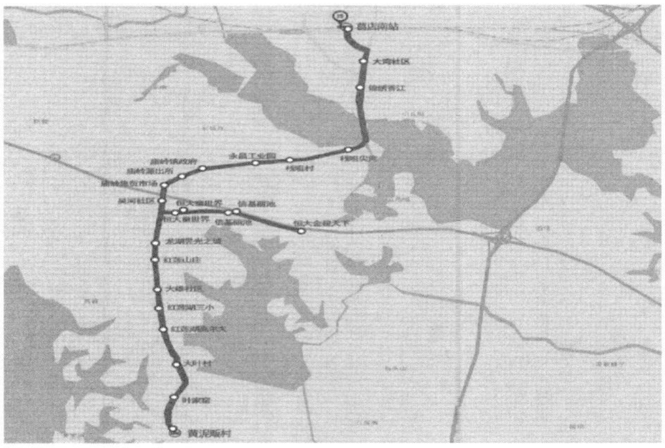

公交 206 路线路图

左岭、华星光电、八叠山（科技一路）、华为武汉总部、东湖高新政务中心、小米武汉总部（九峰一路）、九峰（森林大道王家店）、光谷广场（珞瑜路）、街道口等站点，终到武汉市武昌区大东门（武珞路）。全程约 45 千米 60 个站点，采取梯形票价收费，全程票价 9 元，实现华容区居民与“武汉 1+8 都市圈”核心区 1 小时通达。

道路交通管理

2022 年，华容区道路交通管理工作在区委区政府和市交管局的坚强领导下，紧紧围绕创建文明典范城市营造和谐稳定社会环境的总体目标。以“减量控大”“夏季攻势”“秋季攻势”“冬季大会战”等专项行动为抓手，牢牢把握防事故、保安全、保畅通总体要求，充分发挥职能作用，积极主动做好各项交通管理工作。

【概述】 助力全区“风貌提升”工程，提档升级主城区 5 处路口，道路交通标示、标线焕然一新。进一步改善百姓出行便利性，辖区新增红绿灯 4 处，改造农村平交路口 31 处，整改隐患路段 6 处，改善隐患点 17 处。通过加强重点车辆管控、重点隐患治理、重点路段管理，进一步压降道路交通事故，全年亡人事故同比下降 30%。全年查处道路交通违法行为 15338 起，行

政拘留9人，刑事拘留3人，移送起诉77起。全年发生道路交通事故2869起，其中，亡人事故16起，死亡16人；伤人事故201起，伤216人；财产损失事故2274起，直接财产损失200万元。与2021年相比（同期事故数2130起），交通事故增加360起，上升17%；亡人事故（同期事故数23起）减少7起，下降30%，死亡人数（同期亡人数23人）减少7人，下降30%；伤人事故（同期事故数190起）增加11起，上升5.8%；伤人数（同期伤人数203）增加13人，上升6.4%；财产事故（同期事故数2040起）增加234起，上升11.5%。全年未发生群死群伤恶性交通事故，道路交通安全形势总体保持平稳。

【狠抓责任主线】 年初召开道路交通秩序维护专题会议，对“找、堵、防”“情指情舆”一体化工作进行动员部署，进一步增强全体民辅警政治敏感性和工作责任感、紧迫感。抓严管、整秩序，坚持问题导向，立足机制，重点加强信息研判、隐患排查、路面管控、应急处突等工作，逐项细化工作任务，做到定岗、定人、定责，确保每一项工作落到实处。严格落实包挂责任制，实行驻点督导、责任捆绑，一级抓一级，层层抓落实，全力确保辖区交通安全形势持续平稳。

【狠抓管控主线】 加大重点车辆源头监管力度，做到每日上路巡查，每周深入重点单位开展一次检查。及时更新重点单位、重点车辆数据信息。严格实行重点违法行为查处工作量化考核，做到人人有任务、层层有考核。认真开展交通违法专项整治，每周固定开展酒驾集中整治行动，全年查处酒后驾驶291起、二次酒驾25起、醉酒驾驶96起。扎实开展货车超限超载、非法加高墙板专项行动，查获超载货车2126起，非法改装货车165起。开展重点车辆违法整治，查获无证驾驶543起、非法改装面包车96起、机动车未定期进行安全技术检验330起、抛洒73起、客车超员17起。认真开展道路安全隐患排查整治，13处道路交通安全隐患全部整改完毕。辖区增设交通安全设施，安装信号灯1处、安装标志牌190块、修复防护栏100节、凸视镜6块、非机动车位180个、施划标线16000平方米。全力保障辖区恶劣天气道路交通安全，制定恶劣天气应急预案，遇有大雾、冰雪等恶劣天气，及时通报预警信息，全员上路执勤，严密监视道路交通安全情况，加强路面巡逻管控，做好来往车辆交通秩序维护，对辖区汽车站点实行临时性交通管控，辖区未因大雾发生交通拥堵和引发交通事故。细致开展交通事故勘查与处理工作，年度接处警2869起，受理2490起，交通事故调处1995起，无一错案。加大对肇事逃逸案件侦破力度，坚持快出警、快决断、快围堵、勤走访的工作态度，破获3起伤人逃逸案件。强化宣传，撰写各类信息上传支队网100余条、编写工作情况信息300余条、对外宣传采用50余篇。扎实推进“五进”，开展进企业、单位、村庄、学校、社区交通宣传20次，挂宣传横幅60余条、发放宣传资料2万份，增强了广大群众交通法规意识，促进了对交管工作的理解支持。做好疫情防控工作，全年常态化投入16人次参与4处高速卡口值守，在多轮疫情防控工作中严格执行住队制，全员在岗在位，确保疫情管控落实到位。

开展摩托车专项整治行动

【狠抓安全主线】 严格落实事故防控“五个一”工作机制。对亡人事故、重大财产和群伤事故提交一份交通事故调查分析报告，送达一份隐患整改建议函，发布一份“三查一改”通报表，下发一份限期落实督办单，下发一份事故倒查问责决定书。坚持做到“六个到位”。坚持以事实为依据，以法律为准绳，全面预防和减少交通事故的发生。强化重点路段巡管。针对辖区前往武汉务工流较多，辖区车流量较大实际，科学调配勤务和警力，切实加大对辖区重点时段、重点路段的管控力度，坚持“白天整治，晚上行动”，加大对可疑车辆的检查力度，时刻保持高压震慑态势，最大限度地发现和消除交通安全隐患，确保辖区道路不漏管、不失控。强化重点车辆整治。紧密结合“找窟窿、堵窟窿、防透风”“逢三、逢五”夜查等专项整治行动，切实加大对客运车辆、危化品运输车辆、二三轮摩托车等重点车辆的检查力度，严查客车超员、超速行驶、疲劳驾驶、危化品运输车辆超载、非法改装、不按规定线路行驶等严重交通违法行为，紧盯“重点车辆违法清零”，形成严管重治的高压态势。

【狠抓预防主线】 紧盯重点道路。以重要路口、桥梁、急弯路段、陡坡路段、连续下坡路段和临水、临崖等路段为排查重点，逐一排查，本年度排查安全隐患已整改完毕，确保了人民群众安全出行。紧盯重点企业。组织民警深入辖区客运企业、校车公司、危化品企业、物流公司，督促企业开展交通安全大检查，落实源头管理责任，对重点车辆驾驶人进行驾驶资质核查及安全再教育，强化对客货运车辆和危险品运输车辆的安全管理，加大交通违法驾驶员的内部处罚，督促及时消除违法行为，从源头上预防运输车辆事故。

【狠抓服务主线】 强化宗旨意识，优化营商环境，服务人民群众，全力提升人民满意度，全年为民服务 50 余件次。深化“放管服”工作，规范窗口建设，进一步提升服务质量。积极拓展便民渠道，为群众办好事、办实事，全年办理新车注册 3795 辆，核发检验合格证 941 辆，办理转移登记 82 辆、补换牌证 88 辆，新增备询考试合格核发驾驶证 109 本，增驾 222 起，对符合注销条件的依法注销 87 本，及时更正驾驶员各类信息 194 次。进一步完善执法建设，狠抓窗口服务态度、服务质量，规范窗口各类执法活动，窗口人员耐心解释，认真比对，全年无一起因处理解释不到位而引发的投诉。

【狠抓能力提升主线】 强化日常培训，从教育培训入手，推进交警执法规范化建设。依托政治理论学习开展系列活动，利用交警网校开展专题培训。通过开展走访评议、警民恳谈等执法为民主题活动，进一步了解掌握民警执法动态，找准突出问题加以改正，民警队伍整体素质实现新提升。从绩效考核管理抓起，不断完善考评制度，提高民警办案水平，提升民警执法形象。提升执法规范化建设，通过“走出去、请进来”开展多角度、多层次学习，制定相关执法流程、工作提示牌，严格执行相关法律规定，不断提升民警执法能力和执法规矩意识。

财务·税务·审计

财　政

2022年，华容区财政工作坚决贯彻落实区委区政府的决策部署，坚持“稳字当头、稳中求进”工作总基调，在难中开局、难中破题、难中前行，全力以赴抓收入、促发展、惠民生、控风险、推改革，确保了财政运行总体平稳有序，有力保障了全区经济社会发展大局。

【增强政治功能】 以习近平新时代中国特色社会主义思想为指导，以讲政治为根本要求，大力弘扬伟大建党精神，不断增强政治底色。坚决落实意识形态工作责任制，加强舆情管控，净化财政政治生态，夯实财政事业发展基层基础。

驻庙岭镇栈咀村第一书记姜芬等一行督导“我为群众办实事”实践活动

【兜牢“三保”】 进一步强化“开源、节流、优支”，大力压减一般性支出，集中财力保“三保”、保重点。全年全区“三保”支出10.9亿元，占全区地方一般公共预算支出88.7%，其中，保民生支出3.8亿元、保工资支出4.6亿元、保运转支出2.5亿元。

【预算执行管理】 以贯彻落实《预算法》为根本遵循，自觉主动接受区人大监督，持实际、有保有压，及时向区人大报告两次预算调整情况，同时做好政府预算和部门预决算公开工作。加大预算一体化系统实操培训力度，促进全区部门预算管理水平提升，完善预算绩效管理体系，提高财政预算资金使用效益。

【助力乡村振兴】 全年全区财政衔接推进乡村振兴资金6379万元，拨付资金6379万元，拨付进度100%。完成对竣工项目的资金绩效评价工作。省级美丽乡村项目资金1200万元，经拨付820万元。

【优化营商环境】 全面推进政府采购四项改革创新，持续优化营商环境。大力实施惠企政策“免申即享”，为21家高新技术企业兑现发展奖励资金1306万元。大规模实施留抵退税和“六税两费”减免政策，为市场主体减免税收1.3亿元。

【监督和绩效管理】 充分发挥财政监督职能，开展“一卡通”突出问题专项治理“回头看”和会计评估等5项监督检查，向5个乡镇及部分区直单位发放整改意见函9份，现场提供问题整改线索100余条。对全区11个重点项目及相关区直部门开展整体绩效评价，强化评价结果运用，对低效无效资金一律削减或取消安排。

税　务

2022年，华容区税务工作在区委区政府和市税务局的坚强领导下，坚持以习近平新时代中国特色社会主义思想为指导，认真贯彻落实上级年初工作会议精神，突出“学党史、悟思想、办实事、开新局”，以“税收惠民办实事”为目标，以深入推进“四精”为抓手，聚焦党史教育、优化营商环境、疫情防控等重点工作，坚持高标准、严要求，全面推进税收事业高质量发展。

【税收收入】 全年入库税收收入84456万元，同比下降23.81%，还原留抵退税后全年入库税收收入97609万元，同比下降17.23%。全年全区495户纳税人退税11076万元，留抵退税14424万元。严格落实“挖潜增收、查漏补收”工作要求，持续加强税收预测，准确区分经济税源和实有税源，通过提示提醒、纳税辅导、纳税评估等多种形式，优服务、强管理、促增收，追缴各项税款近1.2亿元。着力提升“三清”成效，对2021年度企税汇算清缴8522万元、个税汇算清缴849万元、土地增值税清算1029.24万元，契税清算267.18万元。

【减税降费】 精准落实各项减税降费政策，该减免的减免到位，该退还的退还到位，致力优惠政策直达市场主体，直接惠民利企。2022年全年新增减税降费6629万元，其中，2022年新出台的政策减税降费4195万元，2022年展期实施政策减税降费率1327万元，2021年年中出台政策在2022年翘尾新增减税降费1107万元。

【营商环境】 协同推进“一把手”走流程，发挥班子头雁效应，将政策执行与跟踪问效，简化服务与风险防控同步落实落细，听取纳税人缴费人在税务执法、政风行风等方面的意见建议40余条。持续提升纳税人满意度，“一把手”直抓走访，通过电话、实地等方式问需纳税人2706户次，快速响应纳税人诉求8条。“非接触式”办税比例、“好差评”主动评价率等指标实现逐月提高。加强老年人、残疾人等特殊人群服务保障，保留现金支付方式，设置无障碍通道，优化线下服务流程，提供“一站式”综合服务。

【纳税服务】 春风行动持续升级。疫情影响下，继续实行网上办、掌上办、自助办等举措，拓展“非接触式”“不见面”办税缴费服务，通过电话和微信群辅导，让纳税人足不出户即可完成办税事宜，全年远程辅导帮办业务396笔。持续关注老年人、残疾人等群体，设置无障碍通道，保留现金支付方式。持续提升工作满意度。抽调人员建立团队，从纳税缴费咨询、宣传、辅导到推送适用税费政策，团队合理管控，实现精准滴管。建立健全“好差评”常态化工作机制，完善“开展评价—差评处理—结果应用”业务闭环管理模式，确保每项差评反映的问题都能得到及时整改。针对税费优惠政策享受、涉税服务、办税体验、诉求办理等内容，主动开展问需走访，重点解决反映问题。办税服务更加便捷。不断拓展线上服务，持续优化线下服务，全面推广楚税通、电子税务局、个税App等线上办税渠道，网办事项达到90%，税务登记、税务认定、发票办理、申报

区税务局推行“说理式执法”，优化税收营商环境

纳税、优惠办理、证明办理、预约办理、宣传咨询等实现全省通办。线下服务采取实体办税加自助办税模式，简单事项自助办理，复杂事项窗口办理，定制事项预约办理，确保大征期平稳有序。

【法治税务】 落实首违不罚等柔性执法新政策，强化“三项制度”执行力度，完善行政执法信息公开和影像记录信息管理，坚决防止粗放式、一刀切的随意执法。对废旧物资、成品油等税收高风险行业和领域，实施多部门联合重点监管，确保辖区不出现重大税收风险。加强平安法治建设和综治工作。加强执法培训，开展行政处罚和相关税务新政培训，强化税收法制宣传，促进全区依法治税工作实现整体水平新提升。

审　计

2022 年，华容区审计工作认真贯彻中央和省市区经济工作会议及审计委员会会议精神，完整、准确、全面把握扎实推进中国式现代化对审计工作提出的新要求新任务，立足经济监督定位，聚焦财政财务收支真实合法效益审计主责主业，深入开展研究型审计，全面推进高质量审计，为加快打造武鄂同城化发展“加速器”、建设现代化滨江临港产业生态新城贡献审计力量。

【概述】 全年审计项目 17 个，其中，全省统一组织的审计项目 3 个，市级组织的审计项目 5 个，区级自定审计项目 9 个。审计查处各类问题 76 个，涉及金额 6.74 亿元，提出审计建议 39 条，移送案件线索 1 件。

【服务中心大局】 切实履行重大事项请示报告主体责任，先后向市委审计委员会报送重大事项报告 5 份。召开两次区委审计委员会会议，学习讲话及文件精神 4 次，审议通过华容区 2022 年审计项目计划，及时将 8 个重大事项向区委审计委员会、区政府请示报告。开展惠民惠农财政补贴资金“一卡通”发放管理突出问题专项审计、石竹生态养老院审计、红莲湖新区安置房建设项目资金使用情况审计和红莲湖大数据云计算产业园一级开发投资建设项目审计。2021 年至 2022 年 9 月开发成本专项审计等区主要领导交办审计任务 4 件。

区审计局志愿者慰问罗湖村特困户

【财政审计】 开展 2021 年度区本级财政预算执行、决算草案及其他财政收支情况审计，以及 43 个区直部门（单位）2021 年度预算执行审计，重点关注财政资源统筹、财政支出政策落实、存量资金和闲置资产盘活，以及遵守中央八项规定精神和厉行节约反对浪费有关规定等情况，促进把钱用在刀刃上，切实提高预算管理绩效。全年查找预决算编制口径不一致、不精准、资产管理不规范等问题 9 个，涉及金额 1.3 亿元，提出审计建议 8 条。

【民生资金审计】 围绕涉及民生改善、社会公平等问题，重点关注政府关心、社会关注的民生项目建设完成情况及民生资金管理使用情况，加大问题查处力度，把审计监督跟进到民生项目和资金“最后一公里”，切实看好和推动用好民生资金，助力推进民生政策贯彻落实，全面保障民生资金的安全和效益。开展人居环境整治专项资金审计，查找农村生活污水管网接户率不高、农村生活污水水质监测结果总磷超标等问题 19 个，涉及金额 600.19 万元，提出审计建议 3 条。

【经济责任审计】 在经济责任审计中，加强综合审计成果分析提炼，做到审事与察人、审计定责与组织问责、点上发力与面上见效“三个结合”，着力规范权力运行。常态化加强与组织部门的协作配合，探索“既全面审计、又突出重点”“既审计重点人，也研判重点事”“既重结果研判、又重过程研判”的经济责任审计成果运用研判机制。开展区教育局、区住建局等 5 个部门领导干部经济责任审计，查出问题 26 个，涉及金额 609.82 万元，提出审计建议 14 条。

【政府投资审计】 准确把握投资审计转型要求，切实“种好责任田、干好分内事”，深入推进政府投资审计高质量发展。沿着政治、政策、项目和资金开展审计，切实提升审计成果，一体推进揭示问题、规范管理、促进改革。压实建设单位主体责任，由点及面推动政府投资项目规范有序建设。查出未及时编制竣工财务决算、相关参建单位监管不严、履职不到位等问题 16 个，涉及金额 5205.21 万元，立行立改问题 5 个，节约和挽回损失资金 23.96 万元，移送问题线索 1 起，提出审计建议 11 条。

【自然资源审计】 围绕自然资源禀赋，重点关注贯彻执行生态文明建设方针政策和决策部署、遵守自然资源资产管理和生态环境保护法律法规、重大决策、目标任务完成、监督责任履行、相关资金使用和项目建设运行情况。同时，加强与区农业农村局、区自然资源和规划分局等部门沟通对接，强化审计工作落实，确保自然资源审计不走空。开展河湖长制政策落实情况专项审计调查，查出部分河长公示牌信息更新不及时、部分乡（镇）、村级河长未履行巡湖巡河职责或履行职责不到位等问题 8 个，提出审计建议 4 条。

【审计问题整改】 边审边改，抓时效。坚持将以审促改贯穿审计全过程，针对发现的“当下改”问题，督促被审计单位即知即改、立行立改。从严从实，重质效。紧盯问题分类施策，督促被审计单位主动扛起审计整改责任，全面整改。适时开展“回头看”，推动整改落实见真章、动真格、求真效。建章立制，促长效。在审计整改中坚持“当下改”和“长久立”相结合，把解决当前问题与长远问题、显性问题与深层次问题、特殊性问题与普遍性问题相结合，着力从制度机制上补短板、堵漏洞，真正把审计工作成果转化为治理效能。截至 2022 年 12 月底，已整改问题 77 个，正在整改问题 51 个，整改金额 7836.51 万元。

教育·卫生

教　育

2022年末，华容区有学校36所，其中，高中1所、初中5所、小学30所。全区现有中小学生15584人，其中，高中1361人，巩固率98.5%；初中生4358人，巩固率100%；小学生9865人，巩固率100%。全区现有教师1247人，其中，高中教师105人、初中教师298人、小学教师844人。现有审批幼儿园40所，其中，公办园10所，民办园30所；在园幼儿6910人，毛入园率98%。

【荣誉】 区教育局获省厅关心下一代工作优秀奖，局党支部荣获“全市红旗示范党组织”；华容中学荣获“全市五四红旗团支部”，华容实实验小学荣获全省“红领巾奖章”集体四星章。

【设施改善】 圆满完成省“万个公办园扩充行动”，4所公办幼儿园完成改扩建并开园；10所学校实施“改薄提升”，新增学位1000余个。6所学校“双减”改革成果获省级主流媒体报道，骆李小学课后旱地龙舟赛活动获中央电视台推播。

【质量提升】 2022年中考人平分比普通高中录取资格线375分高出33分，普通高中上线率59.2%，中考成绩处于全市中等以上水平。2所学校被教育部命名为全国足球特色校园；段店小学、临江乡中心小学、华容实小等学校乡村少年宫的做法成果获省委宣传部、省教育厅嘉奖，教育信息宣传工作全市三区第一。

组织华容高中到葛店高中就“葛华一体、教育融合”调研

【安全管理】 坚持防疫与教学两手抓，校园安全管理经验在全市交流，周汤小学获批省级“平安校园”。清廉学校宣教视频获市纪委监委表彰，建设经验在全市交流、在省纪委监委专刊刊发推广。狠下决心整治教育乱象，23家无证幼儿园全面关停，学前教育安全隐患得到根治。深入开展幼小衔接试验区建设，示范经验在全省交流。在全市率先实施教联体改革，申报省级初中教联体改革试点，与湖北二师建立校地合作关系。

华 容 高 中

2022年，华容高中在区委区政府的坚强领导和各部门的关心关怀指导下，坚持“德育为首，以人为本，质量强校”办学理念，以教学常规管理为切入点，坚持依法治校，强化学校各项管理，着力打造优质和谐校园。

【概述】 华容高中占地面积 90 余亩，现有教学大楼 2 栋、学生公寓 2 栋、综合大楼 1 栋、现代化的学生食堂 1 栋、教师宿舍楼 3 栋，配有体育馆和标准化运动场。学校现有教学班 25 个，在校学生 1500 余人，教职工 111 人；有特级教师 1 人，高级教师 34 人，区十佳教师 18 人，市骨干教师 26 人，省骨干教师 9 人。

【校园建设】 校园建设方面，室内运动馆完成验收，功能室即将交付使用，完成学校亮化工程。教学管理方面，完善《教师常规教学和考评细则》《听评课制度》等相关制度，积极参加市教研室组织的各项交流活动，提高了教师教学质量。体育活动方面，开展秋季学生运动会和教职工球类运动会，体育活动氛围日益浓厚。

【德育教育】 学校遵照“让能读书的学生上一本、让想读书的学生有书读、让不读书的学生成人”要求，大力开展“先成人、后成材”各项活动。开展爱国教育。通过开展主题班会、组织学生观看战争年代影片和开展辩论赛等活动，帮助学生树立敬英雄、学英雄、做英雄人生观。进行爱心教育。定期组织学生进精准扶贫对象户调查，培养学生爱心、孝心，养成要担当、敢担当品质。开展信心教育。为让每个学生生活充满朝气，积极搭建平台，让学生特长尽量得到发挥。开展志愿者服务。让学生自己动手，开展建设班级文化阵地、寝室自己管理等活动，让不同爱好学生都有施展聪明才智、特色技能的空间，学生品德和身心健康得到良好发展。学校组建自己的团校，获得省市团委表彰。葛妍同学荣获“鄂州市时代好少年”称号。

集中举行“成人礼”

【党风廉政建设】 严肃党员政治生活，坚持组织生活会和民主生活制度，强化廉政风险防控机制，推进决策公开、管理公开、服务公开、结果公开。坚决落实从严治党主体责任，把抓好党建始终作为最大的政治任务。坚定不移抓好作风建设，虚心接受广大家长和社会监督，严禁参与有偿补课活动；加大制度落实力度，废除或修改与中央八项规定精神不符的规章制度。全年没有党员干部受到相关部门查处，没有出现参加升学宴、谢师宴事例，没有发生违规收费行为。

卫　　生

2022 年，华容区卫生健康工作在区委区政府的坚强领导下，在市卫健委的精心指导下，围绕“强基层、补短板、抓提升、严管理”要求，进一步强化医疗卫生服务能力建设，加快推进基本公共卫生服务均等化进程，积极推进公共卫生和计划生育各项政策措施实施，为保障人民群众身体健康和促进经济社会发展作出了积极贡献。

【党的建设】 始终把政治建设摆在首位。坚持以政治建设为统领，加强政治纪律和政治规矩教育，引导全体党员干部进一步提高政治站位和政治能力，严肃党内政治生活，运用好党组理论中心组学习和支部“三会一课”等载体，认真学习习近平新时代中国特色社会主义思想、党的十九届六中全会及党的二十大精神以及习近平视察湖北重要讲话精神，深入推进“一下三民”实践活动。严格落实党风廉政建设主体责任和班子成员“一岗双责”，组织开展医疗机构党支部书记及纪检委员述职述廉。进一步加强思想建设和作风建设，在全系统形成一种风清气正、清正廉洁、干净做人、实在做事的良好氛围。卫健局党组及各医疗卫生机构党支部将“清廉机关”“清廉医院”建设作为重点工作安排部署，结合实际，制定《华容区卫健局清廉医院建设的实施方案》《关于医疗机构清廉医院创建及专项整治工作督导的方案通知》等方案，扎实推进清廉机关、清廉医院建设，全年不定期对全区各医疗卫生机构清廉医院建设情况督导督查15次，针对督查发现的问题，及时下发督查情况通报，督促逐项整改落实。坚决铲除医疗卫生领域“微腐败”，全面提升卫健系统整体形象。

【疫情防控】 持续提升防控技能。强化医务人员培训，严格落实院感防控各项措施，加强院感防控和医务人员防护。多次组织疫情防控应急综合演练和核酸采样、流调等专业培训，进一步提升疫情防控处置能力，有效处置“8·29”和“11·2”输入疫情。加强重点场所管理。落实“四方责任”，发挥“哨点”作用，持续加强对医院发热门诊、隔离点、个体诊所、村卫生室规范管理情况督查监管。安全有序推进疫苗接种。采取多种形式，加大疫苗接种宣传发动力度，安全有序组织疫苗接种，实现应接尽接，切实增强居民的免疫屏障。强化常态化核酸检测。加强重点场所、重点人员以及社会面常态化核酸检测。做好疫情预警工作。

【健康建设】 加强健康知识宣传普及。深入开展疾病预防控制和人群健康宣传教育，采取多种形式，开展健康知识宣传，倡导健康生活习惯，不断提升全民健康素养水平。扎实开展爱国卫生运动。结合村庄环境整治，扎实推进第34个爱国卫生月活动。持续推进卫生镇村创建。坚持以点带面、整体提升，组织开展卫生单位、卫生乡镇、卫生村（社区）创建，着力改善人居健康环境。华容镇、段店镇、蒲团乡通过国家卫生乡镇命名，继续推进临江乡省级卫生乡镇复查和庙岭镇国家卫生乡镇申报工作。做实血防工作。强化沿江疫区血防综合治理，扎实开展查螺灭螺、血吸虫病防治知识宣传和普查治疗、江滩禁牧等工作，持续巩固血防治理成果。

【惠民政策落实】 全面落实计生奖励扶助政策。认真落实国家奖、特扶等政策，对计生特殊家庭实行“三个全覆盖”，各乡镇卫生院为计生特殊家庭开设就医通绿色通道，建立定期联系制度，传统节日每户每次发放慰问金500元，实现全覆盖。开展“金秋助学”活动，对25名考取一本和二本的独女户、双女户，分别给予2000元、1000元资助。做实家庭医生签约服务。按照“应签尽签”“自愿签约”原则，落实“签约一人、履约一人、做实一人”要求，主动为脱贫人口提供签约服务。全区组建家庭医生签约服务团队31个，团队成员203人，完成脱贫人口家庭医生签约并建立健康档案11755人，按照要求开展体检和随访服务。对患有高血压、糖尿病、结核病、严重精神障碍等4种慢性疾病的脱贫人口，每季度开展上门随访服务。开展大病集中救治。按照全市确定的农村脱贫人口31种（含新冠肺炎）大病专项救治病种，落实“四定两加强”（定点救治医院、定单病种付费、定诊疗方案、定联动报销比例，加强救治管理、责任落实）政策，全区520人次脱贫人口得到有效救治。推进老龄人群医疗服务。各乡镇卫生院完成老年友善医疗机构申报工作，华容中心卫生院、段店卫生院、庙岭卫生院与养老机构落实签约服务，利用老龄健康信息管理系统，解决老年人在医疗机构运用智能技术困难。

【服务能力建设】 推进医联体建设。2021年7月开始，鄂州市中心医院托管华容区人民医院、华容中心卫生院，并签订托管协议，派驻管理人员和学科带头人7名，每周安排专家到区人民医院坐诊，进一步提升了全区医疗救治水平。加快公共卫生补短板项目建设。针对新冠肺炎疫情防控工作中暴露的基础设施缺乏、救治能力不足等问题短板，建设区级公共卫生临床中心并投入使用，改造泥矶、胡林、蒲团等乡镇卫生院。推进村卫生室建设提档升级。高标准新建红莲湖社区卫生服务站（大廖村中心卫生室）、胡林社区卫生服务站并投入使用；改扩建部分村卫生室，完成段店镇三江村、中湾村卫生室改造。加快“互联网＋医疗健康”建设。积极开展远程检查、远程影像、远程会诊，推进实施华容智慧医疗项目，全区乡镇卫生院、村卫生室均开通远程诊疗服务平台，配备电脑、平板等设备开展医疗协诊服务，全区69个村卫生室配备了医疗职能服务包。落实卫生人才培养计划。委培乡村全科医生到岗服务33名，积极推进基层卫生人才能力提升培训项目。开展优质服务基层行活动，华容中心卫生院按照省级标准，段店、庙岭、蒲团、胡林卫生院按照基本标准，分别通过省市卫健委评审。

【计生妇幼服务】 加强优生优育服务。扎实开展优生优育、生殖健康知识宣传活动，推进

组织医务人员到企业为员工开展义诊活动

“两免”服务项目，有效控制出生人口缺陷，实现基本生育免费服务全覆盖。全区219人享受基本生育免费服务政策，发放基本生育免费服务资金13.23万元。加强计生和妇幼健康管理。全区出生人口性别比为116.05，比市级年度责任目标高2.05个单位值，符合政策生育率98.68%，全员人口数据库主要数据准确率99.70%。

【综合监管执法】 进一步优化营商环境，规范行政审批行为，提升服务质量。区综合监督执法局对中小医疗机构常态化开展疫情防控、医疗废物回收、非法行医等督查，下发督查通报12期，并督促整改到位；对公共场所营业场所巡查167家次，在监督“亮证经营”过程中发放公示牌113个、消毒盒109个、消毒桶47个、卫生许可证64个。加强职业卫生监督，申报职业病危害项目98家，年度更新83家，变更申报5家，第三方已检测38家。开展岗中职业健康检查37家，2家企业（段店镇胜利软、庙岭镇华中数控）申报市级“健康企业”，段店胜利软管通过省级验收，庙岭镇华中数控通过市级验收。

【文明创建】 全年完成各类信息宣传报道85篇，其中，国家级报纸、杂志7篇，国家级网站5篇，省级报刊4篇，省级杂志、网站11篇，鄂州日报29篇，区政府门户网29篇，华容党建红10篇。区卫健局荣获省计划生育协会“宣传工作先进单位”、学用《人生》工作先进单位、计划生育意外伤害保险工作先进单位。全年开展创文宣传活动34场（包括区级要求医疗健康、疫情防控等活动33场，市级加分活动1场），上报创文活动类图片112张。全年组织开展暖冬行动、“5·29”会员活动日、“7·11”世界人口日、重阳节关爱老人、青春期健康教育、“关注普遍的眼健康”“防养老诈骗”“323”健康教育以及“我为群众办实事”、送医送药下乡等宣传服务活动20余场次。

文化·体育·旅游·融媒体

2022年，华容区文化体育旅游融媒体工作认真学习贯彻党的十九大和二十大精神，坚持以及习近平新时代中国特色社会主义思想为指导，围绕“举旗帜、聚民心、育新人、兴文化、展形象”建设社会主义文化强国，以实际行动履行新时代使命任务，以不断满足人民群众日益增长的精神文化生活需求为出发点和落脚点，不断推进全区文化体育旅游融媒体事业高质量发展。

惠民工程

【项目建设】 积极推进文体项目建设，完成区市民文化中心、老年大学、博物馆、文化馆等公共服务场所建设，元旦期间全部免费对外开放。完成新全民健身示范工程建设，申报并完成新建新农民健身示范工程A类一处、村级多功能运动场2处，完成10个村级文体广场建设，配送体育器材30套。加强农村文体广电基础设施建设。不断推进区图书馆、全民健身工程场馆、农家书屋、村综合文化服务中心建设。不断发展广播电视事业，完成中央无线数字化全覆盖工程，持续夯实基层公共文体广电设施。

【群众文化体育活动】 开展丰富多彩文体活动，着力打造本土优秀文艺作品，增强和提升公共文化服务能力。开展文化惠民活动。组织开展以“共享文化惠民，唱响幸福华容”为主题的送戏下乡活动30余场次。开展主题文化活动。深入基层，组织开展多项主题文化活动10场次，丰富了广大农民群众的精神文化生活。积极参加省市文体活动。组队参加全市各项文体活动，组织节目参加全省第三届“县乡长说移风易俗”“群众文艺作品展演”活动，并取得优异成绩。

新建的“城市书房”

“渔鼓戏”“快板戏”唱响山村—段店镇孔关村

文体旅游发展

【文物保护】 按照“保护为主、抢救第一、合理利用、加强管理”工作方针，根据区政府工作安排，完成毛泽东视察临江纪念馆、彭楚藩烈士祠展陈升级和环境改造，并实现免费开放，深受群众欢迎。完成刘伯垂墓（纪念馆）环境改造工程并实现免费开放，全区文物保护和红色教育基地得到有效保护和利用。不断加强全区非遗传承与保护工作，新增“华容鱼丸”“华容糍粑”两个市级非遗项目。

【繁荣市场】 提高管理与服务能力，常态化组织文化、公安、消防、工商等相关部门，组织开展文旅市场整治专项行动30余次。突出以旅游安全、未成年人上网为重点，强化文化市场经营单位的疫情防控、消防、卫生、安全生产的监管。通过强化节假日期间专项治理和日常管理服务，全区文旅市场持续繁荣有序。

【乡村旅游品牌建设】 持续开展“与爱同行 惠游湖北”系列文旅惠民和文旅节庆活动。五一、十一期间，组织开展传统文化展示、“杏福园”台湾美食文化节、摄影大赛等丰富多彩的旅游节庆活动，积极营造浓厚乡村旅游节庆氛围。积极促进文旅深度融合。组织开展乡村旅游推介、赏花 + 非遗线上直播、农民丰收节等系列文化旅游惠民活动6场次，深受游客欢迎。积极打造旅游品牌。完善全区旅游标识牌制作安装，鄂州杏福园成功创建为国家AAAA级景区。

融　媒　体

2022年，华容区融媒体工作坚持以习近平新时代中国特色社会主义思想为指导，坚持党管媒体原则和团结稳定鼓劲、正面宣传为主方针，牢牢把握正确政治方向和舆论导向，发挥各媒体间深度融合和聚合共振效应，巩固壮大主流思想阵地，不断提高区级媒体的传播力、引导力、影响力、公信力。

【服务大局】 围绕中心服务大局，主动宣传舆论引导。紧贴区委区政府的中心工作，精心策划新闻选题，选准报道方式，及时准确全面深入宣传报道全区经济和社会事业发展的新思路、新举措、新典型、新成效。在微信公众号“鄂州华容融媒”开辟《看华容》《乡村振兴》《时政动态》《清廉华容》《作风建设在行动》《掌上学习》《文明有我》《健康华容》《服务指南》《喜迎二十大》《学习宣传贯彻落实党的二十大精神》《国防教育大家学》《网络安全人人知》《下基层察民情解民忧暖民心》《优化营商环境》等18个专栏，并在第一时间推出专题报道或主题报道，为打造武鄂同城化发展“加速器”，加快建设现代化滨江临港产业生态新城营造浓厚氛围。鄂州华容融媒微信公众号平均每月原创稿件70余篇，每月开展政务信息公开及政务服务每月达20次以上。全年中央媒体采用新闻9条，学习强国采用61条，省级媒体刊播稿件550条。

【设施建设】 进一步完善硬件设施，提升能力建设。在区委区政府和区委宣传部主要领导的关心支持下，区融媒体中心投入财政资金22万元，维护中央广播电视节目无线数字化全覆盖工程发射系统，新建演播室和直播间，不断完善媒资系统管理，办公条件得到改善。

【阵地建设】 不断健全队伍网络，守牢宣传舆论阵地。将各乡镇宣传委员、宣传干事、区直重点部门办公室主任、区直部门微信公众号管理员等54人纳入全区宣传队伍，开展专题辅导3次。依托省市融媒体网络学习平台，组织工作人员积极参加学习，全年完成3期培训学习，不断增强参训人员的理论素养和技术水平。每月选题策划，邀请湖北日报、荆楚网的资深记者现场点评，开展培训指导。

【质量提升】 严格工作流程，守牢思想阵地。按照“一次采集、多端发布”要求，认真优化策采编发融合生产流程，做到新闻内容一次采集、多元生成、多媒传播。坚持编辑编稿→部主任审阅→值班领导审核的三级审稿制，严格规范“9 字”工作流程，连续 8490 天安全播出“零事故”。

社会生活

民　政

2022年，华容区民政工作持续推进特殊群体谋福利，聚焦群众关切优服务，全面履行基本民生保障、积极创新基层治理模式、共同缔造美好生活、完善基本社会服务等职责，提前谋划，突出重点，高效落实，不断推动全区民政事业高质量发展。

【社会救助】 强化基本民生保障，编密织牢社会救助网。全年全区农村低保月保障金额每人每月540元、特困供养标准每人每月1080元、孤儿基本养育标准每人每月1400元，综合保障标准超国家脱贫标准。完成城乡低保、低保边缘户家庭、特困人员确认权限委托下放工作。不断完善健全社会救助新机制，创新社会救助服务平台，大力推进乡镇社会救助“一门受理、协同办理”建设。持续推进“阳光救助”，运用大数据开展惠民政策落实情况核查，组织开展“关系保、人情保、错保、漏保”专项整治，对全区城乡低保对象的资格进行全面核实清理，实时监督城乡低保动态管理运行机制。主动加强与乡村振兴部门对接，重点加强对重病、重残部分劳动力不足家庭、边缘易致贫户、脱贫监测户和突发重大困难户的跟踪监测，及时将符合条件救助对象纳入救助范围，尽最大限度实现应保尽保、应退尽退。结合社会救助流浪乞讨工作实际，完善街面巡查机制，加大与乡镇、公安、城管等部门密切配合，及时制定因季节变化产生的救助难度加大的问题，协调公安部门对3名长期滞留的流浪乞讨人员落户，将18名流浪乞讨人员送返原籍。

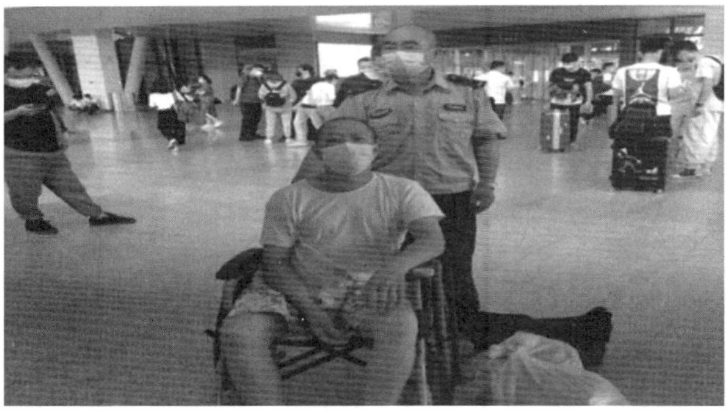

送流浪人员回家（重庆丰都）

【儿童福利】 加强制度建设，筑牢保障防线。2021年以来，认真履行华容区未成年人保护工作领导小组办公室职责，制定《关于在密切接触未成年人行业建立入职查询和从业禁止制度的工作细则》，成立华容区未成年人权益督查小组，出台《华容区未成年人保护个案会商制度实施方案》，积极推进将未成年人保护工作开展情况作为平安建设考核重要内容，并纳入“十四五”规划。加大资金投入，完善未成年人保护阵地建设，累计争取本级预算安排资金145万元，争取上级资金108万元，完成区未保中心建设及乡镇未成年人保护工作站全覆盖，累计建成儿童之家 28 家。加大政策保护，护航孤困群体。秉承“精细排查、精确认定、精准保障”工作原则，通过残联、低保等大数据比对，形成困境儿童对象清单建立孤儿、事实无人抚养儿童养育补助自然增长机制，全区散居孤儿、事实无人抚养儿童养育现行标准每人每月 1400 元。强化组织培育，搭好共建共享平台。积极引入各类专业社会组织力量，探索实现“政府主导、部门协力、社会参与”的未成年保护工作格局，重点培育本土社工机构及各类志愿者队伍，逐步构建未成年人友好型社会。

市民政局调研华容区未成年人保护示范区创建工作

【养老服务】 持续推进养老服务项目建设，区域性失能、半失能特困人员供养中心（区社会福利中心二期工程）主体完工，并进行室内消防等配套设施安装，解决了需集中供养的失能、半失能特困供养人员及无人照料社会托养老人生活照料的问题。积极推进农村特困人员供养机构改革、社会救助与慈善救助衔接试点等工作。

【基层政权】 创新基层治理模式，共同缔造美好生活。以村民议事助推农村基层社会治理路径，创建全国村级议事协商实验试点，开展省市区三级试点，探索“1349”新模式、“稻田乡音”“蒲团夜话”等多种议事协商工作机制，激发村民参与热情，开启美好环境与幸福生活共同缔造全新篇章。

【区划地名管理】 高质量完成乡镇勘界试点工作。经过 3 年努力，在全省率先完成乡镇勘界试点。辖区内乡镇级界线勘定 9 条，总长 115 千米；周边相邻县（区）级以上界线勘定 7 条，总长 144 千米，已通过省级验收，高效优质完成全区勘界工作任务。完成《湖北省聚落地名大典》编纂，以规范聚落地名管理，为人民生产生活提供方便。

【社团和民非管理】 坚持依法登记管理社会组织。全区登记社会组织 108 家，新注册民办非企业单位 3 家、社会团体 3 家。组织开展全区社会组织 2022 年度年检，年检合格 92 家。

【殡葬管理】 进一步加大文明殡葬宣传力度，与各相关单位密切配合，积极引导群众树立厚养薄葬、丧事简办、文明殡葬的文明新风，配合有关部门持续做好殡葬领域突出问题整治。

人力资源和社会保障

2022 年，华容区人力资源和社会保障工作始终坚持以人民为中心，认真贯彻落实区委区政府和上级人社部门的各项工作要求，扎实推进就业创业、社会保障、人才人事、劳动维权、基层党建等重点工作，以切实增进民生福祉为落脚点，着力打造高质量服务型人社品牌。

【就业创业】 坚持就业优先，稳步推进就业创业。全区实现城镇新增就业 2800 人，城镇失业人员再就业 2388 人，就业困难人员就业 1078 人，高校毕业生落实就业去向人数 392 人，新增返乡创业人数 221 人，均完成年度目标任务数。城镇登记失业率 2.9%，低于省控目标任务数。积极开展“春风行动”等各类招聘活动 52 期，着力打造区零工驿站和“及时雨”就业服务平台，将就业服务延伸到乡镇、村，设立求职招聘专栏，常年提供优质岗位万余个，积极解决就业服务“最后一公里”问题。稳步开展职业技能培训，整合区内外6家人力资源培训机构，全年开展职业技能培训4345人。强化就业政策宣传落实，落实各项就业创业政策补贴3903人次，发放补贴金额506.59万元，审核发放创业担保贷款124笔，帮助中小微企业申领创业担保贷款1140万元。

2月16日，华容区“春风行动”专场招聘会在区图书馆举行

【社会保障】 加大力度完善社保体系，社会保障全面提升。按照“应保尽保、应缴尽缴”原则，全年累计发放养老金5786.6万元，在全市率先完成城乡居民养老保险省市两次提标30元，发放丧葬抚恤金151.2万元，发放率100%。有序完成困难群体城乡居民养老保险代缴工作，每人100元代缴3253人。规范社保卡发放管理和应用，有序组织群众换发第三代社保卡，办理新增个人申请社保卡43028张，实现一卡通办一站式服务。开展社会保险基金管理提升年行动，暂停发放未终止人员1368人，取消467名不符合待遇享受资格人员资格享受，追回资金116.72万元，有效确保基金安全。

【人事人才】 科学规范化管理，优化人事人才服务。完成全区1名“121人才”、40名事业单位工作人员、95名中小学教师、6名幼师、17名“三支一扶”人员、6名一线医务人员的招聘录用工作。做好全区事业单位人员管理工作，顺利完成2021年度全区2041名事业单位工作人员考核。完成事业单位人员正常晋级审批1986人、教育系统奖励性绩效审批1387人、工资转移32人、岗位变动工资调整596人、退休一次性补贴审批48人。认真做好事业单位岗位设置工作，组织业务工作人员开展岗位设置培训指导，完成45家区直事业单位岗位设置及岗位认定，完成率100%。

【劳动维权】 坚持依法行政，构建和谐劳动关系。高标准建成农民工工资信息化监管预警平台，代发7735人次工资9110.16万元。协调处理农民工欠薪案件332起，为1797名劳动者追偿工资2192万元。维护劳动者合法权益，畅通投诉举报渠道，持续推进“双随机、一公开”监管，开展拖欠农民工工资问题集中整治行动，排查企业和项目单位67家，发现欠薪隐患20起，涉及农民工人数4030人，涉及欠薪5090.5万元。开展清理整顿人力资源市场秩序专项行动，检查人力资源服务机构4家、用人单位12家。完成2021年度劳动保障年审工作，审核企业55家。开展“红名单”工作，及时通知具备申报条件的25家企业线上自主申报，16家企业审批通过为红名单企业。依法调处劳动人事争议结案30件，调处结案率90.91%。华容区标准化仲裁庭荣获湖北省人社厅“规范仲裁庭”称号。

【党建工作】 在区委坚强领导下，区人社局党组勠力同心，团结带领全体干部职工，深入学习贯彻党的十九大历次全会精神和习近平总书记系列讲话精神，认真学习宣传党的二十大精神，贯彻习近平新时代中国特色社会主义思想，组织召开集中学习12次，研讨交流8次，支部书记讲党课5次，撰写心得体会21篇。切实履行党组书记抓党建工作第一责任人职责，坚决落实上级关于疫情防控、乡村振兴、优化营商环境等重大决策部署，着力推进服务型党组织建设，组织全体在职党员积极参与联系村活动，开展“下基层察民情解民忧暖民心”“共同缔造”活动。

医疗保障

2022 年，华容区医疗保障工作牢固树立以人民健康为中心的工作理念，提升服务水平，强化基金监管，狠抓政策落实，圆满完成全年各项工作目标任务。全区城乡居民医保参保人数 12.6 万人，医保综合参保率 98.4%，完成县城经济考核 95% 的满分目标。

【党建引领】 持续加强基层党建，始终坚持以全面从严治党统领全局工作，推动医疗保障事业发展破浪前行。全年区医保局党支部召开组织生活会 1 次，组织专题学习 10 次。1 名入党积极分子转为预备党员。贯彻落实全面从严治党主体责任，运用第一种形态开展党员谈话 2 轮，强化了党员干部的日常管理监督。深入开展“一下三民”活动，在“我为群众办实事”实践活动中，区医保局购买 6 台电子血压计配备至医保经办窗口，为办事群众提供便民服务。组织党员干部积极参与文明创建、下沉社区等志愿活动。疫情期间，组织党员干部下沉楚藩社区以及胡林村参与疫情防控，参与段店三江港高速路口疫情防控值班，并派 2 名党员干部驰援鄂城区古城社区防疫。

区医保局班子成员开展“一下三民”活动

【医保惠民】 以发放参保宣传围裙、宣传购物袋 2000 份、参保宣传 3 万余份的形式，采用宣传栏、宣传车、宣传小分队等方式，广泛动员群众积极参保，实现医保参保全覆盖。保障医疗救助基金安全运行，医疗救助基金全年发放 644.67 万元，资助参保 151 人，住院救助 5112 人次，门诊救助 1965 人次，实现了应救尽救、基金安全。全区市内住院政策范围内报销率 71.2%，城乡居民享受门诊报销 15.97 万人 0.24 亿元，职工享受门诊报销 15.12 万人 0.22 亿元；全区享受门诊重慢病待遇 9653 人次 494 万元，享受生育险 174 人次，异地住院报销费用 3450 人 2917 万元。

【乡村振兴】 区医保局等 7 家单位联合发文对医保扶贫有效衔接乡村振兴政策进行调整，先后举办 7 场驻村第一书记、镇村干部培训班，印制 1.6 万张宣传告知信，人手一份发送给脱贫人口，由驻村包保干部面对面解读，平稳完成衔接政策调整，全区未发生因政策调整而引发的信访事件。区医保局每月定期向民政、乡村振兴等部门推送全区医保报销后仍然自付费用较高的群众信息 940 余条。建立健全防返贫动态监测机制，及时对乡村振兴等部门纳入监测的群众开展医疗救助，全区全年未发生一例因病返贫、因病致贫现象。全面落实医保帮扶政策，按照“应保尽保，不漏一人”要求，资助 14796 人参加城乡居民医保。坚持每月对各类低收入人群参保情况逐个清查，对 70 名因职工医保断缴而脱保的低收入群众及时补缴城乡居民医保；对低收入人群住院实施大病保险起付线较普通居民降低 50%、报销比例较普通居民提高 5 个百分点、无年度封顶线的倾斜政策，有效巩固了医保脱贫成果。

【基金监管】 广泛开展医保基金监管宣传，与“一明义工”先后在各乡镇医院、集镇等地联办《基金监管条例》专场宣传 10 场次，制作 50 余条“打击欺诈骗保 维护基金安全”宣传横幅，发放宣传资料 6000 余份，与 38 家“两定”机构签订《诚信经营承诺书》。区医保局组建专班，扎实开展打击“三假”专项行动，在各医疗机构自查自纠的基础上，派出 5 个检查组对全区 7 家定点医疗机构、75 家村（社区）卫生室、37 家定点药店开展全覆盖检查，发出整改通知书 68 张，并将多名医疗人员工作作风不实问题线索上报区纪委。

【优化营商环境】 全年完成 19 项经办服务业务下沉工作，特别是将异地就医经办权限下沉到村（社区）后，极大方便了群众。对标先进，对 7 项经办事项流程再简化、资料再精减、办事时限再压减，大幅提升了群众满意度。积极推进武鄂同城化、葛华一体化医保经办服务，最大限度满足区域企业和群众办事便利。全年葛华两地跨区域经办服务 450 余人次，葛华两地实现了医保定点机构互认、参保缴费同城化、异地转诊通办等多项便民措施落地。区医保局全面完成各乡镇医保窗口的市级示范点建设工作，并对 15 个村（社区）医保经办窗口进行达标升级，区乡（镇）医保窗口委托深圳特发政务服务公司开展“综窗改革”，窗口服务水平和服务质量明显提升。

民族宗教

2022 年，华容区民族宗教工作在区委区政府的坚强领导下，坚持以习近平新时代中国特色社会主义思想为指导，以铸牢中华民族共同体意识为主线，坚持和完善民族区域自治制度，坚持“三个注重”，坚持我国宗教中国化方向，加强和改进党的民族工作，为全区经济社会高质量发展贡献力量。

【概述】 截至 2022 年末，全区有少数民族常住人员 273 人，其中，华容镇 76 人、临江乡 52 人、蒲团乡 39 人、庙岭镇 77 人、段店镇 29 人。有少数民族流动人员 52 人，其中，华容镇 14 人、临江乡 2 人、蒲团乡 2 人、段店镇 7 人、庙岭镇 27 人。全区有 29 处宗教场所，其中，佛教 20 处、道教 2 处、基督教 7 处；华容镇 12 处、段店镇 4 处、蒲团乡 7、庙岭镇 3 处、临江乡 3 处。全区有教职人员 52 人，其中，佛教 44 人、道教 1 人、基督教 7 人；信众 1857 人。

【坚定方向】 认真落实宗教活动场所民主管理制度、财务管理制度等，切实加强人员管理和宗教活动监管。强化民间信仰的监督管理工作，不定期开展明察暗访，积极防范基督教极端思想渗透，坚决打击和取缔基督教私设聚会点等行为。加强对宗教教职人员的管理和服务，加强宗教教职人员的认定备案，严格规范宗教教职人员行为，对违纪违规人员依法依规进行处理。加强对宗教教职人员信息管理，建立全区宗教教职人员动态信息数据库，做到一人一档，进一步加强教职人员动态化、规范化管理。着力提升宗教法治化水平，用法律法规规范宗教事务管理、调节涉及宗教的各种社会关系，运用法治思维和法治方式妥善处理宗教领域的矛盾和问题，教育引导信教群众自觉维护宪法法律权威，在法律法规规定范围内开展活动。强化宣传教育。印制发放国务院《宗教事务条例》《湖北省宗教事务条例》《宗教团体管理办法》等法规读本 5000 册。健全工作机制。健全“三级网络、两级责任”机制，将宗教事务纳入网络化管理体系，开展督查暗访。打造亮点特色。选取极乐寺和觉华寺，分别打造省级宗教中国化方向和宗教界优秀传统文化教育基地，认真组织材料向省民宗委申报。

【维护稳定】 坚持打防并举，坚决制止非法宗教活动，严厉打击打着宗教旗号从事非法活动的邪教组织和各种宗教极端主义的渗透行为，为全区信教群众营造良好宗教环境。提升“导”的能力，树立保护、管理、引导、服务理念，通过依法管理思想政治教育等手段，不断提升“导”的能力。积极化解矛盾，强化基层民宗干部为民族宗教界人士及群众服务的自觉性，向广大民族宗教界群众宣传党的民族宗教政策以及《信访条例》，引导其依法维权、有序信访，减少问题和矛盾的发生。开展平安创建活动。在全区宗教界组织开展“平安宗教活动场所”“和谐寺观教堂”等创建活动，将觉华寺和极乐寺推荐申报为全省平安宗教活动场所示范单位。稳妥处置矛盾纠纷。抓早抓小，成功协调处置段店城隍寺东墙水渠抗旱渗水问题以及华容普济寺寺庙财物被人毁损问题，同时，积极介入庙岭清修寺拆除后的善后处理。防范化解风险隐患。防微杜渐，开展民宗领域风险隐患集中排查整治行动，分别对觉华寺、极乐寺等佛教场所牌位和蒲团文化园生命纪念宫等福位供奉情况进行检查，有效防范风险、解除隐患。联合公安机关依法查处庙岭一宗教私设聚会点，取缔其非法传教活动。

现场督导检查宗教场所疫情防控、消防安全、房屋安全等情况

【促进团结和顺】 巩固省级民族团结进步示范单位创建成果，培植民族团结进步示范学校华容镇周汤小学和民族团结进步示范村蒲团乡上倪村创建示范点。着力打造3个样板工程。打造全省宗教中国化方向样板，以坚持我国宗教中国化方向为己任，遵循“五个认同”和管理规范、和谐稳定、服务社会8条基本标准，倾力打造全省宗教中国化方向佛教基地样板。打造全省宗教界优秀传统文化教育基地样板，念好“爱”字经，奉献爱心，弘扬中华传统美德；念好“讲”字经，讲经布道，佛学理念入脑入心；念好“宣”字经，注重宣传，丰富宗教文化底蕴。打造全省平安宗教活动场所示范样板，围绕宗教活动场所依法管理和政治安全、人员安全、活动安全、卫生安全、消防安全、房屋安全、网信安全、财物安全、财产安全等九大安全目标（“1+9”体系），不断提升宗教活动场所管理水平。实现无违规接受境外捐赠、进行非法宗教活动、传播非法宗教出版物和宣传品现象，无违法犯罪行为，无重大矛盾和纠纷，无进行商业运作获取经济利益问题等目标。真心关爱少数民族群众。切实解决就业、医疗和子女就学等少数民族群众急难愁盼问题。依法依规做好少数民族考生中、高考优录工作的政策解读和审批服务。在一年一度的“古尔邦节”来临之际，区民宗局购买米、油、牛奶等物资，分别慰问“清真兰州拉面馆”业主和从事羊肉串烧烤的2名少数民族群众。年底组织对白建平等15名少数民族困难群众慰问。着力解决宗教教职人员参保问题。通过大数据查询登记在册的49名宗教教职人员参保情况，确定了7名未参保人员作为对象予以解决。认真开展民族团结示范单位创建。实地考察蒲团乡上倪村“民族团结进村”基层统战组织选址和周汤小学“民族团结学校”创建点，努力将华容镇实验小学、周汤小学、段店镇四份村、蒲团乡上倪村打造成为民族团结进步示范单位。

生态文明建设

自然资源与规划

2022年，华容区自然资源和规划工作紧紧围绕加快建设现代化滨江临港产业生态新城目标，聚焦空间要素保障，服务中心、主动作为，不断解放思想，找准工作定位，强化工作措施，着力推进自然资源和规划各项工作，为推动全区经济社会高质量发展提供资源保障。

【空间规划】 全年召开国土空间委员会9期，审议议题75个，核发工程规划许可证21件、规划条件核实证明11件，收取配套费2250余万元。编制华容区各乡镇国土空间规划和村庄规划，村庄分类布局已经过三轮修改，实用性村庄规划已编制8个，另有10个正在修改完善。及时研究反馈市局统筹的各类规划征求意见，收集并提供基础资料。坚持主动作为、系统谋划，积极参与武汉城市圈空间规划和武汉新城各项规划编制。

【土地利用】 第一时间完成华容区土地征收成片开发方案编制、审批及省厅备案工作，顺利完成项目报批。全年出让用地17宗，总面积487.26亩，成交总金额约11.6亿元；划拨用地36宗，总面积949.38亩，已缴清税费并转不动产办证的共计35宗。超额完成市局下达消化存量任务，2009—2018年批而未供消化处置任务基数1353.25亩，已完成消化处置401.61亩，供地率29.68%，2022年省厅下发新增6宗闲置用地处置5宗。华容区成功申报全国自然资源集约节约示范区。

【耕地保护】 按照省市文件要求，对全区永久基本农田进行重新划定，数据库上报省厅。根据数据库里的数据统计，全区耕地保护目标面积19.73万亩，新划定永久基本农田面积15.14万亩。扎实开展耕地保护督办整改工作，完成耕地流向农用地图斑整改24个。

【林业管理】 健全林长制组织体系，优化林长配置，设立林长170名，设立林长公示牌90处。大力开展国土绿化，完成长江沿岸新造林389亩，补植补造和抚育管护2212亩，重点村庄绿化美化工程12个，每个村庄栽植绿化苗木7000株、果树3000株。推动乡村振兴和农村居民环境改善，成功申报三个省级森林乡村，一个省级龙头企业。

【调查登记】 完成华容镇、段店镇、临江乡3个乡镇48个村的农村宅基地符合登记发证房屋的审核，核发不动产权证12544本。对农村宅基地历史遗留问题形成讨论意见并发文，5个乡镇各筛选一个村进行试点。持续开展便民惠企特色服务，开启帮办、代办服务窗口，预约上门服务，对30余家小微企业、个体工商户免收登记费2万元。利用全市统一不动产登记管理平台，市政务服务大厅与各区政务大厅不动产登记窗口相互开放登记权限，打破区域限制，实行跨区域办理，节约了企业群众时间成本、经济成本。

【执法监察】 加大卫片执法力度，全年核查举证图斑520个，其中，违法图斑76个，整改到位19个（耕地面积88.82亩），整改后违法比例3.85%。

【服务群众】 及时受理涉土信访件35件（其中湖北省阳光信访平台1件、市长热线28件、自办件6件），按期办结率100%。全年组织地质灾害、森林防火巡查80余次，出动290余人次，防灾主题宣传活动2次，发放宣传资料2000余份，参与群众100余人，提升了群众防灾避灾意识、应急救援能力。积极化解不动产和土地领域历史遗留问题8个，制定农村宅基地房地一体确权登记发证历史遗留问题处理意见，为群众办证2万余户，解决了华清园、新口岸等一批小区办证问题。

【深化改革】 通过"减审批"专项行动和"硬减"措施，进一步优化审批服务、清理审批服务事项。持续深化推广"五证同发"事项改革，新增4个案例申报全市十佳优秀案例。进一步拓展"互联网+不动产登记"工作。启用人脸识别系统和电子印章线上线下一体化运作，办理业务3721笔。推行新增工业用地"标准地"出让制度改革，全年出让11宗、面积250亩。

【乡村振兴】 区自然资源和规划分局一把手亲自抓、负主责，带领班子成员及干部职工在重大节假日到结对帮扶村入户慰问。联合湖北油米匠农业生态有限公司整治撂荒583.41亩；投资24.5万元，在舒家田铺"共同缔造"中拆除旱厕12所、牛棚5个、柴房3个、猪圈4个；投入7万元修复袁家咀小湾道路300米；投入5.7万元硬化常赵湾道路260米。为13名贫困户购买小额保险59.8万元；协调区劳动就业管理局为4名脱贫人员申请外出务工交通补贴1200元；积极帮助协调新安村申报秋季雨露计划6人、春季雨露计划7人，计3.25万元。加快完成村庄分类布局规划编制，组织和指导乡镇"多规合一"实用性村庄规划编制。

【队伍建设】 聚焦党建工作，压实主体责任。牢固树立抓好党建工作是第一政绩的理念，认真履行党建第一责任人责任和"一岗双责"，以党建为抓手推动各项工作。全年召开支部会议18次，研究部署党建工作8次，开展党建工作督促检查3次。为民解忧践初心。全年开展16余期专题实践活动，班子成员讲党课3次，深入群众宣讲党的二十大精神2次。用心用情用力为群众和市场主体解难纾困，积极营造平稳健康的经济环境、国泰民安的社会环境和风清气正的政治环境。

开展业务"大讲堂"培训常态化

环 境 保 护

2022年，华容区生态环境保护工作坚持以习近平新时代中国特色社会主义思想为指导，深入贯彻落实习近平生态文明思想，扎实开展"三问三治三提升"行动，以生态环境质量全面改善为核心，以落实中央和省环保督察整改为重点，深入打好污染防治攻坚战，有序推进全区生态环境保护各项工作。

【环境质量】 全年全区空气质量优良天数比例80.2%；华容长江泥矶集中式饮用水源地水质达到考核的Ⅲ类标准，全区饮用水源水质达标率100%。全区土壤环境风险得到有效控制，安全风险低，固体废物污染防治较好，污染地块安全利用率达到100%。

【问题整改】 高度重视环保督察反馈问题整改，将生态环境保护督察反馈问题整改作为践行习近平生态文明思想的具体行动，全力推进中央、省级环保督察反馈问题整改，全面完成了华容区牵头的2项省级环保督察反馈问题和3项中央环保督察反馈问题的整改销号；完成第一轮环保督察及督察“回头看”、第一轮省级环保督察及“回头看”、第二轮中央生态环境保护督察期间交办华容区的92件信访件的办结工作。

【大气污染防治】 开展大气污染联防联控，制定华容区大气污染联防联控机制，进一步明确区相关部门大气污染防治工作职责。做好大气帮扶工作，对大气帮扶企业问题督促完成整改，每日进行大气帮扶检查表报送。紧抓秸秆禁烧工作，每日报送秸秆禁烧巡查点位及处理情况。开展臭氧管控工作，指导辖区大气污染物排放重点行业、重点企业开展错峰生产，并逐日填报调度情况表。推进指导辖区重污染天气重点行业绩效分级和VOCs“一企一策”问题整改。

【水污染防治】 推进入江入河排污口整治，对78个排污口实施分类整治，2022年华容区需取缔排口18处，需规范类排口63处，拟监测排口44处。截至年底，已取缔排口16处，规范整治排口48处，完成监测41处，累计完成整治64处，整治完成率82.8%（含18个非排口）。加强饮用水水源地保护，每月定期组织执法人员对水源地保护区进行现场巡查。对红莲湖、南迹湖水生态修复项目建设进度进行现场督导，两个项目已开工。加强农村生活污水的治理，完成全区75个村、176套农村生活污水治理设施信息调查和填报。

【土壤污染防治】 加强全区土壤重点监管单位和产废单位日常执法监管与“双随机”抽查。督促富晶电子和鸿泰钢铁加快完成土壤污染隐患整改，对海丰化工污染地块修复验收进行现场帮扶指导。

【执法监管】 全年开展执法检查479次，出动执法人员548人次，制作执法笔录524条，发现环境问题110个。完成“散乱污”企业关停取缔38家、整治提升34家，完成机制砂、碎石行业专项整治8家，报政府停业关闭、停产整治7家。加强污染源在线监控和自行监测。指导全区46家企业开展自行监测，定期组织专门人员对企业的填报情况进行统计。加强建设项目环境保护事中事后监管，重点分析企业建设项目环保管理的批建一致性。突出排污许可证后监管，将排污许可证执法检查纳入年度执法计划，重点针对未持证排污、未提交执行报告企业开展专项执法，加大对小微企业指导帮扶，督促其建立完善环境管理制度，落实好排污许可管理。

【信访稳定】 坚持环境执法监管与环境信访工作相结合，持续开展“散乱污”、餐饮油烟问题等专项整治，以生态环境保护督察反馈问题、环保投诉热线、上级转办交办、群众来信来访等为突破口，加大环境风险隐患排查整治力度。全年妥善处理各类生态环境信访案件204件，办理人大建议、政协提案7件，投诉处理率100%，办结率100%。切实做好领导干部信访包案工作，推动领导干部接访下访常态化，化解了一系列矛盾风险隐患点，切实解决群众关心的突出环境问题。

【疫情防控】 积极组织党员干部下沉到驻点孙彭村、包保社区、高速路口卡口开展疫情防控相关工作，加强医院、集中隔离点等涉疫敏感点位“两废”环境监管。

【优化营商环境】 全力支持疫后复工复产，深推“放管服”改革，坚持优化服务与严格监管并重，持续优化营商环境。开展“送法入企”普法宣传暨现场帮扶，将环保法律法规送进辖区企业，帮助企业消除违法隐患、降低违法风险，同时，组织骨干力量上门服务辖区企业完成环境统计、危险废物、核辐射安全、排污许可等系统填报工作，助力提升企业信息填报能力。开展“双千”包保、下基层“暖民心”实践活动，实地了解企业生产经营情况及存在的急难愁盼问题，增进企业主体与环境监管间的良性互动，助推企业高质量发展。

【生态文明创建】 积极推进华容区创建省级生态文明建设示范区，完成示范区验收的相关纸质、电子及专题片材料收集整理工作，并将相关资料报专家进行审核。完成段店镇罗湖村、庙岭镇大雄村 2022 年省级生态村创建。组织开展六五环境日、生物多样性、长江大保护等生态环境保护主题宣传活动。

举办 2022 年六五环境日鄂州会场主题宣传活动

河 湖 长

2022 年，华容区河湖长工作深入学习贯彻习近平生态文明思想，树牢绿水青山就是金山银山理念，以最严要求、最实招数、最硬措施落实河湖长制，以综合治理、系统治理、源头治理持续巩固提升沿江沿湖水生态环境，力争让干净、整洁、美丽的河湖成为华容新名片。

【组织领导】 全年区委区政府主要领导到省水利厅汇报河湖长制相关工作 3 次，调研河湖长制工作 5 次。区委常委会听取河湖长制工作汇报 2 次，区政府常务会议听取湖泊保护规划、长江河道采砂管理、长江禁捕等河湖长制工作汇报 5 次，并对工作重点安排部署。区河湖长制工作领导小组办公室强化部门协调联动，形成执法工作合力，深入做好管理、保护和治理等工作，组织召开区级总河湖长会议 2 次，召开“长江涉水违建房屋、石头塘违建房屋拆除”推进会 3 次，组织各乡镇、区直相关部门及沿江各村召开河湖长制工作联席会议 3 次，组织基层河湖长业务培训会议 1 次。全区各级河湖长及区直责任单位均能积极承接工作任务，各乡镇、村全面落实属地责任，河湖管护机制不断健全，压力传导、责任落实直达“神经末梢”。华容区被省水利厅评为“河湖长先进单位”

【攻坚行动】 突出重点抓履职。坚持每月组织四大家联席会议通报河湖长制履责情况，各级河湖长不断强化大局意识、责任意识，严格履职尽责，形成齐抓共管的强大合力，全区河湖日常管护工作成效明显。全年第一河湖长、总河湖长巡查河湖 7 次；26 名区级河湖长及联系部门巡查河湖 364 次，巡查频率 100%；64 名乡镇级河湖长及联系部门共巡查河湖 782 次，巡查频率 100%，累计发现解决问题 76 个。聚焦整改补短板。对各级巡查暗访发现指出的问题，坚持立行立改，严查真改，实行挂账销号。在 2018 年长江经济带生态环境保护审计反馈问题整改方面，反馈 9 个湖泊存在的违规种养殖问题，已全部整改完成；在水利部反馈七迹湖问题整改方面，反馈段店镇王灼湾村七迹湖附近湖泊管理范围内存在的“围垦湖泊，分割水面5000平方米及湖岸建有2栋2层房屋面积300平方米”的问题,已全面整改到位;在省河湖长办反馈长江巡查发现问题整改方面，省河湖长办于2021年下半年对长江华容堤段进行年度巡查反馈存在11处违建房屋问题，全部完成整改。

【禁砂禁捕】 扎实开展打击长江非法采砂活动和长江禁捕行动，全年累计出动执法人员410人次，出动执法车辆112车辆次，劝离长江垂钓人员290余人次。同时，联合公安部门开展长江非法捕捞专项打击行动23次，查处非法捕捞案件3起，抓获犯罪嫌疑人10人，收缴非法垂钓工具90余套，收缴地笼62个。全区全面形成河湖岸线精细化、常态化管理格局。

【水环境治理】 大力推进红莲湖湖滨带生态修复工程，修复湖滨带长度8千米，面积1490亩，入湖渠道长度2.5千米，面积3万平方米。实施南迹湖水质提升及生态修复项目，清表清杂23.64平方米，田埂拆除6828立方米，底泥清淤6919立方米，边坡修整4552立方米，植物种植17095平方米。强化河湖水域岸线管护。持续推进河湖“清四乱”常态化规范化落实，全域组建乡镇河湖保洁队伍，建立健全河湖保洁服务体系，网格化设置保洁员，有力保证了河湖水面和岸线清洁。全年清理严家湖岸线1300余米，清理面积9820平方米，修整坡面6000平方米。对白蚁危害严重的拾湖港北堤和五四湖部分堤段3.6千米湖堤进行防治，挖除白蚁穴31处，施药310平方米。完成拆除石头塘违建房屋3层及附属建筑，面积570平方米。完善监督考核督办机制。将各级河湖长巡查反馈问题按照属地原则及时交办至各乡镇，要求按时整改到位。定期通报各级河湖长巡河履职情况，督促各级河湖长按照要求开展巡河。

对长江华容堤段违建房屋问题全部整改

【制度建设】 坚持标本兼治，确保常态长效。统筹推进河湖岸线治理保护、水环境污染治理、生态修复保护等工作。强化水资源保护。深入落实省总河湖长6号令要求，成立取用水管理专项整治行动领导小组及工作专班，开展取用水核查登记，采取实地走访、现场查勘和电话问询等方式，多措并举排查核实辖区取水口，依法规范取用水行为。积极推进河湖管护，完成湖泊保护规划修编。根据《市河湖长制办公室关于全面开展湖泊保护详细规划复核梳理工作的通知》要求，对《华容区湖泊保护总规》和18个湖泊保护详细规划进行复核修编。编制“一河(湖)一策”实施方案(2021—2025),已编制完成51条河流、17个湖泊“一河(湖)一策”实施方案(2021—2025)。

林长

2022年，华容区林长制工作全面落实上级党政领导生态环境保护和森林资源保护发展目标责任，积极推动落实区乡村三级林长制体系，全区林长制各项工作成效明显。

【制度建设】 根据《华容区全面推行林长制的实施方案》，明确建立林长制的指导思想、基本原则、组织体系、目标任务和保障措施。成立由区委书记和区长作为双总林长的责任专班，分管副区长兼任区林长制办公室主任，具体承担推进林长制办公室日常工作。区林长办印发《林长会议制度》《信息公开制度》《部门协作制度》《督查考核制度》等4项配套制度，切实增强各级各部门推行落实林长制的思想自觉和行动自觉。

【责任体系】 初步建成区乡村三级林长制组织体系。分别成立区、乡镇林长制办公室，设立三级林长170名，其中，区级总林长2名、副总林长10名、乡镇级林长48名、村级林长110名。由区委区政府领导担任区级林长，各乡镇和行政村主要负责同志分别担任乡级和村级林长。明确林长制各成员单位具体职责，按照“分级负责、协助联动”原则，各级林长督促指导本责任区内森林资源保护发展，协调解决重大问题，依法查处各类破坏森林资源违法犯罪行为。在责任区域显著位置设置林长公示牌，标明林长职责、森林资源概况、保护发展目标、工作措施、监督电话等内容，主动接受社会监督。全区设立公示牌90处。

【巡林工作】 区总林长、副总林长先后开展森林资源巡查调研，对做好推行林长制工作、压实各级党委政府责任、保护发展森林资源等提出工作要求，专题解决机构改革林业职能合并到自然资源部门后乡镇无专人管理林业的问题，有力推动了林长制落地落实。

【森林建设】 严格落实“护绿、增绿、管绿、用绿、活绿”目标，聚焦提升森林覆盖率、增加森林蓄积、保持林地面积、提高林业效益等核心指标，坚守“防控森林火灾、防治林业有害生物、防范破坏林业资源行为”等底线，高质量完成林业重点任务。大力开展国土绿化，坚持工程造林与社会造林相结合、成片造林与零星造林相结合、人工造林与义务植树相结合，积极拓展增绿空间，大力开展植树造林。全区完成工程造林2200亩、森林抚育12300亩，完成长江沿线村庄绿化美化22个，每个村庄栽植绿化苗木7000株、果树3000株。成功申报2个省级森林城镇（段店镇、华容镇）、2个国家森林乡村（武圣村、百席村）和5个省级森林乡村，森林建设走在全市前列。

区直机关义务植树活动

【修复与管护】 严守生态红线。加强古树名木保护，积极开展林业有害生物防治，做好病虫害预测预报，全年除治松材线虫病疫木4013株。加大森林防火宣传，在重点防火区域设置永久性标语，组织开展森林火灾应急演练，加强日常巡查并抓好防火码应用，认真执行《森林防火条例》，规范野外用火行为。严格落实森林防火24小时值班和信息报告制度。在重点林区（庙岭镇长山）聘请森林防火护林员10人，做好森林防火工作，全年未发生一起重大森林火灾。加强林业执法，严格林地定额管理，严守使用林地审核审批制度，依法查处非法侵占林地行为。严格执行林木采伐限额制度。

【产业发展】 坚持绿色发展，大力发展木材加工、苗木培育、林果种植和林下经济等林业产业，充分发挥森林资源的多重功能与多种效益，全方位拓宽“用绿”途径。积极推广优良乡土乔木树种，扩大商品用材林资源，不断提升森林质量，提高森林生态效益。多措并举做好造林管护，对成活率85%以上的面积由区财政每亩补助100元，全区补贴各项造林资金227万元。

区辖乡镇

庙岭镇（红莲湖旅游度假区）

庙岭镇（红莲湖旅游度假区）地处鄂州市西部，与武汉市江夏区、洪山区接壤，距武汉市区20千米，与武汉东湖高新区（中国光谷）、葛店经济技术开发区（中国药谷）、梧桐湖旅游度假区等经济增长带毗邻，京珠高速、沪渝高速、武黄高速、武汉外环与辖区交会，具有上连三峡、下接浦东、中托武汉的区位优势。下辖14个行政村、1个农场、1个社区，国土面积90.41平方千米，人口36332人。

【经济发展】 全年实现财政总收入3.93亿元；完成固定资产投资74.79亿元，同比增长60.2%；实现规模以上工业总产值28.64亿元，同比增长22.75%；完成工业技改投资5.49亿元，同比增长354.45%。

【项目建设】 红莲湖大数据云计算产业园项目北区15条17.4千米市政道路快速推进，城市框架基本成型。连接武汉东湖高新科学岛的高新六路实现“硬贯通”。未来三路通车运行，实现与武汉东湖高新未来科技城全面对接。庙岭至葛店南站206路公交开通运营。金山大道、辉煌大道全线贯通。彤诺电子、华中数控、爱邦科技等产业项目建设加快推进。

正在建设中的红莲湖大数据云计算产业园未来学校

【环境保护】 全年组织志愿者开展“清河护湖”行动3次，召开沿湖环境治理现场会6次，规范河湖长制公示牌设置管理11块，有效推进河湖长制信息公开，配齐沿线管理人员。红莲湖西北岸湖滨带生态修复工程（一期）完成工程量90%。利用“无人机”技术全面加强秸秆露天禁烧巡查，发现“黑斑”及时整改。圆满完成第二轮中央生态环境保护督察反馈意见整改。荣获省级生态乡镇；大雄村荣获“湖北省生态村”称号。

【疫情防控】 多轮突发疫情期间，镇村两级党员2950人次主动参与核酸检测、卡口值守、疫苗接种等志愿服务，累计服务群众62.5万人次。精准掌握疫情防控政策，因时因势动态调整防控策略和防控重点。积极开展关爱重点人群“敲门行动”，全面提升老年人疫苗接种率，对重点人群发放药物2000余份。将67名医生组建为5个家庭医生签约团队，全镇65岁及以上老年人常住人口签约率100%。“新十条”出台前无一例新冠确诊病例。

【乡村振兴】 完成国省后评估考核、省市暗访等全部问题整改以及大数据问题线索核查工作。农村“厕所革命”、农村人居环境整治、农村污水收集处理等工作扎实推进。全年申报乡村振兴帮扶补助资金项目7个，为脱贫户及监测户发放小额贷款58户290万元，并享受全额贴息补贴。大叶村林朗菌业专业合作社、吴力村百香园农民专业合作社等4家新型农业主体吸纳脱贫户务工23人。

【平安创建】 将全镇网格重新划分为44个网格，向社会统一公开招录网格员44名，实行专职化管理。筹措资金100余万元新建镇综治中心及警务室，配备专职人员及办公设施，重点打造大雄村综治中心及平安驿站。对信访事项、群众诉求实行“一站式受理、一条龙服务”，全年接待群众来访403件，书记大接访64批次，专班下访40余次，部门联合会商8场次，25件突出矛盾纠纷得到及时化解。

【民生保障】 全年新农合、新农保覆盖3万余人，发放最低生活保障金225万元、特困人员救助供养金273万元、残疾人两项补贴54.1万元、高龄津贴70余万元。红莲湖第二幼儿园和合景悦湖四季分园秋季开学，棚户区二期942套安置房完成公开抽签分房到户，棚户区三期破土动工。岱家山体育公园基本完成登山步道建设，实现群众家门口“登山自由”。

【作风建设】 全年立案17件、结案18件，立案结案数同比均有所增长。给予开除党籍处分5人、党内严重警告处分5人、党内警告处分7人、取消预备党员资格1人。扎实开展“开发区查改治”，全年排查问题48个，整改完成35个，追缴资金17.8万元，挽回经济损失19.32万元，督促各职能部门重申、修订完善内部管理制度56项。人大建议和政协提案办复率和满意率100%。

【党的建设】 镇党委（度假区党工委）开展中心组理论学习22次。围绕“清廉庙岭”建设，通过学党章党规党纪、警示教育、观看专题片等方式，筑牢党员干部廉洁自律思想防线。深化“干部提能上讲台”活动，创造性采取“一讲二评三总结”方式，开展轮流讲业务、说体会10次。通过各级媒体刊发宣传报道37篇，及时处置网络舆情70余条，督促办结“市长信箱”“亲民热线”等诉求24件，全年未发生重大宗教违法事件。持续健全“一下三民”实践活动长效机制，结合“共同缔造”活动，不断巩固“我为群众办实事”成效。镇党委（度假区党工委）班子成员、村（社区）“两委”班子成员认真落实“问题清单”“任务清单”“效果清单”26条，涉及红莲二幼建设、岱家山体育公园、红莲湖西北部湖滨带生态修复等重点项目，着力解决辖区群众上学、就医、出行、休闲娱乐等问题。积极开展“两新”党建。支持引导辖区“两新”党组织发挥特长优势，开展特色主题活动。落实党员干部红色慰问。开展“七一”红色慰问，慰问困难党员、村（社区）老骨干、基层工作一线党员干部和“光荣在党50年”党员等群体332人，发放慰问金18.09万元，发放红色关怀慰问金8人7400元。

（周　雪）

华　容　镇

华容镇是华容区人民政府所在地。地处鄂州西部，东与段店镇接壤，西与葛店开发区毗邻，南抵武九铁路，北临长江，与武汉、黄石均在半小时车程内，对外交通十分便捷。全镇辖18个村、3个社区、1个农场，国土面积78平方千米，人口5.5万人。全镇工业经济基础较好，现有规模以上工业企业32家，以建材、纺织、电子三大产业为主。

【经济发展】 全年实现财税收入 4.29 亿元，规模以上工业产值 153 亿元，固定资产投资 14.1 亿元，主要经济指标稳中有进。富晶电子、强森魔芋、敏瑞机械、枫树线业实现技改升级，枫树 2 号厂房、华宇昌泰一期建成投产。新增华宇昌泰、鸿茂微粉 2 家规上企业。

【城乡融合】 不断提升城市品质。加大城中村整治，启动 42 个老旧小区改造，大力推进主城区、村湾道路微循环改建，拆除存量违章建筑。楚藩大道改造暨景观风貌提升工程广受好评。持续完善基础设施。22 个群众关注度高、操作性强、社会效益好的基础设施项目纳入镇级乡村振兴项目库。完成龙华路及车站路改造升级、华蒲路穿涵工程、文昌大道三期、华芦线扩宽植绿、铁咀桥头夏泵站维修改造、金明塘水闸修建等重大基础设施建设。通过省级“四好农村”公路示范乡镇验收。加快乡村振兴步伐。锚定“全域旅游、全境美丽”目标，积极探索打造华容乡村建设模式，以点带面推动美丽乡村遍地开花。以“党建引领”为切入点，统筹推进芦花、刘花、韩畈 3 个示范村建设，党群服务中心提档升级、刘花湾美丽村湾、芦花村鱼羊草综合种养殖、海哥种养殖家庭农场等 13 个项目建设扎实推进。韩贩村践行“五共”理念，开创性试点示范，积极打造市级“共同缔造”样板点。

10 月 29 日，华容区首家幸福食堂华容镇韩畈村幸福食堂开张

【生态环境】 开展专项排查整治。铁腕整治“散乱污”企业，关停取缔 11 家，整治提升 9 家，对固危废处置、料场覆盖、污水废气排放、厂区内扬尘及环境卫生等 18 家建材行业问题进行全面排查，限时督促整改，按时验收。积极回应群众关切。及时化解民众反映、市长热线反馈的环保问题 36 起，联合区交警大队及时处理夜间转移偷倒固废垃圾 12 处，关停民众反映强烈、污染严重的光明小区水泥存放场和车站路水泥售卖店，改造修复御景天成小区下穿港渠，拆除影响长江行洪存量房屋 5 处。加大秸秆禁烧力度。全年核实、整改、查处省无人机执法简报 3 起，市无人机专报 2 起，秸秆禁烧工作得到市区肯定。芦花村、韩畈村成功申报省级生态村，丁桥村、杨巷村、周汤村成功申报市级生态村。

【民生事业】 全面完成“两保”征缴工作，农保参缴率 87.25%，医保参缴率 87.76%。完成失地农民核查 7061 人。完成农村养老社会保障卡更换工作，城乡居民养老保险待遇资格认证完成率 98.48%。全镇退役军人建档立卡管理 1920 人次，优待证办理工作 1270 人次，实现全覆盖。完成 768 户城乡低保对象和 252 户特困供养对象一户一档工作，实现应保尽保。组织开设就业创业技能培训班 10 班次。开展根治欠薪专项行动，处理农民工欠薪相关问题 30 余起，协调并妥善解决富力地产金禧悦城小区建设项目欠薪问题。新建农村无害化户厕 121 座、村级公厕 2 座。做好脱贫攻坚后评估有效衔接。把牢不发生规模性返贫底线，建立健全动态监测帮扶机制，积极开展脱贫人口和监测人口稳岗就业摸排，排查脱贫和监测务工人口 1065 人，其中脱贫户 1039 人、监测户 26 人。实施衔接推进乡村振兴项目 6 个，顺利通过省脱贫攻坚后评估考核。在全区率先完成村级债务化解。

【文明创建】 常态化开展创文创卫，引入竞争机制，通过购买第三方服务等方式提高保洁效率。每周五定为“扮靓华容”文明创建活动日，发动和组织镇机关干部下沉包联路段、村（社区），开展环境卫生整治、文明交通劝导等文明素质提升行动，凝聚了创建活力，顺利通过国家卫生乡镇复检。

【社会稳定】 牢固树立安全发展理念，多轮次对辖区重点企业、店铺进行隐患排查，全年未发生一起重大安全事故及自然灾害受损。常态化开展平安创建、扫黑除恶斗争，排查各类矛盾纠纷200余起，成功调处181件，化解群体性事件5起。认真落实“三包三保”责任，“一感一度一率一评价”连年进位，社会大局持续保持平安稳定和谐。

【学习宣传】 把党员干部思想教育和理论学习放在重要位置，认真学习宣传贯彻党的二十大会议精神、习近平总书记系列讲话精神、省第十二届党代会精神及习总书记考察湖北重要讲话精神。邀请市区专家到镇、村（社区）宣讲10余次。成立镇级宣讲团、百姓宣讲团，开展宣讲50余次，上稿湖北日报15篇次、鄂州日报20篇次。

2022年，华容镇荣获“全国综合实力千强镇”“湖北省基层统战工作先进单位”“鄂州市先进侨之家”“先进乡镇党委”等称号。

（汤冰婵）

段店镇

段店镇地处鄂州西北部，下辖17个行政村、1个社区，国土面积72.6平方千米，人口3.7万人。境内拥有13.1千米的长江黄金水道，黄冈长江大桥飞架两岸，武冈城际铁路、黄鄂高速、316国道穿境而过，城铁华容东站、三江港高速口让段店镇处于武汉“半小时经济圈”辐射范围之内，形成铁、水、公立体交通格局。2022年，全镇财政收入4260.3万元，工业总产值56.7亿元，固定资产投资8.4亿元。

【项目建设】 全年申报入库项目26个，其中技改项目6个。三江大道改扩建项目完工通车。“擦亮小城镇”项目进入收尾阶段，立新街改造、段店老街、示范型商超等项目相继完工。新港高速双柳大桥连接线项目征迁进度得到建设单位高度认可。基本完成中湾村现代化农业基地建设，徐家大林网红沙滩二期、南迹湖生态修复项目顺利开工。完成8个村饮水安全提升改造工程。

【乡村振兴】 持续巩固拓展脱贫攻坚成果同乡村振兴有效衔接，常态化开展防返贫动态监测，全年纳入监测户25户。12个乡村振兴项目全部完工。科学推进村级债务化解，通过自查“挤水分”对2007年前后的村级债务进行分期登记处理，有效化解村级债务。大力开展土地撂荒整治，成立壹柒贰种植专业合作社，以土地入股方式整合撂荒土地2151亩，发展规模化种植产业。举办首届“大山杯”农耕文化艺术节等活动。杏福园成功创建国家级AAAA级景区。

华容北部生态功能区旧貌换新颜

【疫情防控】 积极宣传疫情防控政策，做好疫苗接种和返乡人员摸排工作。落实属地管理职责，安排镇干部、交警、医务人员及民警24小时值守三江港高速口，严格落实来鄂人员相关管控政策。成功应对“4·10”“11·25”等多起输入性疫情。疫情防控政策调整后，积极做好

“五类”台账和感染病人转诊治疗，加强药物储备和调度，确保人民生命和健康安全。

【社会治理】 常态化开展扫黑除恶斗争，集中打击治理电信网络诈骗等犯罪活动。在全镇交通要道加装监控探头，公开招聘专职网格员16名，网格化服务管理水平稳步提升。加强企业安全生产督查，组织专家到企业开展安全生产检查85次，对企业隐患整改情况组织复查61次。开展燃气安全隐患排查整治“百日行动”联合检查行动。完成18个村（社区）的房屋安全隐患初步排查，保障群众住房安全。积极探索村民议事协商工作新模式，百席村被确定为全国村级议事协商创新实验试点，全市村级议事协商现场会在百席村成功召开。

【人居环境】 积极开展文明典范城市创建，巩固提升4个文明村的新时代文明实践站五大功能室。持续推进“四好农村路”建设，新修农村公路6.87千米，刷黑18.21千米。大力实施垃圾分类，新建罗湖易腐垃圾堆肥场和50个垃圾分类投放“四分亭”，实现17个村垃圾分类全覆盖。开展“散乱污”企业集中整治，整治提升1家，关停13家。罗湖村、上湖村荣获“省级森林乡村”称号。

【共同缔造】 扎实开展“一下三民”活动，解决群众身边“急难愁盼”问题32个。大力推进“共同缔造”活动，武圣小陈湾、中湾徐家大林湾和泥矶秦家后湾3个市区级试点湾成效显著，其他镇级试点湾环境整体提升，群众主人翁意识不断增强，为建立“共同缔造”的长效机制积累了经验。

【基层党建】 聚焦基层党建重点工作任务，深入推进党建引领乡村振兴“整市提升·城乡融合”试点工作，探索并推进农村党员“先锋指数”积分制管理，党员和群众参与村级公共事业的积极性显著提高。完成红色教育基地刘伯垂纪念馆提档升级。扎实开展作风建设“三问三治三提升”活动，党员干部干事创业热情高涨。永福社区挂牌成立，孔关村入选全省百佳村委会，基层党组织战斗堡垒不断夯实。清廉段店建设全面推进，成功打造区级清廉家庭示范点1个，镇级清廉村居示范湾4个，清廉企业示范点1个。张湾村荣获省级清廉村居称号。

（段店镇党政办）

临　江　乡

临江乡地处鄂州市西部，东与黄冈隔江相望，南接鄂州主城区，316国道、吴楚大道、临江大道、武鄂、鄂咸高速公路、武九铁路、武鄂石、武鄂冈城际铁路穿境而过。辖13个行政村、138个自然湾，国土面积61平方千米，常住人口34993人。

【项目建设】 坚持围绕三江港“港产城”一体化发展，完整、准确、全面贯彻新发展理念，全力推动经济高质量发展。经济指标运行良好。全年完成规模以上工业总产值39.45亿元，同比增长60.75%；完成固定资产投资13.7亿元，同比增长62.51%；完成财政收入8907.7万元，同比增长21.1%。新进规上企业1家，11个项目入库投资31.29亿元。项目建设提质增效。完成三江港枢纽集疏运基地一期仓库及堆场、现代物流园（一期）1#仓库、1#2#公租房建设，富地富江LNG加注码头主体工程顺利完工。鄂州一类水运口岸通过省级预验收。

【民生事业】 疫情防控精准有序。落实第九版防控方案和“新十条”优化措施，稳步开展疫苗接种、核酸检测、卡口值守、返乡人员摸排等工作，快速有效处置输入突发疫情，守住不发生规模性疫情的底线。全面落实各项惠民政策。为1764名脱贫户和监测户购买城乡居民医疗保险，落实生态文明公益岗及产业扶贫奖补77万元，为36户脱贫户申请小额信贷。全年发放城乡低保金、临时救助金等各类社会救助津补贴800余万元。乡村振兴开局有力。实施巩固拓展脱贫攻坚成果和乡村振兴项目11个，投入财政资金595万元。夯实粮食安全根基，全市秋冬播生产工作现场会在临江召开。开展耕地“非农化”“非粮化”撂荒整治，累计整治撂荒地3200亩，整治基本农田种植林果774亩，荣获全市撂荒整治优秀示范乡镇。基础设施不断完善。纬六路完成路基施工，临江大道基本完工；临江小学、新安小学、胡林社区幼儿园扩建项目投入使用；临江集镇雨污分流投入使用，胡林集镇交通综合服务站有序推进，上汤湖泵站改造工程主体完工。

【生态文明建设】 积极推进“擦亮小城镇”行动，助力全国文明典范城市创建和全国卫生乡镇创建，在6月和8月创文第三方测评中分别取得全市第四名和第一名好成绩。全面落实长江大保护、河湖长制和林长制，完成粑铺村、龙潭村等6个村村庄绿化美化工程，完成省河湖长制办公室交办的废弃房屋拆除整改10余处。如期完成理工光大船厂等4个中央环保督察反馈问题整改，整治“散乱污”企业15家。积极推进“厕所革命”，新建户厕160户。争取上级专项资金400万元，开展胡林村邓刘湾美丽乡村建设。

【民主法治建设】 坚持以习近平法治思想为引领，聚焦问题导向，靶向精准发力，着力构建普法依法治理新格局。开展普法宣传。深入推进“八五普法”，落实“一村一警（辅警）”“一村一法律顾问”机制。结合“法律六进”活动，举办法治宣传活动8次，印发宣传资料2600余份，推动法治宣传教育全覆盖。强化民主管理。严格落实民主集中制、“三重一大”制度，依法科学民主决策。自觉接受人大、政协监督，办结省市区三级人大代表建议9件、政协委员提案24件。聘用17名专职网格员，以“板凳会议”为依托，深化村民自治实践，不断健全乡村治理体系。有效化解矛盾。开展矛盾纠纷排查115次，班子成员带队接访下访，服务信访群众95人次，高效办理“阳光信访平台”“市长热线”等660余件，调解各类矛盾纠纷384起、欠薪案件3起，调处成功率100%，全年赴省赴京零上访。乡综治中心被评为市级“党的二十大信访安全保障工作先进集体”。

联合公安、市场监管等部门开展扫黄打非专项行动

【组织建设】 不断夯实党建基础。强化政治理论学习，组织党委中心组理论学习12次，开展交流研讨和专题党课5次、理论宣讲34场。健全“我为群众办实事”长效机制，班子成员领办实事14项，各支部领办99余项。做好村“两委”换届“回头看”工作，强化新一届村“两委”班子学习培训及监督管理。接收及转正党员61名，全面推行党员先锋指数管理，着力激励广大党员发挥先锋模范作用。意识形态安全可控。党委书记带头抓意识形态工作，每季度专题研究部署，及时妥善处理网络舆情4起，报送新闻信息130余条。依法规范管理宗教活动场所，定期开展寺庙安全检查和扫黄打非行动。党建引领激发动能。稳步推进党员干部“一下三民”实践活动和美好环境与幸福生活共同缔造工作；扎实推进新港村、黄岭村乡村振兴示范点建设，在全区党建引领乡村振兴试点工作拉练中，前三个季度全乡取得1次第二名、2次第一名好成绩。区委区政府授予临江乡党委2021年度红旗示范乡镇，市委市政

府授予临江乡公务员集体三等功。

【党风廉政建设】 始终坚持把党风廉政建设主体责任挺在前面，持之以恒促进正风肃纪，较好完成了党风廉政建设各项任务。压实主体责任。认真履行“一岗双责”，坚持将党风廉政建设与业务中心工作同部署、同落实、同检查，每月召开专题会议安排部署党建和党风廉政建设。持续正风肃纪。党纪政纪立案13件，给予党内警告处分3人，严重警告处分4人，开除党籍3人；运用第一种形态处理问题70人次，制发纪检检查建议书14份，澄清正名3人；常态化开展廉政谈心谈话，筑牢干部思想防线促履职。建设清廉临江。聚焦作风建设“三问三治三提升”专项行动，统筹开展清廉机关、清廉企业、清廉学校、清廉村居等创建，打造芦洲村清廉家庭、黄柏山村红色清廉村居示范点。

（王学志）

蒲 团 乡

蒲团乡西邻武汉33千米，东距黄石35千米，距京珠高速14千米，下辖9村1场，有105个自然湾、148个村民小组，国土面积95平方千米，人口2.7万人。蒲团乡素有“鱼米之乡、西瓜之乡、水产强乡、湘莲大乡”美誉，现形成水产、湘莲、西甜瓜、优质稻、花卉苗圃等五大支柱产业，有12个特色农业板块基地，15个美丽乡村示范塆，初步形成“一线串珠”全域乡村旅游。荣获全国“一村一品”（稻米）示范村镇；横山社区被评为省级文明村，上倪村被评为省级生态村，瓜圻村荣获全省综合减灾示范村。

【项目建设】 全年完成工业产值8亿元、固定资产投资3.27亿元。实现财政收入2855.17万元、地方一般公共预算收入1686.38万元。先后引进落户湖北交投新材料配送中心项目、翔硕生态农业共享示范基地项目、湖北鄂科华泰种业鄂州有限公司二期工程等8个重点项目，其中签约亿元以上项目1个、千万元以上项目5个。天和机械农产品深加工装备项目、白水塘北大堤整险加固等5个千万元以上项目建设基本完工。占地12.5亩的集镇公交服务站项目投入使用，鄂州公交1号线延伸到蒲团。完成山东管片厂清退工作，湖北交投新材料配送中心项目投产。全面完成“四好农村路”建设。标准化派出所、集镇运动健身中心、乡镇社会工作服务站、村级公交站台等投入使用。

【乡村振兴】 严格贯彻落实“四个不摘”要求，持续巩固拓展脱贫攻坚同乡村振兴有效衔接成果，完成省脱贫攻坚后评估工作。人居环境整治和厕所革命形成定期调度机制，完成“厕所革命”年度任务。实施“擦亮小城镇”三年行动，完成集镇老街、背街小巷、沿街立面改造和“四化”集镇小广场建设。坚持“龙头企业牵引+能人带动+特色种养殖”一体化发展，发展订单式农业。深度融合农文旅产业，积极打造瓜圻亲子采摘游、四海湖游、石竹生态颐养游等乡村特色旅游，打造优质稻区、湘莲区、花卉区、苗木区等产业区块，带动发展特色产业1.2万亩。深化和巩固“蒲团小龙虾”“蒲团西甜瓜”地理标志农业品牌，持续叫响“荷香园”“十湖”牌等香稻品牌，产业规模化、科技化、品牌化持续提升。32条小微水体整治成效明显。梅家垱、吴家大湖实现退垸还湖。利用无人机巡查，提高秸秆禁烧工作成效。久久为功推进河湖长制，开展四海湖、断塘湖专项清理。扎实开展全面禁捕。强化典型选树示范效应，郭垱村郭维夫妻在湖北省计生协微信公众号上作为抗疫典型宣传，乡司法所所长潘婷荣获2022年“最美政法干警”称号，退役军人服务站站长汪朋朋荣获2022年党的二十大维稳安保先进个人，上倪村网格员李娟荣获华容区2022年“十佳网格员”称号。

【民生事业】 建立“党组织+协会+兴趣小组”群众文化参与机制，举办各类群众文艺演出、比赛活动130余场次。城乡医保完成率88%，参保完成率位列全区前列。在全市创建全国文明典范城市测评中荣获“骏马奖”。组织“十星级文明湾组”、学雷锋等一系列志愿活动20余次，扩大评选范围，提升群众集体荣誉感、乡村建设参与感、幸福生活获得感。常态化做好疫情防控工作，疫苗接种实现应接尽接。圆满完成国家卫生乡镇复审。

【安全稳定】 严格落实安全生产责任制，扎实开展平安法治宣传教育，对辖区内各重点单位检查80余次，下达限期整改通知书80余份，排查出隐患452条，实现风险防控措施落实到位、隐患排查整改到位。强化刑释解教、矫正等重点人员管理。构筑“人防、物防、技防”三位一体等方面建设的安全防线，“一感一度一率一评价”水平显著提升。坚持以人民为中心的发展思想，运用新时代“枫桥经验”，严格落实重点信访案件包案制，因案施策，排查矛盾纠纷127起，化解118起，矛盾化解率93%。全年实现“五个不发生”目标。

【作风建设】 开展“十进十建”及党风廉政宣教月活动。制定落实《2022年蒲团乡党风廉政建设宣传教育月活动方案》。乡党委书记和各支部书记带头讲廉政党课，敲响廉政警钟。组织家庭助廉活动、青年干部诗歌朗诵会，举办廉政书画摄影剪纸作品展、廉政电影进村居等活动。强化常态化疫情防控，深入开展形式主义、官僚主义专项治理工作，紧盯节假日等重要节点纠治“四风”。精准运用监督执纪“四种形态”，“第一种形态”处理70人次，印发通报3期，制发纪律检查建议书4份，信访举报函询4人次，办结信访件5件，对信访举报不实的3名村干部及时澄清正名。组织开展酒驾醉驾和中餐饮酒问题专项整治8次，立案查处3人。严肃执纪问责，全年立案12件，结案12件，给予党纪政务处分12人。

【党的建设】 结合党史学习教育，全年组织党委中心组理论学习15次，赴梁子、咸宁、黄冈等地学习参观乡村振兴示范点、红色教育基地。密切关注网络舆情，全乡意识形态领域总体形势平稳。升级改造党员活动阵地2个，村级活动阵地更加稳固。严格参加双重组织生活，定期开展“三会一课”和支部“主题党日”活动。严格组织程序发展党员12名，转正24名。完成50年党龄党员全覆盖摸排和“光荣在党50年”纪念章发放工作。积极探索“蒲团夜话”基层治理模式，83场“蒲团夜话”共商难事200余个，帮助群众解决难题156个。完成软弱涣散党组织整顿。做好民兵整组、训练和征兵工作。积极推进工青妇协同创新发展，建成石竹村村级文化馆、大庙村妇女儿童之家。

“蒲团夜话”打通服务群众“最后一米”

（蒲团乡党政办）

统计资料

华容区基本情况及经济和社会发展综合指标

指标	单位	2022 年	2021 年	对比 ±	对比 ±%
一、组织情况					
1. 乡镇政府	个	5	5	–	–
2. 村民委员会	个	75	75	–	–
3. 村民小组	个	973	974	–1	–0.10
二、总户数	户	63727	63722	5	0.01
其中：乡村户数	户	56344	49717	6627	13.33
三、总人口（户籍人口）	人	184473	188510	–4037	–2.14
其中：乡村人口	人	168471	168936	–465	–0.28
四、国土面积	km^2	382.13	382.13	–	–
其中：1. 耕地总资源	亩	209500	208871	629	0.30
2. 常用耕地	亩	193845	194189	–344	–0.18
①水　田	亩	153470	153932	–462	–0.30
②旱　地	亩	40375	40257	118	0.29
五、生产总值	亿元	153.41	134.57	18.84	4.7
1. 第一产业增加值	亿元	33.81	31.49	2.32	4.1
2. 第二产业增加值	亿元	63.66	48.76	14.9	6.9
3. 第三产业增加值	亿元	55.94	54.31	1.63	2.5
六、规模工业总产值	亿元	285.89	264.83	21.06	7.95
七、规模工业销售产值	亿元	284.88	265.05	19.83	7.48
八、规模工业增加值	亿元	74.92	69.11	5.81	8.4
九、规模工业效益指标					
1. 利润总额	万元	11252	52666	–41414	–78.64
2. 产品销售率	%	99.65	100.09	–0.44	
3. 年初存货	万元	108876	118196	–9320	–7.89
4. 产品销售收入	亿元	272.32	265.01	7.31	2.76

续表

指标	单位	2022 年	2021 年	对比 ±	对比 ±%
5. 应交增值税	万元	40699	45735	-5036	-11.01
6. 从业人员	人	11251	11802	-551	-4.67
十、农业总产值	万元	631806	592239	39567	6.68
1. 种植业产值	万元	149279	138634	10645	7.68
2. 林业产值	万元	8568	8738	-170	-1.95
3. 牧业产值	万元	130625	145786	-15161	-10.40
4. 渔业产值	万元	312089	271237	40852	15.06
5. 服务业产值	万元	31245	27844	3401	12.21
十一、农业主要产品产量					
1. 粮食	吨	67038	67017	21	0.03
稻谷	吨	55052	55264	-212	-0.38
2. 棉花	吨	1625	1709	-84	-4.92
3. 油料	吨	16565	16106	459	2.85
4. 蔬菜	吨	335896	332929	2967	0.89
5. 水果	吨	39720	38528	1192	3.09
6. 生猪出栏	万头	26.39	25.09	1.3	5.18
7. 家禽出笼	万只	244.3	302.2	-57.9	-19.16
8. 水产品	万吨	9.29	9.06	0.23	2.54
十二、财贸金融					
1. 财政收入	亿元	10.4	13.06	-2.66	-20.37
2. 财政支出	亿元	13.35	15.80	-2.45	-15.51
十三、人口出生率	‰	4.63	6.34	-1.71	
十四、人口死亡率	‰	6.48	4.91	1.57	
十五、人口自然增长率	‰	-1.85	1.43	-3.28	
十六、农村居民人均可支配收入	元	24614	22843	1771	7.75
十七、招商引资额（省外）	亿元	31.54	42.23	-10.69	-25.3
十八、固定资产投资额	亿元	114.7	75.07	39.63	52.8
十九、限上消费品零售总额	亿元	1	0.81	0.19	23.45
二十、卫生					
1. 医疗机构数	个	97	93	4	4.30
2. 卫生技术人员数	人	490	503	-13	-2.58
3. 医院床位数	床	486	381	105	27.55
二十一、教育					
1. 学校数	所	36	36	/	/
①小学	所	30	30	/	/
②初中	所	5	5	/	/

续表

指标	单位	2022 年	2021 年	对比 ±	对比 ±%
③高中	所	1	1	/	/
2. 教师数	人	1275	1229	46	3.74
①小学	人	786	757	29	3.83
②初中	人	378	369	9	2.44
③高中	人	111	103	8	7.77
3. 在校学生数	人	15584	15652	–68	–0.43
①小学	人	9865	10330	–465	–4.50
②初中	人	4358	4172	186	4.46
③高中	人	1361	1150	211	18.35

分乡镇基本情况和社会各项经济指标

指标	单位	全区	庙岭镇	华容镇	段店镇	临江乡	蒲团乡
固定资产投资额	亿元	114.7	74.8	14.1	8.8	13.7	3.3
规上工业总产值	亿元	285.89	28.61	153.13	56.7	39.45	8
规上工业增加值	亿元	74.92	8.5	38.22	15.09	11.48	1.63
农业总产值	万元	631806	135873	105052	84054	86159	220668
①种植业产值	万元	149279	24212	26387	28284	28037	42359
②林业产值	万元	8568	2253	1546	1776	1316	1677
③牧业产值	万元	130625	13439	29085	19331	19420	49350
④渔业产值	万元	312089	87540	44123	30258	33906	116262
⑤服务业产值	万元	31245	8429	3911	4405	3480	11020
粮食播种面积	亩	158758	29779	27955	32726	26595	41703
粮食产量	吨	67038	12548	11157	13807	10872	18654
棉花产量	吨	1625	169	497	253	466	240
油料产量	吨	16565	2690	3149	2998	2533	5195
蔬菜产量	吨	335896	57947	58557	63422	64692	91278
水果产量	吨	39720	3141	5569	6128	6494	19388
生猪出栏	万头	26.39	2.51	6.26	4.93	4.81	7.88
家禽出笼	万只	244.25	4.44	38.3	19.57	10.92	171.02
水产品产量	万吨	9.29	2.41	1.37	0.9	1.03	3.58
医疗机构数	个	97	25	28	19	14	11
卫生技术人员数	人	490	60	152	80	156	42
医院床位数	床	486	50	287	49	70	30
学校数	个	36	5	8	7	9	7
其中：小学	个	30	4	6	6	8	6

续表

指标	单位	全区	庙岭镇	华容镇	段店镇	临江乡	蒲团乡
初中	个	5	1	1	1	1	1
高中	个	1	0	1	0	0	0
教师数	人	1275	230	513	187	175	170
其中：小学	人	786	161	252	122	127	124
初中	人	378	69	150	65	48	46
高中	人	111	0	111	0	0	0
在校学生数	人	15584	3399	7600	1919	1273	1393
其中：小学	人	9865	2473	4299	1294	875	924
初中	人	4358	926	1940	625	398	469
高中	人	1361	0	1361	0	0	0

附 录

区委文件辑录

区委办公室 区政府办公室
关于印发《华容区农村人居环境整治提升行动实施方案》的通知

华容办文〔2022〕17号

各乡镇党委、人民政府，红莲湖旅游度假区党工委、管委会，区人武部党委，区委各部办委局，区级国家机关各办局，各人民团体：

《华容区农村人居环境整治提升行动实施方案》已经区委、区政府同意，现印发给你们，请结合实际抓好贯彻落实。

中共华容区委办公室

华容区人民政府办公室

2022年7月28日

华容区农村人居环境整治提升行动实施方案

近年来，华容区农村人居环境整治三年行动取得阶段性成效，全区村庄环境基本实现干净整洁有序，农民群众环境卫生观念发生可喜变化。为深入贯彻《省委办公厅、省政府办公厅关于印发〈农村人居环境整治提升行动实施方案〉的通知》（鄂办文〔2022〕6号）精神，巩固拓展我区三年行动成果，进一步提升农村人居环境质量，加快美丽乡村建设步伐，结合我区实际，制定本方案。

一、总体要求

（一）指导思想

以习近平新时代中国特色社会主义思想为指导，深入贯彻党的十九大和十九届历次全会精神，坚持以人民为中心的发展思想，践行绿水青山就是金山银山的发展理念，深入学习浙江“千村示范、万村整治”工程经验，以农村厕所革命、生活污水垃圾治理、村容村貌提升为重点，巩固拓展农村人居环境整治三年行动成果，全面提升农村人居环境质量，为我区全面推进乡村振兴、加快农业农村现代化、建成现代化滨江临港产业生态新城提供有力支撑。

（二）工作目标

到2025年，农村人居环境显著改善，生态宜居美丽乡村建设取得新进步。农村人居环境治理水平显著提升，长效管护机制进一步健全。美丽示范型村湾，全面提升农村人居环境基础设施建设水平，农村卫生厕所基本普及，农村生活污水治理率明显提升，农村生活垃圾基本实现无害化处理并推动分类处理试点示范，长效管护机制基本建立。整治提升和干净整洁型村湾，农村人居环境基础设施持续完善，农村户厕愿改尽改，农村生活污水治理率有效提升，农村生活垃圾收运处置体系基本实现全覆盖，长效管护机制进一步健全。

生活垃圾有效治理。农村生活垃圾收运处置体系健全完善，实现全覆盖，无害化处理率100%。有条件的村庄，实现垃圾分类、源头减量，推动分类试点示范。长效管护机制基本建立。

生活污水有效管控。建有集中式、分散式等农村生活污水治理设施或纳入城镇污水管网或实现资源化利用的行政村比例达到85%，全部行政村生活污水乱排乱放得到有效管控。动态排查农村黑臭水体，及时发现及时治理。

卫生厕所全面普及。农户卫生厕所普及率达到95%，无害化厕所普及率达到85%。2013年以来各级财政支持建改的问题厕所全部整改达标。厕所粪污基本得到有效处理，全区超过10%的行政村，实现厕所粪污与生活污水一体化治理和资源化利用。

村容村貌显著提升。整治村庄公共环境，发挥“村庄清洁日”引领作用，常态化开展以“五清一改”为重点内容的村庄清洁行动。以小果园、小菜园、小花园为重点，开展美丽庭院创建。

二、重点任务

（一）提升农村生活垃圾治理水平

1. 健全农村生活垃圾收运处置体系。进一步完善“农户分类、村组保洁、乡镇收集、区级转运、市级处理”的五级收运处理管理体系。健全农村生活垃圾收运处置技术科学、处置设施完备、运营模式高效、资金保障有力的长效治理机制。加强对农村收集、转运环节的日常监督，不断提高运行管理水平，做到日产日清。（牵头单位：区城管局，责任单位：区农业农村局、区乡村振兴局、各乡镇）

2. 推进农村生活垃圾分类减量。推进农村生活垃圾源头分类减量，采取信用积分兑奖等多种方式，鼓励农民积极分类投放、回收，减少垃圾出村处理量。实现农村可回收垃圾资源化利用、易腐烂垃圾和煤渣灰土就近消纳、有毒有害垃圾单独收集贮存和处置、其他垃圾无害化处理。（牵头单位：区城管局，责任单位：区发改经信局、区供销社、区农业农村局、区乡村振兴局、各乡镇）

3. 完善生活垃圾回收利用网络。协同推进废旧农膜、农药肥料包装废弃物回收处理。扩大农村再生资源回收利用网络服务覆盖面，积极推动再生资源回收利用网络与环卫清运网络合作融合。（牵头单位：区农业农村局、区供销社，责任单位：区发改经信局、区城管局、区乡村振兴局、

各乡镇）

4. 建设农村生活垃圾资源化处理设施。推动区农作物秸秆收储工作，协同推进农村有机生活垃圾、厕所粪污、畜禽粪污、农村生产有机废弃物资源化处理利用。以乡镇或行政村为单位试点建设一批区域农村有机废弃物综合处置利用设施，探索就地就近就农处理和资源化利用的路径。（牵头单位：区农业农村局，责任单位：区城管局、区乡村振兴局、各乡镇）引进市场主体，推动农村建筑垃圾处置市场化运作，积极探索农村建筑垃圾等就地就近消纳方式，鼓励用于村内道路、入户路、景观等建设。进一步完善集镇餐厨垃圾处理、农村易腐垃圾处理体系建设，着力提升处理能力。（牵头单位：区城管局，责任单位：区住建局、区自然资源和规划分局、各乡镇）

5. 常态化开展农村存量垃圾整治。全面清理排查农村非正规垃圾堆放点，常态化开展铁路、公路沿线和河道、水库、湖泊、沟渠、堰塘、房前屋后、背街小巷等积存垃圾。（牵头单位：区城管局，责任单位：区农业农村局、区交通局、区住建局、各乡镇）

（二）提升农村生活污水治理水平

6. 分类推进农村生活污水治理。全面提升水源保护区和城乡接合部、乡镇政府所在地、中心村、旅游风景区等人口居住集中区域农村生活污水治理水平，做到全部接入城镇、村湾污水管网。居住分散或常住人口不足 200 人的村湾，采用人工湿地、土壤渗滤等生态处理技术处理达标后排放。规划建设的污水处理设施，以资源化利用、可持续治理为导向，选择符合农村实际的生活污水治理技术，优先推广运行费用低、管护简便的治理技术，积极推进农村生活污水资源化利用。扎实推进华容区农村安全饮水巩固提升工程，完成自来水管网更新改造。持续推进集中式污水治理设施出水监测，定期通报设施运行和监测情况。（牵头单位：区住建局、区生态环境分局、区农业农村局，责任单位：各乡镇）

7. 全面推进农村黑臭水体治理。摸清全区农村黑臭水体底数，建立治理动态台账，采取控源截污、清淤疏浚、生态修复、水体净化等措施，优先治理纳入国家和省级监管清单的农村黑臭水体，做到较大面积黑臭水体基本消除，形成可复制可推广的治理模式。投入资金对南迹湖、红莲湖实施生态修复。推进农村黑臭水体纳入河湖长制管理，健全促进水质改善的长效运行维护机制。（牵头单位：区生态环境分局，责任单位：区农业农村局、区住建局、各乡镇）

（三）扎实推进农村厕所革命

8. 普及农村卫生厕所。新建农房必须配套设计建设卫生厕所粪污处理设施设备。科学选择改厕技术模式，调整优化技术模式。城郊村、中心村推广污水集中收集处理模式。偏远村、边缘村户厕改造推广联户、多户大三格模式。确实不具备条件的，采用单户小三格模式。合理规划布局农村公共厕所，按标准建设乡村 A 级景区旅游厕所。健全公共厕所管护机制，强化日常卫生保洁。（牵头单位：区农业农村局、区乡村振兴局、区文旅局，责任单位：区卫健局、区住建局、区生态环境分局、各乡镇）

9. 切实提高改厕质量。做好农村户厕问题摸排整改，对不好用、不能用的问题厕所及时整改。在改厕系统中及时录入改厕档案，做到改厕全过程在信息系统中反馈。加强技术指导，对农村改厕施工队开展专业培训，在改厕过程中严格执行改造标准。加强节能节水降耗、资源循环利用等技术产品推广。加强生产流通领域农村改厕产品质量监管，把好农村改厕产品采购质量关，强化施工质量监管，确保改一座，成一座，用一座，系统录入一座。（牵头单位：区农业农村局、区乡村振兴局，责任单位：区卫健局、区市场监管局、

各乡镇）

10.推进厕所粪污无害化处理与资源化利用。抓好整村统筹推进厕所粪污与生活污水一体化治理和资源化利用试点项目建设。加强农村厕所革命与生活污水治理有机衔接，因地制宜推进厕所粪污分散处理、集中处理与纳入污水管网统一处理，鼓励联户、联村、村镇一体处理。有条件的镇、村积极推动农村户厕改造与生活污水治理一体化建设，暂时无法同步建设的应为后期建设预留空间。积极推进农村厕所粪污资源化利用，统筹使用畜禽粪污资源化利用设施设备，与农业种植大户、有机肥加工等结合，逐步推动厕所粪污就地就农消纳、综合利用。（牵头单位：区农业农村局、区乡村振兴局，责任单位：区卫健局、区生态环境分局、各乡镇）

（四）改善提升村容村貌

11.常态化开展村庄清洁行动。大力实施以“五清一改”（清理农村生活垃圾和杂物，清理村内沟塘，清理畜禽养殖粪污等农业生产废弃物，清除村庄乱搭乱建、清除违章广告和破损、污损宣传标牌，改变影响农村人居环境的不良习惯）为重点的村庄清洁行动，突出清理死角盲区，由“清脏”向“治乱”拓展，由村庄面上清洁向屋内庭院、村庄周边拓展，引导农民逐步养成良好卫生习惯。通过“门前三包”等制度明确村民责任，推动村庄清洁行动制度化、常态化、长效化。（牵头单位：区农业农村局、区乡村振兴局，责任单位：区城管局、区住建局、区生态环境分局、各乡镇）

12.改善村庄公共环境。全面清理整治私搭乱建、乱堆乱放、乱拉乱接等现象，整治残垣断壁、废弃圈舍，通过集约利用村庄内部闲置土地等方式扩大村庄公共空间。优化公共体育设施配置，加强农村电力线、通信线、广播电视线“三线”整治。健全村庄应急管理体系，合理布局应急避难场所和防汛、消防等救灾设施设备，畅通安全通道。（牵头单位：区农业农村局、区乡村振兴局，责任单位：区住建局、区城管局、区发改经信局、区文旅局、区民政局、区应急管理局、各乡镇）

13.持续推进乡村绿化。开展乡村水旁、路旁、村旁、宅旁“四旁”植树绿化，深入实施乡村绿化美化行动。加强乡村自然景观、河湖湿地、原生植被、古树名木、小微湿地等自然生态环境保护，加快推进乡村小微湿地建设，打造微景观、微田园、微环境。（牵头单位：区自然资源和规划分局，责任单位：各乡镇）

14.有序推进庭院整治。引导鼓励村民通过栽植果蔬、花木等开展庭院绿化。充分利用荒地、废弃地、边角地等开展村庄小公园、小果园、小菜园和公共绿地建设，发展庭院经济，打造农村特有田园景观。（牵头单位：区农业农村局、区乡村振兴局，责任单位：区住建局、区城管局、区生态环境分局、各乡镇）

15.加强乡村风貌引导。以乡村人居环境风貌控制和村庄民居建筑风貌引导为重点，引导乡村建筑风貌。以乡镇为单位，广泛征求群众意见，从《华容区农村住宅推广图集》中选取设计方案进行推广。鼓励各乡镇对采用图集建设的农房进行适当奖励。鼓励各地对存量农房进行微改造，不搞大拆大建，不搞千村一面。（牵头单位：区住建局，责任单位：区乡村振兴局、区自然资源和规划分局、区文旅局、各乡镇）

（五）建立健全长效管护机制

16.健全基础设施管护机制。明确政府和职责部门、运行管理单位责任，完善长效机制。明确农村人居环境基础设施产权归属，建立健全设施建设管护标准规范等制度，逐步实现农村生活垃圾、农村生活污水处理设施设备、农村公共厕所、村庄保洁等城乡一体化运行管护。利用好公益性岗位，合理设置农村人居环境整治管护队伍，优先聘用符合条件的农村低收入人员。支持农村人居环境基础设施运行管护社会化服务体系。鼓励社会资本和专业化企业参与农村公共基础设施管护，形成多元管护格局。（牵头单位：区农业农村局、区乡村振兴局，责任单位：区发改经信局、区财政局、区住建局、区城管局、区生态环境分局、区卫健局、各乡镇）

17. 依法探索建立费用分担机制。按照“谁污染、谁治理，谁受益、谁付费”的原则，科学划分环境治理责任，明确地方政府和职责部门、运行管理单位责任，逐步建立农户合理付费、村级组织统筹、政府适当补助的运行管护经费保障制度，合理确定农户付费分担比例。（牵头单位：区发改经信局、区财政局，责任单位：区农业农村局、区乡村振兴局、区城管局、区生态环境分局、区卫健局、区住建局、各乡镇）

（六）发挥农民主体作用

18. 强化基层组织作用。坚持把党建引领贯穿农村人居环境整治提升的全过程，充分发挥农村基层党组织领导作用和党员先锋模范作用，在农村人居环境建设和整治中深入开展美好环境与幸福生活共同缔造活动；充分发挥农民主体作用和共青团、妇联等群团组织作用，组织动员村民自觉改善农村人居环境。健全党组织领导的村民自治机制，引导村集体经济组织、农民合作社、村民等全程参与农村人居环境相关项目规划、建设、运营和管理。实行农村人居环境整治提升项目公示制度。鼓励通过政府购买服务等方式，支持有条件的农民合作社参与改善农村人居环境项目。引导农民或农民合作组织依法成立各类农村环保组织或企业，吸纳农民承接本地农村人居环境改善和后续管护工作。（牵头单位：区委组织部、区民政局、区农业农村局、区乡村振兴局、团区委、区妇联，责任单位：各乡镇）

19. 普及文明健康理念。开展“讲文明、筑健康、守绿色、重环保”生活方式倡导活动，发挥爱国卫生运动、文明典范城市创建群众动员优势，加大健康宣传教育力度，普及卫生健康和疾病防控知识，倡导文明健康、绿色环保的生活方式，提高农民健康素养。把转变农民思想观念、推行文明健康生活方式作为农村精神文明建设的重要内容，把使用卫生厕所、做好垃圾分类、养成文明习惯等纳入学校、家庭、社会教育，广泛开展形式多样、内容丰富的志愿服务。将改善农村人居环境纳入农民教育培训内容。持续推进城乡环境卫生综合整治，深入开展卫生创建，大力推进健康村镇建设。（牵头单位：区委宣传部、区卫健局、区城管局、区教育局、区农业农村局、区乡村振兴局、团区委、区妇联，责任单位：各乡镇）

20. 完善村规民约。将村庄环境卫生等要求纳入村规民约，对破坏人居环境行为加强批评教育和约束管理，引导农民自我管理、自我教育、自我服务、自我监督。持续开展美丽庭院评选、环境卫生红黑榜、公益积分管理等活动，提高村民维护村庄环境卫生的主人翁意识。（牵头单位：区民政局、区农业农村局、区乡村振兴局、区委宣传部、区城管局、区妇联，责任单位：各乡镇）

三、政策支持

21. 加强财政投入保障。加大财政投入力度，统筹安排土地出让收入用于改善农村人居环境。鼓励申请政府债券资金用于符合条件的农村人居环境建设项目。按规定统筹整合改善农村人居环境相关资金和项目，逐村集中建设，重点引领带动。调动社会力量积极参与投资收益较好、市场化程度较高的农村人居环境基础设施建设和运行管护项目。将《省人民政府关于印发湖北省“厕所革命”三年攻坚行动计划（2018–2020 年）的通知》（鄂政发〔2017〕69 号）规定的农村“厕所革命”奖补政策及资金筹措方式延长至2025年，区乡安排一定资金予以保障支持，防止新增村级债务。（牵头单位：区财政局、区发改经信局，责任单位：区城管局、区生态环境分局、区农业农村局、区乡村振兴局、区卫健局、各乡镇）

22. 创新完善相关支持政策。盘活农村存量建设用地，在严守耕地和生态保护红线的前提下，优先保障农村人居环境设施建设用地，优先利用荒山、荒沟、荒丘、荒滩开展农村人居环境项目建设。按规定落实用水用电保障和税收减免等政策。引导各类金融机构依法合规对改善农村人居环境项目提供信贷支持。落实村庄建设项目简易审批有关要求。（牵头单位：区农业农村局、区乡村振兴局，责任单位：区发改经信局、区财政局、区自然资源和规划分局、区税务局、各乡镇）

23. 推进制度规章与标准体系建设。健全农村生活污水垃圾处理、农村卫生厕所管理、村庄清洁等制度。加快建立农村人居环境相关领域设施设备、建设验收、运行维护、监测评估、管理服务等标准。依法开展农村人居环境整治相关产品质量安全监管。（牵头单位：区农业农村局、区乡村振兴局、区市场监管局，责任单位：区城管局、区生态环境分局、区卫健局、各乡镇）

24. 加强科技和人才支撑。推广适宜华容区域特点的新技术研发、新产品开发和科技成果的示范应用，为农村人居环境改善提供科技支撑。加大农村人居环境整治人才培训力度，选派规划、建筑、园艺、生态环境等行业相关专业技术人员驻村指导。（牵头单位：区发改经信局、区农业农村局、区乡村振兴局，责任单位：区教育局、区自然资源和规划分局、区住建局、区城管局、区生态环境分局、各乡镇）

四、工作保障

25. 加强组织领导。把改善农村人居环境作为各级党委和政府的重要职责，结合乡村振兴整体工作部署，明确时间表、路线图。将乡镇农场居住点纳入农村人居环境整治提升范围统筹考虑、同步推进。区改善农村人居环境领导小组统筹改善农村人居环境工作，协调资金、资源、人才支持政策，督促推动重点工作任务落实。有关部门要各司其职、各负其责，密切协作配合，形成工作合力，及时落实上级支持政策。（牵头单位：区委农办，责任单位：区农业农村局、区乡村振兴局、各乡镇）

26. 强化规划引领。全面完成以区为单位的村庄布局工作，有条件、有需求的，实现村庄规划应编尽编。发挥规划指导约束作用，坚持先规划后建设，暂时没有编制规划的村庄，严格按照区乡两级国土空间规划建设。按照最小干预的原则，严格控制工程建设体量、用材和建设资金，避免华而不实形象工程。（牵头单位：区自然资源和规划分局，责任单位：各乡镇）

27. 加强分类指导。顺应村庄发展规律和演变趋势，优化村庄布局，强化规划引领，统筹考虑主导产业、人居环境、生态保护等合理确定村庄分类。集聚提升类村庄重在完善基础设施，推动农村人居环境与产业发展互促互进，提升建设管护水平，保护保留乡村风貌。城郊融合类村庄重在加快实现城乡人居环境基础设施共建共享、互联互通。特色保护类村庄重在保护自然历史文化特色资源、尊重原住居民生活形态和生活习惯，加快改善人居环境。“空心村”及已经明确的搬迁撤并类村庄不列入农村人居环境整治提升范围，重在保持干净整洁，保障现有农村人居环境基础设施稳定运行。对一时难以确定类别的村庄，可暂不作分类。（牵头单位：区农业农村局、区乡村振兴局，责任单位：区自然资源和规划分局、区住建局、各乡镇）

28. 强化考核激励。将农村人居环境整治成效纳入党政领导班子、领导干部实绩考核和“第一书记”业绩考核，并作为美丽乡村建设以奖代补资金分配的重要依据。将改善农村人居环境纳入相关督查检查计划，检查情况向区委、区政府报告，对措施有力、成效突出、群众满意的乡镇、村予以通报表扬，对工作中搞形式主义、不作为、慢作为的单位和干部严肃追责问责。加强督导检查，按验收标准和办法，定期调度、总结、考评，到 2025 年年底，以乡镇为单位进行检查验收，检查结果和历年累计考评结果与相关支持政策直接挂钩。（牵头单位：区委农办、区农业农村局、区乡村振兴局，责任单位：各乡镇）

29. 强化宣传引导。总结宣传我区农村人居环境改善经验做法和典型案例。将改善农村人居环境纳入公益性宣传范围，充分借助广播电视、报纸杂志等传统媒体，创新利用新媒体平台，开展通俗易懂、更接地气、深入人心的宣传报道。加强正面宣传和舆论引导，编制创作群众喜闻乐见的解读材料和文艺作品，增强社会公众认知，及时回应社会关切。（牵头单位：区委宣传部、区委农办，责任单位：区农业农村局、区乡村振兴局、区文旅局、区融媒体中心、各乡镇）

区政府文件辑录

区人民政府办公室
关于印发《华容区进一步优化营商环境培育壮大市场主体实施意见》的通知

华容政办函〔2022〕30 号

各乡镇人民政府、红莲湖旅游度假区管委会，区直各相关单位：

现将《华容区进一步优化营商环境培育壮大市场主体实施意见》印发给你们，请认真贯彻执行。

华容区人民政府办公室

2022 年 4 月 28 日

华容区进一步优化营商环境培育壮大市场主体实施意见

为深入贯彻党中央、国务院关于优化营商环境助推市场主体发展的决策部署，认真落实省委、省政府、市委、市政府工作要求，更好培育、发展和壮大我区市场主体，激发创业创新活力，为经济发展积蓄基本力量，现制定本实施意见。

一、总体要求

（一）指导思想。坚持以习近平新时代中国特色社会主义思想为指导，全面贯彻党的十九大和十九届历次全会精神，以打造市场化、法治化一流营商环境，扩大市场主体总量和提升发展质量为目标，持续深化“放管服”改革，创新和加强事中事后监管，不断激发市场活力，推动华容区高质量发展。

（二）工作目标。力争全年新增市场主体不少于 2760 户。到 2025 年底累计新登记市场主体 1 万户以上。

二、主要任务

（一）深化商事制度改革，降低市场准入准营制度性成本

1. 持续优化市场准入准出。建立健全市场准入审查制度，严格执行《市场准入负面清单》，推动“非禁即入”普遍落实。探索商事登记确认制、“智慧办”，推广市场主体登记全程网办，将银行开户预约纳入企业开办“210”标准服务范围，提升市场主体办事体验感和满意度。推行市场主体住所（经营场所）申报承诺制度，鼓励企业采取“一址多照”“一照多址”“集群注册”模式登记。推广简易注销登记改革，除公告时间外实现全流程1个工作日内办结。（责任单位：区市场监管局、区发改经信局、区公安分局、区税务分局、区人社局）

2. 切实降低市场准营门槛。深化“证照分离”改革，推动更多涉企经营许可事项取消审批、审批改为备案、实行告知承诺。推广“一业一证”改革，开展市场准营承诺即入制试点，推动更多行业“多证集成、一证准营”，推进更多涉企经营许可事项“告知承诺、准入即准营”。（责任单位：区市场监管局、区行政审批局、涉及行政审批各区直相关部门）

3. 着力打造“高效办成一件事”服务品牌。聚焦“高效办成一件事”，推进企业开办、财产登记、用水用电用气等重点领域“一事联办”，推动市场主体登记注册和涉企经营许可等事项“全程网办”“异地代收代办”“多地联办”。深入融合市场主体线上线下服务，推行“预约办、当场办、一次办、限时办、加班办”，当好服务企业发展金牌“店小二”。（责任单位：区行政审批局、涉及行政审批各区直相关部门）

（二）紧盯产业发展布局，加强重点市场主体培育

4. 推动科技型创新主体增量提质。实施高新技术企业、科技型中小企业倍增计划，培育一批拥有自主知识产权、核心技术的创新型企业，力争高新技术企业新增10家以上，力争入库科小90家。引导中小微企业走“专精特新”发展之路，培育更多“科技小巨人”和“瞪羚企业”。持续深化“产学研”“校企地”合作，加强与华中农业大学、武汉纺织大学、省农科院等高校、科研院所对接，共建院士专家工作站、工业研究院和技术研发中心。大力推进大众创业、万众创新，逐步培育1~2家有影响力的众创空间、科技企业孵化器。（责任单位：区发改经信局）

5. 开展农业经营主体培育提升行动。着力培育壮大省级产业化龙头企业4家、市级产业化龙头企业12家。重点打造粮食、种业、水产、果蔬等4条产业链：依托华苑、天香、香润心米业，打造“华苑香米”“南碛湖生态大米”等更多粮食品牌；依托省农科院鄂州基地、华泰种业、中化农业育种试验基地，打造蒲团“特色种业小镇”；依托大场科技智慧渔业项目、杏福盛丰渔业孵化基地，谋划建设全国水产品交易中心、武昌鱼价格指数发布中心；依托杏福农业、志超家庭农场、原野果蔬合作社等果蔬经营主体，探索推进“生产、加工、仓储、保鲜、物流、销售”全产业链发展。全年提升农民专业合作社26家，家庭农场30家。（责任单位：区农业农村局）

6. 加大商贸流通市场主体培育力度。支持三江港现代物流园建设，完善外贸企业扶持政策，引导企业利用“贸易＋制造”“贸易＋研发”“贸易＋服务”“贸易＋消费”等模式，实现创新发展。推进传统商贸企业数字化、智能化和跨界融合，培育以连锁经营为代表、线上线下互动、内外市场联动、城乡相互促进的商贸流通企业。鼓励快递企业与邮政企业、第三方企业合作，促进电商快递融合发展。（责任单位：区发改经信局）

7. 鼓励新型市场主体加快发展。鼓励农民专

业合作社、农产品生产经营企业和农产品种植大户运用网上产销对接创业模式，实现线上线下融合发展，打造一批华容品牌产品网上旗舰店、专卖店。创新“农业＋旅游”“科技＋旅游”模式，培育一批休闲农业和乡村旅游经营主体。（责任单位：区发改经信局、区农业农村局、区文旅局、区卫健局、区市场监管局）

（三）强化帮扶解困政策支持，充分激发市场主体活力

8. 加大财税政策支持力度。全面落实小微企业普惠性税收减免政策，优化税费优惠政策适用程序，推行惠企政策免申即享。落实《鄂州市人民政府关于促进服务业发展若干政策措施的意见（修订）》奖励政策，提高企业创新发展积极性。支持招大引强，引进一批投资规模大、产业层次高、创新能力强的产业项目，对国内外知名企业来华容设立企业总部的，参照《鄂州市招商引资激励方法》第五条予以支持。对我区传统工业企业技术改造、“隐形冠军”和“小巨人”企业进行奖补，支持企业做精做强。（责任单位：区财政局、区税务分局、区发改经信局、区招商中心）

9. 提升融资服务支撑能力。建立“四张清单＋金融辅导员＋楚天贷款码”制度，推进缓解小微企业“融资难、融资贵”信用培植工程。加强银行与担保公司和地方政府融资平台的合作，鼓励银行机构借力金融科技，加快数字普惠金融布局与发展，推进小微企业首贷业务扩面增量。探索全流程线上贷款投放模式，实现自动审批、合理定额、快速放贷。推进“税 e 贷”“税银贷”等纳税信用贷款产品，推行专利、商标、地理标志等质押融资，优化动产融资服务，助力解决小微企业融资难题。（责任单位：区金融服务中心、区税务分局、区市场监管局）

10. 实施双创服务工程。推进返乡创业示范基地、大学生创业孵化基地等载体建设，鼓励龙头骨干企业、科研院所、高等院校等建设平台型众创空间。创建华容区就业创业服务平台，落实就业创业惠企政策，提供创业指导服务。加大创业担保贷款支持力度，落实创业奖补，财政部门对符合创业担保贷款条件的项目及时进行贴息。充分发挥民营企业吸纳就业主渠道作用，推动全区退役军人就业创业。加大人才引进扶持力度，实施“新鄂州人”计划、“333”高层次创新创业人才计划，激发人才创新创造活力。（责任单位：区人社局、区退役军人事务局、区金融服务中心、区委组织部、区财政局）

11. 完善常态化市场主体联系服务机制。深化“双千”活动，统筹协调“双千”单位深入企业开展服务，帮助企业排忧解难，促进一批重点项目投产达效。推动中央省市各项支持企业发展、项目建设政策措施落地，出台我区新一轮支持企业惠企政策措施。（责任单位：区发改经信局、区各有关部门）

（四）抓好优质企业梯度培育，推动市场主体做大最强

12. 加速推进项目建设。大力实施“城市合伙人”计划，深化与省联投、省交投、省港口集团合作，推进产业链招商、平台招商、以商招商。加快鸿云数据、智能制造产业园、韵达物流、智慧水系统、智慧能源等重点项目落户。积极协调枫树线业，引进武汉高科高端制造产园等产业链项目落户。精心组织红莲湖大数据专场和“双招双引”活动。（责任单位：区发改经信局、区法院、各乡镇、红莲湖旅游度假区、区自规分局、区生态环境分局、区招商中心）

13. 支持中小微企业发展壮大。实施中小企业成长工程，新增规上工业企业 8 家，打造 5 家专精特新“小巨人”企业。加强小微企业创业创新基地建设，为入驻小微企业提供信息服务、创业辅导、创新支持、人员培训、市场营销、投融

资服务、管理咨询、法律咨询等服务，支持小微企业扩大经营，引导社会融资持续向小微企业倾斜。（责任单位：区发改经信局、区住建局、区金融服务中心）

14. 推动个体工商户转型升级。完善“个转企”培育机制，鼓励各部门对“个转企”给予税费、财政、金融、用工等方面政策支持，推动“个转企”企业做大做强。保持“个转企”登记档案延续性、一致性，支持个体工商户享有的专利权、商标权、名称权等权益保护转移至“个转企”企业名下。（责任单位：区市场监管局、区发改经信局、区金融服务中心、区财政局、区税务分局、区人社局）

15. 开展质量提升行动。推行质量基础设施“一站式”服务，为企业就近提供质量要素综合性技术支撑。鼓励、培育企业导入先进质量管理方法，树立典型标杆。加强重点产业质量管理和标准引领，推行对标达标领跑者制度，把标准优势转化为市场竞争优势。实施知识产权“五大工程”，加强民营企业知识产权保护。（责任单位：区市场监管局、区发改经信局）

（五）加强事中事后监管，营造公平竞争市场环境

16. 提升事中事后监管效能。依托省“互联网＋监管”平台，发挥“双随机、一公开”系统作用，推进部门协同监管、联合监管。加强信用监管，健全守信联合激励和失信联合惩戒机制。实施分级分类监管，强化高风险环节监管，加强违法惩戒，严守市场安全底线。推动监管信息共享，强化监管信息综合运用，提升监管质量和效率。（责任单位：区行政审批局、区市场监管局、区发改经信局、涉及市场监管的各职能部门）

17. 保障市场公平竞争。落实公平竞争审查制度，清理妨碍统一市场和公平竞争的各项规定和做法，营造各类市场主体平等使用资源要素、公平参与市场竞争的制度环境。加强价格执法检查，重点查处价格欺诈、哄抬物价、不合理收费等价格违法行为。开展无照经营清理，鼓励引导市场主体合法经营、规范发展。（责任单位：区市场监管局，区直各有关部门）

18. 实施包容审慎监管。探索与新业态、新模式相适应的包容审慎监管制度，编制《华容区轻微违法行为免罚清单》和《华容区行政处罚自由裁量权目录》，审慎实施“刚性”约束机制，在法律允许的范围内为市场主体提供更加宽容的营商环境。（责任单位：区司法局、具有监管执法职能的相关部门）

三、保障措施

（一）强化组织领导。各部门要认真贯彻落实本实施意见，研究制定具体配套措施，主要负责同志要亲自抓谋划、抓落实，定期研究支持市场主体培育壮大工作，构建上下贯通、协调通畅的工作体系和长效机制，形成全区上下齐抓共管强大合力。

（二）强化政策落地。建立政策辅导制度，及时发布涉企政策，汇聚惠企信息，精准匹配、精准服务、精准落实。建立发展指导制度，各行业主管部门要定期发布本行业（产业）市场主体发展规划指引，积极引导各类主体进入市场。

（三）强化宣传引导。各部门要充分利用各类媒体，宣传市场主体在经济社会发展中的重要作用和培育壮大市场主体的重要意义，及时回应社会关切。定期总结市场主体发展中可推广复制的典型经验，提振市场主体信心，营造良好舆论氛围。

（四）强化督查督办。各部门要压实工作责任，推动形成“政府主导、部门牵头、任务共担”的发展格局。区市场监管局建立工作进度通报机制，区政府政务督查室加大督查督办力度，确保各项任务落地落实。

区人民政府办公室
关于印发《华容区县城品质提升三年行动方案》的通知

华容政办函〔2022〕34 号

各乡镇人民政府、红莲湖旅游度假区管委会，区直各相关单位：

现将《华容区县城品质提升三年行动方案》印发给你们，请认真贯彻执行。

华容区人民政府办公室

2022 年 4 月 18 日

华容区县城品质提升三年行动方案

为贯彻落实省委、省政府关于启动县城品质提升三年行动的有关要求，补齐县城建设短板，推进县城高质量发展，区政府研究决定，自 2022 年开始实施县城品质提升三年行动，特制定如下方案。

一、总体要求

以习近平新时代中国特色社会主义思想为指导，贯彻落实中央城市工作会议精神，牢固树立“城市是生命体、有机体”理念，尊重城市发展规律，顺应城市发展阶段，围绕武鄂同城、葛华一体，加快与东湖高新区和葛店开发区全面对接，完善主城区公共服务配套及市政基础设施，增强主城区的公共服务功能，提高城镇管理精细化水平，力争通过三年时间全面提升我区城市功能与品质，建成畅通、有序、安全、便捷、美丽、智慧的宜居宜业新华容，为打造武鄂同城化发展“加速器”，争当城乡融合发展的排头兵提供有力支撑。

二、重点任务

（一）完善道路系统，改善出行环境

1. 完善城镇交通体系。围绕武鄂同城、葛华一体，完成华容区综合交通体系规划编制修订工作。加快推进基础设施互联互通，用三年时间基本建成结构明晰、转换便捷、设施现代的综合交通体系，拉开城镇主干框架，扩大城区开发规模，引导城镇空间合理布局，支撑城镇集约高效开发，塑造城镇特色风貌。实施新港高速双柳长江大桥华容段工程，启动武鄂市域铁路建设前期工作，完成文昌大道（三期）、三江大道鸿泰至孙彭段、华蒲路穿铁工程、金明大道西延至葛店友谊大道、金明大道东延至中咀路、华蒲路北延、光华路北延、滨江二路东延等工程，建立起纵横交错的综合交通网络。（责任单位：区交通局、区住建局、区发改经信局、区自规分局、华容镇）

2. 优化路网系统布局。实施 316 国道华容段改线、疏港二路建设等工程，对 316 国道丁桥村段进行整治，科学解决全区过境交通问题，确保过境道路交通畅通。按照“窄马路、密路网”规划理念，加快推进城区次干路和支路建设，逐步推动实施昌华路北延至金明大道、南岭街延伸拓展工程、华刘路改扩建等工程，完成龙华路、车站路、交通路、华亭路及华新街改造升级，提高路网密度。推动实施车站路－实验小学－城东路、龙华路—觉华寺—兴华路、凉亭村—楚藩大道、华容正街拓宽和大秦湾路建设等工程，打通断头路，畅通微循环。2024 年建成区路网密度达到 8 千米每平方千米以上，建成区道路面积率达到 15% 以上。（责任单位：区住建局、区交通局、区自规分局、区城管局、华容镇）

3. 倡导公交绿色出行。积极争创湖北省全域公交示范区。用好葛店开发区公交总站，推动华容客运站联网运营，进一步完善区域公共交通；加密区域内公交线路及班次，扩大公交线网覆盖范围，提升互联互通能力。依托楚藩大道改造暨景观风貌提升工程，实施自行车停车设施补短板行动，编制规划人行道、自行车道及慢车道，有序规范管理共享单车，提升慢行交通出行品质。实施交通设施适老化改造，全面更新主城区公交站台，增添座椅等适老化设施。2024 年主城区公交站点 500 米覆盖率达 80% 以上；公共交通机动化分担率达 30% 以上，绿色交通分担率达到 70% 上，绿色交通分担率达到 70%。（责任单位：区交通局、区住建局、区城管局、区交警大队、华容镇）

4. 加强停车供给。合理布局建设停车设施，通过 316 国道改造升级等工程适当增设慢车道停车位，建好市民中心文化中心停车场、因地制宜建设生态停车场。引进社会资本建设公共停车场及充电设施。推动区直机关（企）事业向社会有偿开放内部停车位，鼓励华清园等小区错时有偿开放内部停车位。2024 年，全区机动车停车位供给总量达到机动车保有量的 1.1 倍以上，新建居住小区停车位配建标准不低于 1 ∶ 1，并 100% 建设充电设施或预留充电设施建设安装条件。（责任单位：区住建局、区城管局、区城投公司、华容镇）

（二）整治市容环境，实现有序管理

5. 整治环境卫生。加强商品大世界、南岭街等重点区域环境卫生管理。推进环卫作业市场化改革，引进大型有实力的专业化环卫公司，提高环卫保洁标准和机械化、专业化保洁水平。加强背街小巷、城中村、城乡接合部等区域环境治理，发动群众全面清理城市“牛皮癣”，排查整治卫生死角，强化城镇公共设施保洁。规范“城市家具”设置，增设垃圾桶、休闲坐凳、渠化岛雨棚等设施。加强城市照明设施巡查维护，提高道路照明设施平均亮灯率。2024 年，全区市容环境基本达到《城市市容市貌干净整洁有序安全标准（试行）》要求。（责任单位：区城管局、区住建局、区城投公司、华容镇）

6. 治理街面秩序。实施楚藩大道改造风貌提升工程，对建筑风貌、道路铺装和景观绿化进行提档升级，对广告店招进行统一规范设置管理，提升县城品质。坚持违法建设零容忍，加大拆除整治力度；强化沿街为市、占道经营等行为治理，依法规范设置临时疏导场所，限时经营有序管理。规范户外缆线架设，完成楚藩大道沿线、市民文化中心广场、华容园等城市公共空间低压电力以及通信线路入地。（责任单位：区住建局、区城管局）

7. 健全管理体系架构。深化城管综合执法体制改革，理顺区镇城管权责关系，建立健全指挥顺畅、运行高效的城市管理体系。强化城管综合执法体制和执法能力建设，提高专业化、职业化水平。推动城管进社区，因地制宜设置城市管理执法岗亭、社区工作站、便民窗口，提供便民服务。2024 年城管队伍建设取得明显成效，城市管理水平有较大提升。（责任单位：区城管局、华容镇）

8. 加强精神文明建设。落实华容区创建全国文明典范城市十大行动方案。强化文明市民宣传教育，推进市民自我提升、自我教育、自我管理。

制定市民公约，约束不文明行为，加大对车窗抛物、乱扔杂物、随地吐痰、损坏公共设施、乱穿马路、占用和堵塞消防通道等不文明行为的惩戒力度。实施“共建家园”行动，广泛发动市民参与城镇管理，打造“华容大姐”系列志愿服务品牌，建设全域文明华容大格局，推动城市治理共谋共建共管共评共享。（责任单位：区委宣传部、区直相关职能部门、华容镇）

（三）加强风险管控，提高城市韧性

9. 完善城市基础设施。依托市水务集团适时提升葛华自来水厂供给保障能力，完成华容区农村饮水安全巩固提升工程，扩大供水服务覆盖范围。推进华容镇燃气管网设施建设改造，用好市安泰天然气应急储备站，完成鑫肆海煤气站迁移建设。加强城镇供水、供气、排水、电力、通信、消防等市政基础设施管养维护，建立健全事故预防和应急保障体系。2024 年城镇供水水质达标率达到 100%；城镇燃气企业具备不低于其年用气量 5% 的应急储备能力，城镇具备保障 3 日以上消费量的储气能力。（责任单位：区发改经信局、区农业农村局、区住建局、区消防大队、安泰葛华天然气公司、葛华自来水有限公司、各通信公司、区供电公司）

10. 增强城市防洪排涝能力。统筹葛华区域防洪、排涝系统建设，实施楚藩大道雨污分流改造工程，完成龙华路、车站路、华亭路、华新街及交通路的雨污分流管网改造，对区法院楼前、振华路等易涝点进行系统整治，科学做好丁桥港御景天成和光谷桂花园段整治，确保防洪排涝安全。2024 年，城区防洪排涝能力显著提升，易涝点整治全部完成。（责任单位：区住建局、区农业农村局、区城管局、区城投公司、区应急管理局、华容镇）

11. 提升应急和防灾减灾水平。修订完善华容区防灾减灾应急预案，充分利用华容火车站前广场、华容园、刘花体育馆、华容高中等公共空间，科学设置防灾避险场所和安全疏散通道。新建和改扩建工程严格落实抗震设防要求，同步配建和完善消火栓等消防设施。完成区应急救援指挥中心和消防站建设，推进综合防灾减灾示范社区建设。加强工程质量安全监管，坚决遏制建筑施工重特大安全事故。2024 年，全区人均避难场所面积达到 1 平方米以上。（责任单位：区应急管理局、区住建局、区消防大队）

12. 强化房屋建筑和市政工程安全管理。全面开展城乡既有房屋，特别是经营性自建房的安全隐患排查整治，切实消除各类建筑事故隐患。加大对租赁性住房改建行为监管力度，确保租赁住房建设和使用安全。严格按照安全管理规范，加强市政工程监管。完善城镇房屋建设规划审批办法。开展城市地下基础设施普查工作，2024 年完成普查任务。（责任单位：区住建局、区发改经信局）

（四）补齐服务短板，方便群众生活

13. 完善公共服务设施体系。推进城镇公共服务设施共建共享，努力构建 15 分钟社区生活圈。依托老旧小区改造，完善居民养老和健身服务设施，建设社区多功能运动场。建成市民文化中心，规划建设一批街头绿地和口袋公园。科学制定全区教育布局规划，建成华容镇第三幼儿园，新建华容中学教学楼，完成大班额化解任务。建成华容区社会福利中心二期。完成区人民医院维修改造，推进华容中心卫生院等医疗卫生机构改扩建。大力推进无障碍环境建设，2024 年，基本形成等级清晰、服务半径合理的城市公共服务设施网络。（责任单位：区文旅局、区卫健局、区教育局、华容镇）

14. 加强疾病预防控制体系建设。全区乡镇及以上综合医院设置规范的发热门诊，社区卫生服务站设置规范的诊室。加强医疗救治体系建设，推进院前急救体系建设和卫生健康信息化建设，大力发展“互联网 + 医疗健康”，提高服务效率，降低服务成本。（责任单位：区卫健局）

15. 加强居住社区建设。开展城镇居住社区补短板行动，完善社区基本公共服务、便民商业服务和公共活动空间。推动物业企业与各类市场主体合作，接入电商、健身、文旅、家装、租赁等优质服务，满足居民多样化需求。加强基层党建引领社区治理，讲好老百姓身边的故事，推动社区居民群众共治共建共享美好家园。2024 年全区完整社区覆盖率达到 35% 以上。（责任单位：区住建局、区城管局、区文旅局、华容镇）

16. 推进老旧城区改造。实施城市有机更新行动，引进城市合伙人，加快实施华容城镇建设三年行动。规划建设华容安置房和保障性租赁住房。对闲置厂房企业、商品大世界、凉亭社区、杨巷村等城镇旧工业园、旧商业区和城乡接合部等，有计划整治修复改造，提升城镇品质。大力推进老旧小区和背街小巷改造，根据财力情况逐步实现应改尽改。2024 年，实现“十四五”城镇老旧小区改造计划进度 60% 以上。（责任单位：区住建局、区自规分局，华容镇）

（五）改善生态环境，实现美丽宜居

17. 提升生活污水治理水平。开展污水处理提质增效行动，借助城市有机更新，实施混错接、漏接、老化和破损管网更新修复。加大城区生活污水治理力度，全面完成主支干路雨污管网分流改造。通过清淤疏浚、活水循环、生态修复等多措施，改善提升汀桥港水质。2024 年全区基本完成雨污管网混错接改造，确保黑臭水体不再出现。（责任单位：区生态环境分局、区住建局、区农业农村局、华容镇）

18. 夯实生活垃圾治理基础。全面推进生活垃圾分类管理，逐步建立分类投放、收集、运输、处理工作体系。适时规范建设建筑垃圾消纳场、餐厨垃圾处理场，完善垃圾渗滤液的处理设施，因地制宜建设危险废物处理处置设施，切实夯实生活垃圾处理基础。鼓励市场主体投资建设再生资源处理厂。2024 年生活垃圾分类覆盖率达到 60%，具备厨余（餐厨）垃圾资源化处理能力，初步建成建筑垃圾消纳设施。（责任单位：区城管局、区生态环境分局、华容镇）

19. 提高园林绿化品质。围绕创建国家园林城市，编制城镇园林绿化专项规划。实施门户节点景观提升工程，对三江大道、华蒲路、昌华路等城市出入口，华容站、华蒲站等高速出口、穿铁工程进行景观提升。实施楚藩大道城市主干道景观提升工程，利用闲置地、边角地建设街头绿地计划建设口袋公园，全面提升主干道路绿化品质，实现增量和提质同步到位。2024 年建成区绿地率大于 33%，人均公园绿地面积达到 12 平方米以上。（责任单位：区城管局、区住建局、华容镇）

20. 塑造文化特色风貌。全面加强城镇设计研究，创新建设管控和引导机制，优化街道公共空间和建筑布局。强化建筑设计管理，加强高层建筑管控，提升建筑品质。传承红色基因及优秀历史文化，保护好彭楚藩烈士祠等重点保护建筑，严格控制脱离实际的景观亮化工程。（责任单位：区文旅局、区住建局）

21. 加强绿道蓝道建设。聘请高水平城市规划编制单位，立足华容实际，编制华容区绿道、蓝道专项规划，完善华容公园绿化景观，规划沿汀桥港布局小型休憩空间，构建水清岸绿景美的城市绿道、蓝道。2024 年，全区绿道总长度不少于 5 千米。（责任单位：区自规分局、区农业农村局、区住建局、区城管局、华容镇）

（六）加强科技应用，提升治理能力

22. 探索智慧城市管理方式。依托鄂州市城市大脑和华容区数字乡村试点，充分利用互联网、大数据、云计算等先进技术，加快构建集感知、分析、服务、智慧、监察为一体的智能化城镇运行管理服务平台，推进城市治理“一网统管”。2024 年配合完成城市综合管理平台建设，并实现与国家和省平台的对接。选择条件较好的社区开展智慧社区试点。加强社区智能快递箱等智能配送设施和场所建设，纳入社区公共服务设施规划。（责任单位：区城管局、区民政局、区行政审批局）

23. 提升市政基础设施智能化水平。组织实施智能化市政基础设施建设和改造行动，对城镇供水、排水、供电、燃气等传统市政基础设施进行智能化升级改造，提高市政基础设施运行效率和安全性能。2024 年传统市政设施智能化改造工作取得积极成效。发展建筑节能和绿色建筑，降低建筑碳排放，提升建筑品质。（责任单位：区供电公司、葛华自来水有限公司、各通信公司、华容镇）

（七）统筹县城建设，推进城乡一体

24. 开展就地城镇化行动。建立统筹城乡发展的体制机制，促进一、二、三产业融合发展，统筹布局主城区与周边行政村基础设施和公共服务设施，建立政府、社会、村民三方共建共治共享机制。依托新型城镇化建设，加快实施老旧城区改造，提升城镇治理体系和治理能力现代化水平，打造宜居宜业美丽新华容。（责任单位：区发改经信局、区乡村振兴局、区城管局、区住建局、华容镇）

25. 推动城乡基础设施一体化。对标城镇化战略要求，合理布局和建设城乡道路、供水、燃气、供电、通信、垃圾污水处理等设施，推动公共教育、医疗、卫生、社会保障等资源向农村倾斜，补足城镇短板，提高城镇综合承载力和服务能力。（责任单位：区乡村振兴局、区发改经信局、区交通局、区住建局、区卫健局、区教育局、区城管局、区供电公司、各通信公司、葛华自来水有限公司、华容镇）

26. 加强美丽乡村建设。开展“擦亮小城镇”行动，着力把华容镇建成配套完善、宜居宜业、特色鲜明的魅力首善县城中心。完善基础设施和公共服务配套，建设规模适宜商业综合体。开展城乡人居环境整治提升五年行动。改善城乡人居环境，提高乡村社会文明程度。2024 年污染乱排乱放现象得到有效控制，生态环境明显改善。（责任单位：区生态环境分局、区住建局、区农业农村局，华容镇）

三、保障措施

（一）加强组织领导。区政府成立县城品质提升三年行动领导小组，区长任组长，挂点华容镇区级领导和分管副区长任副组长。领导小组下设办公室，由区住建局局长兼任，抽调区住建局、区自规局、区交通局、区城管局、华容镇等单位精干力量组成工作专班，负责具体协调等工作。

（二）压实工作责任。区住建局是县城品质提升行动的牵头单位，发改、财政、交通、自规、城管及华容镇等相关部门积极配合，推进有关工作落实。县城品质提升行动力戒形式主义，严禁搞劳民伤财的形象工程和政绩工程，尽力而为，量力而行，严防债务风险。

（三）创新政策支持。城镇公益性项目主要通过地方政府财政资金予以投入，符合条件的项目积极申请使用地方政府债券。鼓励金融机构安排专项信贷额度、实行优惠信贷政策，支持华容城镇品质提升项目。规范有序推广 PPP 模式，积极引进城市合伙人，引导社会资本积极参与。

（四）稳妥有序实施。领导小组办公室和工作专班制定具体化、项目化的县城品质提升年度工作方案，经区政府同意后，报相关部门备案实施。加强舆论引导和宣传发动，营造良好社会环境和舆论氛围，充分发挥和调动各方参与城镇品质提升行动的积极性。

区人民政府办公室
关于印发《华容区“市场准营承诺即入制”改革试点工作方案》的通知

华容政办函〔2022〕36号

各乡镇人民政府、红莲湖旅游度假区管委会，区直各相关单位：

现将《华容区“市场准营承诺即入制”改革试点工作方案》印发给你们，请认真贯彻执行。

华容区人民政府办公室

2022年5月12日

华容区“市场准营承诺即入制”改革试点工作方案

为认真贯彻落实省人民政府办公厅《关于持续深化一流营商环境建设若干措施的通知》（鄂政办发〔2022〕2号）和省优化营商环境领导小组《关于“市场准营承诺即入制”改革试点工作方案的通知》（鄂营商发〔2021〕9号）文件精神，破解市场主体“准入不准营”的难题，深入推进行政审批制度改革，最大程度满足办事群众和企业便利化需求，进一步激发市场主体活力。在我区推行“一业一证”改革的基础上，探索开展“市场准营承诺即入制”试点，特制定如下方案。

一、指导思想

以习近平新时代中国特色社会主义思想为指导，全面贯彻党的十九大和十九届历次全会精神，按照中央、省、市关于深化“放管服”改革、优化营商环境的部署要求，以思想破冰引领发展突围，紧紧围绕市场需求，坚持企业主体地位、政府职能转变、改革系统集成、法治引领改革，探索建立以市场主体诚信为基础的准营承诺即入制，持续提升风险防范化解能力，充分激发市场活力，大幅降低制度性交易成本。

二、总体目标

全面深化“放管服”改革，进一步压缩审批时限、提高审批效率，加快推动市场准入即准营。确定市场准营承诺即入事项清单，完善承诺审批要求，再造审批流程，实行告知承诺即可经营制度和备案即准营的行政审批制度。通过优化行政审批制度，完善审管衔接机制，强化失信严惩长效机制建立使用，推动“非禁即入”落实。

三、基本原则

（一）坚持需求导向。以更快更方便群众和企业办事创业为导向，进一步提高试点工作的针对性、实效性，注重协调推进，推动改革工作取得新突破。

（二）坚持安全可控。统筹发展和安全，在“管得住”的前提下，以优化营商环境、社会普遍关注的领域和服务事项为重点，以点带面，循序渐进，积极稳妥组织试点工作，确保工作推进依法有序、安全平稳，风险总体可控。

（三）坚持统筹谋划。加强与政务信息资源共享、“互联网＋政务”、信用体系建设、“证照分离”等改革措施的衔接，充分发挥各项制度叠加效应，为深化改革积累经验、创造条件。

（四）坚持高效便捷。优化服务流程，完善服务便民化措施，试点措施要让群众和企业看得见、听得懂、用得上、得便利。

四、改革任务

（一）制定事项清单，确定改革范围。结合华容区“一业一证”改革工作，各行业主管部门根据法律法规及规范性文件，结合我区实际情况，通过事项梳理，确定实行告知承诺制或备案制审批事项，报区政府批准后，列入《华容区市场准营承诺即入事项清单》，承诺即入的事项清单实行动态调整。（牵头单位：区市场监督管理局、区行政审批局。责任单位：区直有关部门。完成时限：2 月底）

1. 实行告知承诺制审批事项的确定要求。实行告知承诺制审批事项依法准确完整列出每个审批事项可量化、可操作性、不含兜底条款的审批具体条件，明确告知承诺事项、改革措施、审批部门核查时限、监管规则和违反承诺的后果等内容。

2. 实行备案制审批事项的确定要求。对可以取消审批的涉企经营许可事项，相关行政审批部门应根据法律法规规定及监管需要，明确承诺事项、改革措施、监管规则和违反承诺的后果等内容，以便主管部门有效实施管理。

（二）规范工作流程，整合审批事项。各行业主管部门要按照全面准确、权责清晰、通俗易懂、方便高效的要求，科学编制告知承诺制工作规程，重新修订一次性告知书、办事指南、审批流程等内容，并制定承诺书等有关文书样式。各行政机关应当将法律、法规、规章规定的需要提交的全部材料的目录和承诺书示范文本在办公场所、政务服务平台、部门网站、微信公众号、手机 APP 等渠道进行长期对外公开。（牵头单位：区市场监督管理局，责任单位：区直有关部门按照职责分工负责。完成时限：3 月底）

（三）健全配套制度，完善审管衔接。各行业主管部门要梳理工作环节风险点，制定防控措施，切实提高风险防范能力。区市场监管局在第一时间通过共享交换平台将实行告知承诺取得准营资格的市场主体信息向有关主管部门推送，需要现场核查的，由区行政审批局统筹牵头组织各行业主管部门在规定期限内对当事人承诺的许可条件是否合规进行核查（核查时间由各行业牵头部门确定）。未达到承诺条件的要限期整改合规后，方可开展经营活动。限期改正仍未达到承诺条件的，有关监管部门可责令停止经营该许可事项，并将处罚信息在国家企业信用信息公示平台进行公示，供有关行政机关备查。通过信息共享，形成强有力的审管合力，构建“紧密配合、互相支持、宽进严管”的审管新机制。（牵头单位：区市场监管局、区行政审批局，责任单位：区直有关部门按照职责分工负责。完成时限：6 月底）

（四）建立失信惩戒机制，加强事中事后监管。区信用办牵头负责失信市场主体的诚信档案管理工作，形成失信市场主体及相关责任人“黑名单”台账，建立部门间信用信息共享工作机制，各行政审批部门要依法科学界定承诺准营失信行为，将承诺和践诺信息全面纳入信用记录，归集至信用信息共享平台。各部门应加强对失信市场主体及相关责任人的联合惩戒，构建失信市场主体及相关责任人“一处违法、处处受限”的联合惩戒机制。同时，建立完善信用修复、异议处理机制，实现宽进严管、失信惩戒、社会监督、行业自律。（牵头单位：区信用办，责任单位：区直有关部门按照职责分工负责。完成时限：6 月底）

五、办理流程

市场主体可自主选择是否采用市场准营承诺即入制。申请人不愿承诺或者无法承诺的，应当按照一般程序办理涉企经营许可事项。若存在不良信用记录或者曾作出虚假承诺等情形的，在信用修复前不适用承诺即入制。

（一）申请与受理。对市场准营许可涉及的设备、人员、资金、场所、管理制度等五类审批条件，原则上全面实行告知承诺。经营主体在市场监管部门登记注册后，根据其登记的名称、经营范围、注册地址等信息，确定其经营业务对应的准营许可事项，及时、一次性向市场主体抄告涉及许可的审批条件。符合适用条件的市场主体应当将承诺书（一式两份）一并提交至区市场监管局登记注册窗口。

（二）审查与决定。区市场监管局当场对提交的承诺书进行形式审查。信用良好的市场主体法定代表人对全部审批条件做出承诺，明确达到条件后才开展经营活动，立即取得准营资格，有关承诺内容的落实情况纳入事中事后监管。

（三）核查与监管。区市场监管局应当同步将有关信息推送至行业监管部门。对需要进行核查的，行业监管部门应当在规定时限内，对企业承诺真实性和承诺履行情况等进行核查，并在核查结束后 3 个工作日内，将核查信息反馈至“一业一证”综窗办理行业综合许可证。要充分利用信息共享平台收集和比对相关数据，确需进行现场核查的，要优化工作程序，加强业务协同，避免烦企扰民。行业监管部门要综合运用“双随机、一公开”监管、重点监管、“互联网 + 监管”等方式，对实行承诺即入制的涉企经营行为实施日常监管。在核查或者日常监管中若发现未履行承诺或经查实为虚假承诺的，按照“审管联动”有关要求，依法终止办理、责令限期整改或者予以行政处罚，并将有关失信行为信息，记入信用档案。涉嫌犯罪的，依法移送司法机关。

六、部门职责

（一）审批职责

1. 对于通过承诺即入制取得准营资格的市场主体，市场监管部门应在营业执照上对应经营范围后标注“承诺准营”字样。

2. 对于实行承诺即入制的事项，各审批部门应在 30 日内对当事人的承诺事项进行核查。各部门法规有明确规定的从其规定。经审查发现实际情况与承诺内容不符的，应当责令限期整改，逾期拒不整改或整改后仍不符合法定条件的，应当移送行政执法部门立案查处。

3. 对采取承诺即入制取得准营资格后受到行政处罚的，再次申请不适用告知承诺制。

4. 申请人属于隐瞒有关情况或者提供虚假材料取得准营资格的，行政机关按照《中华人民共和国行政许可法》第七十八条规定处理；申请人自处理之日起一年内不得再次申请该事项的准营资格。

5. 市场主体确定具备所有许可条件后按照“一业一证”流程办理行业综合许可证。

（二）监管职责

1. 通过承诺即入制取得准营资格的市场主体，有关主管部门要依法实施有效监管。

2. 有关主管部门应将实行承诺即入的市场主体与通过一般审批程序领证的市场主体平等对待，根据风险状况加强事中事后监管。

3. 有关主管部门在依法实施有效监管过程中，发现不符合许可条件的应当责令停止相关经营活动，并依法移送有关证据材料至相关行政执法部门进行立案调查。

4. 在承诺准营期内，执法部门不得以无证经营为由进行行政处罚。

5. 执法部门负责对移送的属于隐瞒有关情况或者提供虚假材料取得证件的违法行为依法进行查处。

6. 通过承诺即入制开展经营活动的，执法部门应将其与通过一般审批程序取得证件的市场主体平等对待，依法实施有效执法检查。

七、工作要求

（一）统一思想认识。市场准营承诺即入制改革是贯彻落实准入准营便利化改革目标任务，进一步优化营商环境的重要举措。各有关部门要高度重视，各单位主要负责人要切实负起责任，将该项工作列入重要议事日程，明确责任主体，加强统筹协调，周密制定各项具体实施方案，层层压实责任，确保改革措施取得积极成效。同时各行政审批部门加强对所负责行政审批事项的深入探索及研究，加大行政审批改革力度，勇于改革创新，敢于突破，不断扩大我区市场准营承诺即入制事项范围。

（二）加强组织领导。成立华容区“市场准营承诺即入制”改革工作领导小组，由区长担任组长，分管副区长担任副组长，区行政审批局、区市场监管局、区优化办、区委宣传部、区公安分局、区发改经信局、区财政局、区文旅局、区卫健局、区生态环境局、区农业农村局、区交通局、区城管局、区消防大队、烟草部门、区融媒体中心等相关单位负责人为成员，各成员单位要积极支持“市场准营承诺即入制”改革试点工作，及时响应改革诉求，主动推动规范梳理等工作，帮助协调解决改革推进中遇到的困难和问题。要加强业务指导培训和监督，切实搞好审批、服务、监管全流程各环节的工作，确保《华容区市场准营承诺即入事项清单》中各项改革措施落地，缩减市场准营时限。

（三）加强宣传培训。区委宣传部、区融媒体中心要配合做好改革政策的宣传工作，扩大社会影响，放大改革效应，积极引导市场主体参与改革试点，享受改革红利，提高市场准入准营审批制度改革的社会认知度和群众认同感。行政审批部门要加强培训，提升服务窗口工作人员业务素质和服务意识，确保市场准入准营审批制度改革取得实实在在的成效。

（四）强化责任监督。实行一把手负总责、“谁主管、谁负责”的领导责任机制，把“市场准营承诺即入制”改革纳入我区全年重点目标任务，推动和督促改革任务落实落地。因未按规定告知许可条件造成违法的由审批部门承担责任；因事后监管不到位造成违法的由监管部门承担责任；因提供虚假承诺或违反承诺造成违法的由市场主体承担责任。同时要健全容错纠错机制，鼓励改革创新、先行先试，宽容干部在推进改革过程中因缺乏经验出现的失误错误，为担当者担当、为负责者负责、为干事者撑腰。

区人民政府办公室
关于印发《华容区长江高水平保护十大攻坚提升行动方案》的通知

华容政办发〔2022〕5 号

各乡镇人民政府、红莲湖旅游度假区管委会，区直相关部门：

《华容区长江高水平保护十大攻坚提升行动方案》已经区人民政府同意，现印发给你们，请结合实际，认真抓好贯彻落实。

华容区人民政府办公室

2022 年 5 月 12 日

华容区长江高水平保护十大攻坚提升行动方案

为巩固提升长江大保护标志性战役成果，全面推进长江华容段高水平保护，落实《市人民政府办公室关于印发鄂州长江高水平保护十大攻坚提升行动方案的通知》（鄂政办发〔2022〕6号）要求，结合我区实际，制定本方案。

一、指导思想

以习近平新时代中国特色社会主义思想为指导，深入贯彻党的十九大和十九届历次全会精神，落实好习近平总书记在全面推动长江经济带发展座谈会的重要讲话要求，切实把思想和行动统一到党中央国务院、省委省政府和市委市政府重要决策部署上来，坚持生态优先、绿色发展，始终把修复长江生态环境摆在压倒性位置，从源头上系统开展生态环境修复和保护，全面提高资源利用效率，加快推动绿色低碳发展，标本兼治，完善长效机制，着力锚定“武鄂同城、城乡融合”发展定位，加快建设现代化滨江临港产业生态新城，绘就美丽华容新画卷。

二、基本原则

（一）系统修复，源头管控。坚持从生态系统整体性和流域系统性出发，追根溯源，系统治疗，从源头上系统开展生态环境修复和保护。

（二）协同联动，整体推进。坚持强化山水林田湖草等各种生态要素的协同治理，推进上下游、江河湖库、左右岸、干支流协同治理，增强各项举措的关联性和耦合性。加强综合治理系统性和整体性，既要重点突破，又要防止畸重畸轻、单兵突进、顾此失彼。

（三）问题导向，分类整治。坚持针对化工围江、污水乱排、水体黑臭、生态破坏等突出生态环境问题，对症下药，分类施策，专项治理，补齐短板弱项。

（四）持续发力，久久为功。坚持方向不变、力度不减、标准不降，立足当前、着眼长远，紧盯重点、难点、堵点，持续发力、久久为功。坚持依法治理、多措并举，建立健全长江大保护长效机制。

三、总体目标

巩固提升长江大保护标志性战役成果，“十四五”时期通过“三年集中攻坚，两年巩固提升”行动，实现“从全面出击向重点突破、应急治理向常态化治理、治标向标本兼治”转变，持续改善长江生态环境和水域生态功能，提升生态系统质量和稳定性，形成“政府主导、部门协同、社会参与、公众监督”的共治格局。

四、主要任务

（一）污染治理攻坚提升行动

1. 沿江化工企业关改搬转绿色转型攻坚提升行动。着力巩固沿江化工关改搬转工作成效，加快推进最后一家任务企业验收销号，力争2025年底前完成全部任务。

2. 长江入河排污口溯源整治攻坚提升行动。在深入开展长江入河排污口溯源工作的基础上，经过2–3年努力，基本完成99个长江入河排污口整治工作。进一步巩固和深化整治成效，强化监管信息化建设，2025年底前建立比较完善的长江入河排污口监管长效机制。

3. 城镇污水处理提质增效及黑臭水体治理攻坚提升行动。到2025年，城市建成区生活污水直排口、收集处理设施空白区、黑臭水体基本消除，全区城市生活污水集中收集率力争达到70%；全区污水处理能力基本满足我区经济社会发展需要，乡镇污水处理率达到 96% 以上；全区污泥无害化、资源化利用水平进一步提升，城市污泥无害化处置率达到 90% 以上。

4. 城乡生活垃圾无害化处理攻坚提升行动。到 2023 年，全区生活垃圾无害化处理设施、处理能力满足城乡发展需求，城乡生活垃圾集中收运至华新公司水泥窑协同处理，无害化处理率达到 100%；生活垃圾收运设施设备稳定运行，能力充足，运行规范。

5. 船舶和港口污染防治攻坚提升行动。到 2022 年底，初步形成布局合理、衔接顺畅、运转高效、监管有力的船舶和港口污染治理格局，2023 年后转入常态化运行，服务和支撑长江经济带高质量发展。

6. 农业农村绿色发展攻坚提升行动。深入推进农业农村绿色发展，不断增强农业农村可持续发展能力，提高农业农村发展的质量效益和竞争力。到 2025 年，主要农作物绿色防控覆盖率达到 55%，主要粮食作物统防统治覆盖率达到 45%；主要农作物测土配方施肥技术覆盖率稳定在 95% 以上，进一步提升科学施肥水平；畜禽粪污综合利用率达到 90% 以上；推进水产健康养殖，实施连片池塘尾水治理，确保实现“十年禁渔”目标。

（二）生态保护修复攻坚提升行动

7. 国土绿化和湿地保护修复攻坚提升行动。全面推进国土绿化，着力提升森林质量，加强湿地生态保护与修复。到 2025 年，全区森林和湿地生态系统结构更加合理，功能更加完备，效益更加显著，不断优化全区森林和湿地生态安全格局。“十四五”时期，完成造林绿化 0.15 万亩，实施森林质量提升 0.5 万亩，建设森林城镇 2 个、森林乡村 10 个，适时开展重要湿地生态修复工作，争创省级森林城市。

8. 国土空间生态修复攻坚提升行动。坚持源头治理、系统治理、自然修复为主的方针，综合评价长江流域国土空间生态本底，统筹考虑陆域、流域、区域自然资源，科学确立长江流域生态修复总体目标和战略任务，按照保证安全、突出生态、兼顾景观的次序，谋划和推动长江生态修复工作，有序部署全区国土空间生态修复重大工程，科学推进山水林田湖一体化保护修复。通过 3 年攻坚，构建“安全、和谐、健康、清洁、美丽”的长江流域生态系统，守住自然生态安全边界，提升生态系统质量和稳定性，推动绿色发展。

9. 水资源保障攻坚提升行动。最严格水资源管理和国家节水行动全面实施，到 2023 年底前，重点河湖生态流量保障目标确定基本完成；到 2025 年底前，全区用水总量控制在 10.73 亿立方米以内，用水效率达到省级确定的“十四五”目标，重点河湖主要控制断面生态基流满足程度总体达到 90% 以上，重要江河湖泊水功能区水质达标率达到国家相关考核目标。

10. 长江流域非法矮围整治攻坚提升行动。对我区长江流域华容段非法矮围进行全面排查，开展集中清理取缔。做到应清尽清，限期速清，维护河湖水系通畅。

五、工作保障

（一）加强组织领导。各有关部门要坚决扛起长江经济带绿色发展、高质量发展的政治责任，更深层次、更大力度推动长江大保护。成立华容区长江高水平保护十大攻坚提升行动指挥部（以下简称区指挥部）及十个攻坚提升专项行动指挥部，在区推动长江经济带发展和生态保护领导小组统一领导下，切实加强攻坚提升行动具体工作的统筹协调。

（二）强化责任落实。区指挥部办公室负责工作的综合协调。各专项行动牵头部门要切实履行职责，落实牵头抓总责任，明确工作专班，细化工作方案，制定年度任务、措施、责任、时限清单，逐年明确年度工作要求和重点，加强工作督办，推动任务落实、落地、落细。区有关部门要按照职责分工，积极协同配合，增强工作合力。各乡镇要在全区统一指挥下，将开展专项攻坚提升行动与抓好中央环保督察问题整改落实结合起来，落实属地责任，结合本地实际，抓紧研究制定工作方案，细化配套政策和推进措施，做到具体化、项目化、工程化，确保各项工作落地见效。

（三）强化检查督办。区指挥部将适时组织对专项行动推进落实情况开展明察暗访和督查考核。重点检查督办各相关部门落实“四单”严不严、实不实，战役推进是否硬碰硬、实打实，工作效果是否有突破、有亮点。对落实到位、积极作为、做出显著成绩和贡献的单位和个人通报表扬。对搞形式主义、官僚主义，慢作为、不作为的，严肃追责问责。区各相关部门要加强政策沟通衔接，加大专项行动的督办落实，强化对各乡镇的帮扶指导，确保各项工作落细落实。

（四）做好宣传引导。各有关部门要充分利用报纸、广播、电视、网络新媒体等载体，加强《长江保护法》等法规的解读和宣传引导。要及时选树先进典型，总结推广经验做法。要积极回应社会关切，畅通群众监督渠道，营造全面关注、全民参与、全力推动长江大保护的良好局面。

后　记

《华容年鉴》（2023）是华容区人民政府主管、华容区档案馆（史志研究中心）主编的资料性文献。它涵盖 2022 年全区政治、经济、文化、社会、生态、军事、自然和地理等内容，全面系统准确地记述了全区各条战线、各个行业的发展变化，具有权威性、综合性、系统性和实用性。

本年鉴送请《华容年鉴》编纂委员会审核，经华容区人民政府审定，由长江出版社出版发行。

本年鉴文稿主要由区直各部门、各乡镇提供，得到了鄂州市档案馆（史志研究中心）的大力帮助和精心指导。区委办公室、区政府办公室、区财政局、区统计局等部门为本年鉴的编撰出版给予了大力支持。在此一并表示感谢！

限于编写水平，本年鉴难免有疏漏和不当之处，敬请广大读者批评指正。

《华容年鉴》编辑部

2023 年 9 月